理
享
家

理享家

回荡的钟摆

中国计划出版社　博集天卷 CS-BOOKY

回荡的钟摆

上一本文集《从来就没有救世主》的出版是2011年，自那时至今，世界经济似乎仍未摆脱2008年金融危机的阴影，凯恩斯主义者的误诊让失望已极的民众继续等待救世主的显灵。奇迹却没有发生。希腊的财政和债务危机反复地踩躏这个西方文明的滥觞之地。欧洲央行的数量松宽掩盖不了意大利银行的坏账，罗马不得不在长达八年的拖延之后，着手处理数千亿欧元的不良资产。安倍经济学虎头蛇尾，结构改革之箭烂在囊中也没有射出，政客承诺的繁荣迟迟未现。

惟有在金融危机的发源地，"看不见的手"以看不见的方式悄然清除了格林斯潘的遗产——滥发货币留下的违约债务以及大幅缩水的金融资产。市场而不是美联储充当了清道夫，通过痛苦的破产清算矫正了严重失衡的资产负债表。美国经济于2011年前后步入复苏，吸引了世界各地的资金回流，致使美元币值节节升高。

太平洋东岸被迫去杠杆之时，西岸在热火朝天地加杠杆，"四万亿"的洪荒之力强硬地造出了一个V-型反弹。然而透支未来的亢奋不仅无法持续，而且让后人的日子更加艰难。中央政府于2016年确定"去产能、去库存、去杠杆"的任务，缓解多年执行凯恩斯主义政策所积累的系统性风险。

本书的第一部分回顾2008年以来世界和中国经济的发展历程，结合第四部分，着重批判凯恩斯主义经济学的理论，援引包括中国在内的各国政策实践，说明扩张性宏观政策的短期刺激与麻痹的双重作用，以及这些政策的长期危害。危害之最莫过于人们误以为印钞可以创造价值，财政支出可以创造有效需求，不知经济增长的本源是企业的创新和效率的提高，不知创造有效需求的最佳方法是提高收入，而收入又取决于企业的效率。诚如法国经济学家在19世纪初所言"供给决定需求"，这也是今日"供给侧改革"的核心精神。

在回顾与分析的基础上，本书的第二部分提出若干关于改革的建议。在中国的改革历史上，成功的方案不是出自古代的宫廷或现代的办公室，而是源于实践中的摸索和市场上不断的试错。政府的作用更多地在于总结民间的模式创新和制度创新，及时地调整法律和政策，总结和推广民间的经验，就像1980年代党中央将小岗村的自发改革推广到全国一样。

沿着供给侧的思路，第三部分探讨微观层面上的企业创新，特别是互联网时代的创新。互联网和基于互联网的移动技术对传统行业产生了巨大的冲击，在接连不断涌现的新技术和新型商业模式面前，传统企业先是感到震惊和不知所措，随即又恐慌性地拥抱互联网，"不触网则死"和"一触即灵"成为万应的商业箴言。笔者认为，互联网的出现既没有改变商业的本质，也没有改写经济的规律，如同蒸汽机、电力和电脑一样，互联网不过是工业革命以来层出不穷的新技术中的一项，企业要充分利用这项技术进行商业模式和管理方法的创新，而不能本末倒置地盲目相信"互联网思维"的神话。

第四部分记录了笔者从创新到制度、从制度到社会、文化的思考历程，与其说寻求答案，不如说是提出问题。创新驱动经济的增长，制度特别是私人产权制度决定创新，那么有利于创新的制度又是从哪里来的？与人们的愿望相反，历史没有展现出单线条的因果关系，没有为识别那个终极推动的智者预备不朽的荣誉。社会制度体系在观念、政治、经济之间错综复杂的相互影响中演化，有时前进，有时停滞，有时倒退，偶然事件和微不足道的人物可以改变历史的方向。能够找出某些逻辑关联已十分幸运，若想归纳总结出不可抗拒的历史规律就属于人类的"致命自负"（哈耶克）了。

2017年1月9日

目录

第一辑 | 中国：形势与对策

两个中国模式 · 002

告别旧模式，探索新道路 · 014

反弹如南柯一梦 · 034

经济如何走出今日之困境 · 044

应对漫长的经济冬天 · 052

怕疼治不了病 · 061

人民币还会贬值吗 · 069

看到希望 · 081

第二辑 | 改革：政策与实践

成功的改革和失败的改革 · 086

为什么要强调供给侧 · 114

跨越"中等收入陷阱" · 122

城镇化或城镇神化 · 131

房价、土地供应与公平博弈 · 140

金融改革的路径 · 146

医疗行业中的市场与政府 · 153

第三辑 | 企业：转型与创新

互联网是转型利器而非神器 · 160

互联网金融：提高效率而非改变规律 · 169

经济下行中的企业创新 · 175

创新与企业家精神 · 182

第四辑 | 学理：常识与洞见

在常识的基础上重构宏观经济学 · 200

从秦到清不是封建社会 · 207

凯恩斯经济学及其批判 · 214

奥地利学派的当代意义 · 229

宽广的尺度，狭窄的视野 · 244

作为目的和手段的自由 · 260

资本主义：颂扬与怨恨中的飞跃 · 269

制度体系的内在一致性 · 276

附录

中国需要推进观念现代化 · 310

"刀锋"许小年 · 317

第一辑

中国：形势与对策

两个中国模式

什么是"中国模式"?

改革开放近四十年,中国发生了巨大的变化,取得了经济发展的多项成就,其中长期的高速经济增长格外引人注目。2008年全球金融危机爆发,为了应对金融风暴的冲击,中国政府于2009年启动了"四万亿"刺激计划。在前所未有的财政和信贷投入作用下,中国在世界性的衰退中不仅"风景这边独好",而且成为带动世界经济的火车头。在西方观察者眼中,这种有别于印度的自由市场经济,又不同于斯大林式计划体制的"中国模式"创造了不可思议的奇迹。一时间,中国模式声誉鹊起,俨然成为新世纪经济发展的典范,中国人也过了一把救世主的瘾。

然而,拯救世界的"四万亿"计划给中国带来了意想不到的后果。近年来,世界特别是美国经济复苏势头强劲,中国经济却增长乏力,并且连连暴露出一系列较为严重问题。GDP 增速下降,房地产市场降温,地方政府负债累累,2015年令人震惊的国内股市暴跌,更让整个世界为中国经济出了一身冷汗。

毫不夸张地说,中国经济已进入改革开放以来最严峻的时期,国际上对中国经济的评价也迅速出现一百八十度的大转弯。经济危机时期，国际观察家和评论家盛赞中国模式，断言21世纪将是中国的世纪；他们现在又皱起了眉毛，认为中国是世界经济的最大不安定因素。

我们不禁要问：为什么中国模式突然失灵？为了回答这个问题，我们不得不进一步追问：到底什么是中国模式？

根据一种十分流行的意见，中国模式的核心是"大政府"，即政府非常强势，拥有异乎寻常的资源汲取和资源调动能力，想干就能干，比如2009年说花钱就能拿出四万亿人民币，全世界恐怕惟独中国政府具备这种能力。大家可以比较一下，我们所在的柏林（笔者当时在柏林访问），世界一流经济大国的堂堂首都，想建个新机场，今天要看选民脸色决定是否开工，明天资金又成了问题，修修停停，竣工遥遥无期。这么长的时间里，中国已经建了多少个机场？连高铁也都修到青藏高原上去了。

中国模式的核心就是强势政府吗？如果真是这样的话，中国经济不应该出问题，中国模式应该运转得很好，因为政府现在依然很强势，如果不是比过去更加强势的话。

我认为这种解读是不准确的，它忽视了中国改革开放近四十年的历史。实际上，中国的经济改革由前后两个阶段组成，所谓"大政府""强势政府"在后一阶段才出现。在前一阶段，即从1978年到1990年代中后期，我们看到的恰恰相反，是政府的不断后退，民间力量的持续发展壮大，前一阶段不是"大政府"，而是国退民进的"小政府"（见图一）。靠"小政府"模式，中国同样实现了年平均两位数的经济增长。

中国：形势与对策

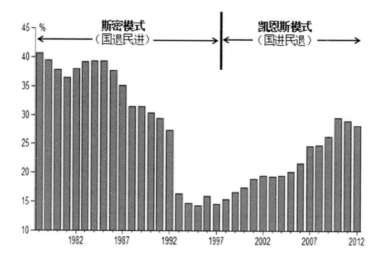

图一、财政收入占 GDP 比重

注：资料来源为中国经济数据库（CEIC）、官方统计年鉴与网站，包括地方政府、中央政府的税收以及能找到数据的基金、土地出让金收入。虽然1993年财税改革后的统计口径与之前的不直接可比，但趋势十分明显。在斯密模式阶段，政府支配的资源相对于经济总量逐年下降，而在凯恩斯模式阶段则显著上升。

如果说存在中国模式的话，那么就有两个而不是一个，分别对应经济增长的两条不同的道路。第一条道路是通过提高资源利用效率来驱动经济增长，依据经济思想史上的学派划分，我们称这个模式为"亚当·斯密模式"。第二条道路是通过增加资源投入来驱动经济增长，我们叫它"凯恩斯模式"。在这一认识框架下，我们首先回顾改革的历史，揭示在第一阶段上经济腾飞的真正动力；然后分析目前的经济形势，寻找问题的症结和解决的途径。

前一阶段：亚当·斯密模式

如果要问中国改革开放的起点在何处，估计大多数人都会举出1978年安徽凤阳小岗村农民的包产到户。那一年，18位村民在当时的政治环境中，冒着极大的风险签订了一份"生死契约"，将人民公社的土地包产到户（组）。包产到户、盈亏自担这一模式同集体劳动、按工分分配这一模式相比，优势在哪里呢？用经济学的术语讲，后一模式下缺乏明确的产权和利益归属，会产生"搭便车现象"，即出工不出力，反正干多干少一个样。而包产到户的经济学意义就是在明确利益归属的基础上，解决了激励（incentive）的问题。

不同的制度产生不同的激励，我曾在陕北农村插队，在人民公社体制下，每天爬到山上干活儿，登高远望，哪片是生产队的地，哪片是私家自留地，一目了然。公家地上的庄稼青黄相间，无精打采，自留地上的油绿兴旺，苗壮挺拔，对比十分强烈。生产队的地里种不出好庄稼，这就是经济学讲的"公地的悲剧"。

包产到户对农民劳动积极性的促进是巨大的，土地和劳动力没有增加，农业生产技术也没有大的改变，农村的面貌却焕然一新，并且很快解决了困扰中国城镇多年的农产品供应问题，商店里粮食和各类副食的品种丰富，数量充足，粮票、肉票、布票等票证被送进了历史博物馆，城镇居民限量消费的时代一去不复返。

值得一提的是，作为中国改革开放的起点，农村土地制度改革是民间自发的行动，没有政府的设计或者引导。这当然不是说政府无所作为，政府的作用在于不干预、不打压，肯定、总结和推广民间的创新，把包产到户提升为国家的政策和法律。1999年，全国人大将小岗村村民自发的"大包干"作为农民家庭联产承包责任制写进了宪法，成为自那以后执行至今的基本国策。

包产到户的作用不仅仅在于释放了中国农村的巨大生产力，它的影响远远超出了农村和农业领域。人们很快发现，由于生产积极性和生产效率的提高，长期以来农村劳动力不足的问题得到了解决，农村劳动力由匮乏转向过剩，这就为城镇的工业化创造了条件。随着改革从农村推进到城市，私人创办和经营企业合法化，新开办的集体和私营工厂急需劳动力，农村的闲置劳动力正好在这时进入城镇寻找工作。由此可见，没有农业改革就没有中国的工业化和城镇化，农村改革的意义无论怎样评价也不过分。

随着工业化的展开，中国进入经济起飞期，表现为GDP持续多年的高速增长。然而需要注意的是，这种高增长并非中国特色，不能把它看作"中国模式"的特有现象。工业化时期的经济超常增长是世界经济史上的普遍现象，例如19世纪下半叶处于工业化过程中的德国，在相当长的一段时间内都是世界上经济增长率最高的国家，它的经济体量在"一战"前就超过英、法，成为仅次于美国的世界第二大经济体。日本在明治维新后开始的工业化中，同样实现了快速的经济增长，正是凭借在这一时期积累的经济实力，日本发动了侵华继而对美国的战争。插一句题外话，德、日两国都是经由工业化后来居上，坐上世界经济的第二把交椅，挑战英国和美国的世界霸权，最终以战败的灾难收场。观彼思己，世界第二大经济体能不能避免"老二困境"，顺利度过这一阶段？我们有必要汲取历史的经验和教训。

从1978年到1990年代晚期的经济增长没有什么神秘之处，主要原因就是改革开放启动的工业化和城镇化，资源重新配置，从低效的农业流入高效的工商业，以及新的激励机制下土地、资本和劳动生产率的提高。

如果说中国的工业化和历史上其他国家有所不同的话，那就是伴随着工业化的民营化。废除计划体制，不仅使资源从低效的农业流向高效的工商业，而且从低效的国有部门流向高效的民营部门，为经济增长提供了额外的推动力。在德、日等国的工业化过程中，民营化的作用不那么显著，因为在工业化之前，这些国家的经济已经是私营为主体。或许有人会说，国有企业的效率不一定低，国企还是赚钱的啊，那是因为享受了国家的财政补贴和低息贷款，还有几乎是无偿使用的土地和矿产，以及行政保护下的市场和垄断性的定价。如果扣除这些优惠政策的影响，我们看到过实证研究，国企的资产收益率是负的。为什么民营企业的效率比国企高呢？道理还是和农村的包产到户一样，激励机制上有差别，经营自己的资产比别人的更用心，民营企业家想方设法要使自己的资产增值。

民营化带来的另一层效率改进是社会经济活动的协调从政府指令变成了市场的价格信号指导，从"有形之手"变到了"无形之手"。"无形之手"比"有形之手"效率高的道理又是斯密讲的，如果某种产品价格上涨，说明供不应求，企业为了赚取更多的利润，主动生产这种产品，满足市场需求，供需的衔接用不着政府指挥。在计划体制下，没有价格信号，政府想指挥也指挥不了，因为它不知道供需缺口在哪里，也不知道缺口有多大，更不知道由哪家企业来生产什么是最合适的。市场经济中的价格调动了企业的积极性，实现企业赚钱的私利和满足社会需求的公利的统一，利己和利他的统一，就像斯密说的：我今天能吃一顿可口的早饭，并不是因为我的厨子爱我，而是因为他爱自己，他认为这份工作不错，为了保住这份工作，他才讨好我，用心给我准备早饭。

小结一下，在改革开放前半段长约二十年的时间里，中国经济的高速增长靠的不是政策性的投资拉动，而是市场机制和民间的活力，不靠资源投入数量的增加，而靠资源配置效率和使用效率的提高。当然，市场和民间发挥作用的前提是政府给了足够的空间，比如废除人民公社，私营企业合法化等等。政府在经济中的角色不是取代市场，主导经济活动，而是破除陈旧体制对经济的束缚，调整政策，修改法律，满足市场发展的需要，减少管制，让民间创造力和市场机制得以自由发挥。

后一阶段——"凯恩斯模式"

大约在1990年代中晚期，经济增长模式悄然发生变化，一个标志性的趋势是政府的财政收入占 GDP 的比重由降转升。因为中央财政的紧张，政府于1993年和1994年进行了财政税收的改革，改变了中央小、地方大的格局，各级政府总的财政收入大幅增加，获得了足以影响全国经济的财力。如图一 [1] 所显示，财政收入对 GDP 的比

---

1. 1993、1994年财税改革前后的统计口径不同，数据看上去发生"断裂"，财政收入占 GDP 比重的绝对水平也许不可比，但总体趋势支持我们的观点。

率在斯密模式的1978-1993年间是下降的，可以说是国退民进的阶段；这个比率从1990年代中晚期开始逐渐上升，转向了政府干预经济的"凯恩斯模式"，或者叫作国进民退。

模式转变的原因是多方面的，其中最为根本的是改革的停滞。斯密模式要求持续的制度创新，像包产到户那样的制度创新，不断突破原有的计划体制，释放市场和民间的能量。然而到1990年代中晚期，体制性的改革基本看不到了，经济增长失去动力。怎么办呢？顺手拈来凯恩斯主义，我印象中凯恩斯主义经济学的流行就是从那时开始的，财政花钱，央行印钱，短期见效快，这种经济理论和政策特别适合政府的需要。

1997年亚洲爆发金融危机，中国政府第一次推出了积极的财政政策，正式开启凯恩斯主义的时代，从此之后，政府对经济的干预范围越来越广，力度越来越大。面对2008年席卷全球的金融风暴，为了弥补外部需求的下降，政府出台"四万亿"刺激计划，财政和货币政策双管齐下，投入的资金有十几万亿之巨。凭借这史无前例的政策拉动，遏制了经济的下滑趋势，实现了强劲的 V 型反弹。可惜好景不长，政策性繁荣持续了仅仅两三个季度，经济重新进入下行通道。于是在2012年上半年又搞了"四万亿2.0"，这一次政策制造的景气持续时间更短，经济增长在2013年再次呈现下滑的颓势（图二）。在图二中我们用电力消耗而不是 GDP 数字，电力消耗似乎能更好地反映出经济繁荣与衰退的实际状况。

从亚当·斯密模式转变为凯恩斯模式，市场这只"无形之手"发挥作用的空间被大大挤压，经济增长越来越依赖政府那只"看得见的手"，凯恩斯主义在学术界、政界和民间也大行其道。由于"四万亿"等刺激政策在短期看上去如此有效，中国经济的表现和其他国家相比是如此抢眼，以至于许多西方学者也从大政府、强干预的角度，定义和论说中国模式。

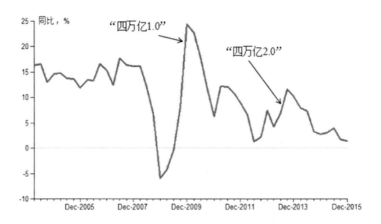

图二、发电量增长率

注：资料来源为 CEIC。发电量比 GDP 数字能够更准确地反映经济的实际状况。两次大规模的政策刺激仅带来经济增长的短期回升。

如同鸦片，凯恩斯主义政策刺激了短期的需求，但在长期无法实现可持续的增长，不仅如此，救急性的措施多次采用，逐渐常规化，养成了对鸦片的依赖。政策性投入推动经济增长之所以不可持续，因为政府再强大，它的资源投入能力也是有限的，它不可能无止境地借债，也不可能无限度地发钞票。其次，即便政府能够继续投入资源，迟早也会碰到一堵无形之墙，即经济学上所说的"资本边际收益递减规律"。资本投入越多，收益率越低，当投资回报降到零时，再投资也拉不动经济了。数据表明，自"四万亿"刺激计划以来，每一元人民币投资所能产生的新增 GDP 的确在逐年下降，从2009年的两角多降到2014年的几分钱。

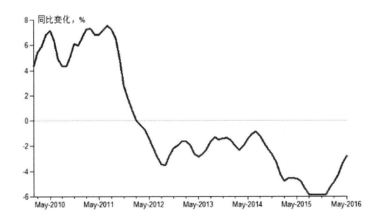

图三、工业生产价格通缩
注：资料来源为 CEIC

　　过度投资的结果是各个行业特别是制造业的产能过剩，供给能力超过社会购买力，供大于求迫使企业不断降低价格（图三）；但另一方面成本呈现出刚性，特别是人工成本。企业受到价格和成本的两头挤压，经营利润率减少以至于发生亏损，亏损时间长了，最终只能选择减产甚至停产。现在大家去企业密集的珠三角和长三角走走，能看到不少企业关门停业或者干脆倒闭。所以从经济学的角度看，政府拉动投资即便短期内能取得效果，在一定时间后，产能过剩，企业的经营效率随产品价格不断下降，凯恩斯模式注定是无法持续的。

　　凯恩斯主义的另一政策后遗症是政府高负债，十几万亿的资金投入，钱从哪里来？答案就在于2008年前后兴起的"土地财政"。土地财政筹集资金又分两种方法，一是征地、卖地，政府用很低的价格从农民那里将土地买来，再在市场上高价卖出，差价就是政府的收入。第二种方法是用土地作为抵押物，由各类的政府开发公司向银行借贷。在土地财政占地方政府收入的比重越来越大的情况下，我们就不难理解，为什么社会上要求降低房价的呼声一浪高过一浪，国家对房地产市场的调控却畏首畏尾，偶尔打压一下，更多的是提拉，原因就在于一旦房地产市场由热变冷，地方财政就有断流的现实危险。

讲到这里，我们可以看出中国经济的三个主要风险，多年执行凯恩斯主义政策所积累的风险。第一，土地是有限的，可用的土地资源越卖越少，土地财政难以为继，而过去借的钱又到了偿还高峰期，所以说地方政府债务是中国经济的一大风险点。第二，如果政府欠债还不了，银行坏账就要上升，而银行资产质量恶化，正常的信贷功能受到影响，对经济的冲击将会是全局性的。第三，大量的土地和资本投入房地产市场，过度开发，现在除了北上广深等地之外，普遍出现了房地产的供过于求。房地产市场的泡沫一旦破灭，不仅地方财政要发生问题，开发商销售、回款困难，拖欠银行贷款，进一步增加银行的不良资产。

上述三个风险彼此关联，紧密地缠绕在一起，源头都是凯恩斯主义的增长模式，如果不从根本上转变经济增长模式，这三个风险都难以化解。

结语

目前中国经济进入了一个困难期，在思考解决方案之前，我们需要对中国经济的严峻现实有个清醒的认识。但是我们也不必悲观，不要低估中国经济增长的潜能。危机不可怕，如果能变危局为改革机会的话。形势好的时候，歌舞升平，没人想改革；日子过不下去了，改革的共识和动力才逐步凝聚，离危机的出口和新的经济增长入口也就更近了。从这个角度看问题，经济衰退未必是件坏事。

要想经济复苏，必须先化解凯恩斯模式所积累的种种风险，这个过程在时间上可能不会太短。在清理了债务、过剩产能和银行坏账后，需要回归改革开放前半段的中国模式，也就是亚当·斯密模式。国际上一些人以为中国模式就是大政府、强干预，这是误解，他们不清楚中国经济改革的路是怎么走过来的，一路上又发生过什么样的变化，他们也没有搞懂斯密模式和经济增长的关系，生搬主流的凯恩斯经济学理论，硬套在中国的经济现实上。

我们需要独立思考，了解改革的历史，深入分析过去成功的原因和当前困难的根源，找到解决的方案。我本人是改革参与者和研究者，目睹和亲身经历了改革带来的巨大变化，相信只要坚定不移地推动市场化改革，中国经济重回繁荣完全是可以预期的。

（本文根据2015年11月在柏林中国留学生讲座上的发言整理）

告别旧模式，探索新道路

最近一段时间，无论在宏观层面上还是企业层面上，人们越来越清楚地认识到，中国经济进入了一个困难时期，随着时间的推移，可能会更加困难。为什么在2009年的强劲反弹后，经济这么快就失去了增长的动力？如何看待这一现象？应该怎样应对？我们今天就这些问题逐一进行讨论。

传统模式的两大基础不复存在

中国经济目前所面临的困难来自于投资驱动的增长模式，经济的下行主要是结构性的，而不是周期性的。过去常见的经济景气循环是三年繁荣，三年持平，然后一两年的衰退，再进入下一个繁荣期。现在的中国经济可不是这样简单的周期波动，不要以为熬个一年半载就可以自动恢复，长期积累的结构性问题集中爆发，就像病菌不断繁衍，超过了人体免疫系统能够抵御的临界点，人就病倒了。

看上去经济增长的骤然减速是外因造成的，实际上外需的萎缩只是诱发因素，而不是根本原因。根本的原因是我们自己的经济结构出了问题，而且这些问题是系统性的和体制性的，宏观政策解决不了这些问题，无论政府采取什么措施刺激需求，经济都不可能复苏，只有重启改革才能看到希望，因为只有通过改革，才能转变增长模式，才能纠正日趋严重的结构性失衡。

投资驱动的增长模式已经走到了尽头，它的潜力已被耗尽，强弩之末，不透鲁缟，这就是我们面前的尴尬现状。为什么说是强弩之末？原因是多方面的，限于时间，今天只讲两个我认为最重要的。

投资驱动的增长模式有两大基础，第一是企业的低成本扩张，第二是巨大的市场需求。作为一个制造业大国，低成本一直是中国最重要的竞争优势。由于成本低，企业可以在迅速扩张的同时获得可观的盈利，再用利润去投资，进入新一轮的扩张。从宏观层面上看，企业的低成本扩张可以吸收从农业转移过来的富余劳动力，创造足够的就业机会，保证社会的稳定。第二个基础是巨大的市场需求，起码也要有足够的需求，吸收和消化投资所形成的产能。如果仅仅是高投资而没有相应的市场需求，部分投资甚至全部投资就无法回收，企业发生亏损，当资金来自银行贷款时，亏损就转化为银行坏账。在过去的十几年间，投资增长如此之高，产能形成如此之快，没有出现过剩产能和大规模的银行坏账，就是因为还存在尚未饱和的市场，看上去似乎是无穷大的市场需求支持了企业的低成本扩张，支持了投资的高速增长。

现在这两个基础都消失了，或者更准确一点讲，正在发生根本性的变化，即将很快消失。没有了这两个基础，投资驱动的增长模式将无法持续，经济不可避免地继续下滑。

首先看成本的上升，包括原材料和能源成本、劳动力成本、土

中国：形势与对策

地成本、环境成本以及技术成本，这些成本都出现了永久性的上升，"永久性上升"的意思是一旦上去就下不来了。由于中国经济高速增长，国内能源和原材料的供应跟不上了，我们不得不从海外进口原材料和能源，特别是原油，进口超过了国内消费的50%。石油、铁矿石、粮食、棉花等大宗商品的进口量如此之大，以至于中国需求已成为国际大宗商品价格的两大推动力量之一，另一个是美国的货币供应。只要中国经济传出好消息，国际大宗商品价格一定涨，这就是大家所熟知的：中国人买什么，什么就涨；中国人卖什么，什么就跌。

中国需求足以影响世界市场的价格，于是我们陷入了一个悖论：中国经济要保持高增长，大宗商品价格就一定会上涨，我们就没有成本优势。自从中国融入世界经济，依靠国际市场满足国内能源和原材料的需求，国际大宗商品价格就上了一个历史的新台阶，特别是在2001年中国加入WTO之后。最近大宗商品价格有所回落，因为中国经济增长速度放慢，即便如此，也不可能回到2001年之前的水平上了，那时的国际油价还不到30美元，金融危机之前最高冲到130多美元，现在是103美元。我们的企业将面对总体趋势上升的能源、原材料价格，中国的需求增长实在太快了，快到世界的供应能力都难以跟上。

随着经济的增长和民众生活水平的提高，劳动力成本也呈现趋势性而非周期性的上升。发展经济学有一个概念——"刘易斯拐点"，即一个农业国在早期工业化中享受劳动力红利的转折点。初期工业化阶段，城镇企业可以从农村吸收大量的廉价劳动力，企业获取高额利润，加快资本积累，完成一个国家的工业化。待到农村的剩余劳动力接近枯竭时，形势发生根本的改变，"刘易斯拐点"到来，工商、城镇经济要继续发展，必须在城镇地区或者按照城镇的标准招收工人，大幅度提高薪酬和福利待遇。中国是否已经到了"刘易斯拐点"，学界有不同的看法。我个人倾向于认为，拐点已经到来，劳动力成本将摆脱缓慢上升的长期趋势线，呈现出加速上升的势头，这是我们必须面对的现实。

计划生育政策人为减少劳动力的供应，使"刘易斯拐点"提前到来。最近有学者在呼吁取消计划生育政策，我非常赞成。但是主管部委不同意，如果没有计划生育，多少人要失业？超生罚款的收入也没有了。政府部门的既得利益在阻碍政策的调整，阻碍着制度的改革。

社会问题是推动劳动力成本上升的另一因素。我们知道沿海地区招工难，提高工资也招不到人，能招到的大多是40多岁以上的，少有20-30多岁的工人，农民工的二代不愿意再过他们父辈那样的生活。中国的流动人口有2.3亿，平均每人每年回家的次数不超过2次，农村老弱病残留守，夫妻分离，父母和子女分离，没有正常的家庭生活。我们搞了60年的经济建设，前30年靠工农业"剪刀差"，剥夺农民，积累工业化所需的原始资本。后30年靠农民工，牺牲他们的正常生活，我们欠中国农民的实在太多了。现在农村的年轻一代不愿再过上一辈的生活，这是完全可以理解的。对于宏观经济而言，结果就是没有廉价劳动力可以利用，低成本扩张的模式碰到了无法克服的障碍。

第三项成本是土地，土地的价格越来越高。土地成本持续上涨的原因主要是制度性的，暂且不论土地制度是否合理，只要现有的体制不变，土地价格以及大家非常关心的房价就会继续上涨。政府垄断了一级市场，"18亿亩耕地红线"不许碰，再加上土地财政，造成了土地供应的刚性，供给不能随着需求的增加而增加，价格焉有不涨的道理？需求来自城镇化、人口和收入的增加，中国的城镇化远未结束，无论是商业用途还是居住，都需要开发更多的土地。随着老百姓收入的提高，改善居住的需求和投资的需求都在上升，但土地供应被限制住了。

　　我曾经讲过：中国的楼价和地价不应该这么高，但是还会更高。这是两类不同性质的问题，应然问题和实然问题。应然讲的是应该怎样，实然说的是实际上会怎样。中国国土面积这么大，可利用的土地这么多，农业的生产效率不断提高，完全可以拿出更多的土地盖房子，而且盖楼房也不需要太多的土地，地价和房价本来不应该这么高，但在现有的土地制度下，地价和房价只会更高。

　　第四项是不断增加的环境成本。环境成本曾经是无形的或隐性的，现在正很快地显性化。过去企业投资扩张，可以忽略环境成本，现在不行了。最近发生的一系列事件告诉我们，民众对环境污染的容忍已接近极限。从厦门、大连开始，到最近的什邡、启东，传递了非常清晰的信号：牺牲环境和民众的健康追求 GDP 增长，这条路走不下去了。环境成本过去由民众来承担，民众权利意识的兴起使这项隐性成本迅速显性化，现在要由企业和政府来承担，起码要和民众分担。

最后要讲的是技术成本。到目前为止，"中国制造"大多数是简单的、技术含量低的日用消费品和工业初级加工品，不需要技术专利，从海外买几个样品回来，照葫芦画瓢就会做，也不需要太复杂的加工工艺和设备。现在不行了，智能手机买回来，拆成零件还是不会做。模仿和"山寨"的阶段过去了，要想拥有自己的产品和技术，必须投资研发，获取技术的成本明显比以前高了。

我想强调的是，在上面分析的这些成本中，只有大宗商品价格可能随着经济周期而波动，其他的成本上升都是永久性的而非周期性的。不要幻想一两年之后低价重现，不可能的，低成本时代已经结束。

除了成本因素，接近或者已经饱和的市场也使投资驱动的增长模式难以为继。投资形成那么多的产能，产品卖给谁呢？市场在哪里？中国的人均GDP居于世界平均偏下的水平，但钢铁生产能力是世界第一，水泥、玻璃、电力、煤炭、电视、冰箱、手机……都是世界第一，生产能力和国民的购买力严重不匹配。国内供大于求的种种迹象早就出现了，计划经济体制下的短缺经济大约在2000年前后转变为过剩经济，幸好我们在2001年加入了WTO，延长了投资驱动增长模式的寿命，出口暂时掩盖了过剩产能，靠海外市场维持了七八年的高增长，直到国际金融危机爆发。从数据上看，2001年出口占GDP的22%，到金融危机前的2007年，这一比率上升到36%。可以说进入21世纪以来，中国经济的主要增长点在海外市场，因为国内市场已接近饱和。

金融危机之后，外需退潮，国内过剩的产能水落石出。产能过剩到什么程度？我们没有准确的数字，各个行业不一样，总体上大概在20%-30%左右。产能闲置率会随着经济的下滑进一步上升，而且中短期内看不到好转的希望，因为世界经济的衰退和欧洲的债务危机将是旷日持久的，中国的结构调整也不可能在两三年内完成。

外需的前景的确不乐观，欧债危机还在发酵，德国人和欧洲央行的救援解决不了问题，甚至欧元的解体也不是灾难的结束，欧洲人有没有决心告别福利国家，能不能忍受财政紧缩的痛苦才是关键所在。美国经济已到了谷底，再坏的可能性极小，但它什么时候复苏，依然是一个问号，因为它也有结构性问题，那就是过度负债。美国经济要恢复到2008年之前的水平，必须清理过去的债务，这恐怕还需要一两年的时间。

世界经济的形势如下图所示，美国在沟底，开始往上爬；欧洲沿着左边沟壁向下滑，还没有到底；中国经济则在左边的沟沿上，刚刚开始往下落。日本经济没什么大的变化，二十年都这样，好不起来，也坏不到哪里去。

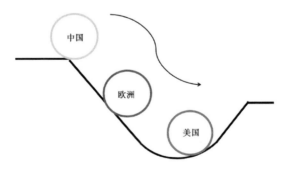

中国及欧美经济的相对位置

需要注意的是，即使世界经济恢复了，外需也不可能达到2008年前的强度，这是因为2008年以前的外需是西方国家过度的货币发行造成的，不具备可持续性。如果货币政策回归正常，即使世界经济复苏，对中国产品的需求也不会达到2008年之前的水平，对此我们要有清醒的认识。

外需不行靠内需吗？大家都知道，为了对冲外需的下降，我们在2009年推出了"四万亿"的计划。其实"四万亿"只是个符号，是政府强力干预经济、拉动内需的一个代名词。2009年和2010年，政府到底投入了多少资源，找不到公开的数据，财政增加的支出可能有1至2万亿；新增贷款2009年10万亿，2010年8万亿。在这两年间，总的资金投入大概有20多万亿，政府占大头，民间也有一些。如此天量的投入，仅仅换来几个月的反弹，兴奋剂的药效很快消退，经济再次下滑，而且病症比以前更加严重。

本来中国经济的结构性问题就是产能过剩，"四万亿"投下去，又投到制造业和基础设施，增加了新的产能，供需失衡进一步加剧，这不是饮鸩止渴吗？"四万亿"还打乱了企业的预期，刚开始不少企业感到欢欣鼓舞，说又迎来了一个大发展的天赐良机，争着抢着上项目，唯恐赶不上这班车，从担心过剩转向追加投资，结果现在都被深度套牢。我们之所以反对政府干预经济，就是因为它打乱了企业的预期，干扰了市场的正常运行。

有的企业家现在还问我："政府什么时候再刺激经济？"我不明白为什么企业这么关注宏观政策，企业不是靠判断宏观形势而成功的，就像巴菲特投资不看大盘指数一样，股神的成功在于一家一家地分析公司。政策对经济确实有影响，大家眼睛盯着政府可以理解，但是给政府号脉不是企业家的长项，你号不准，如果每天想着怎么号脉，你就不是一个合格的企业家。农业的特点是靠天吃饭，优秀的企业不能靠天吃饭，必须做到旱涝保收。GDP 增长8%，企业发展快，GDP 增长3%，也可以活下去，夏天长得快，冬天冻不死，这才是好企业。如果认为只有政府出政策企业才能做好，这样的企业真的就危险了。"四万亿"误导了多少企业啊？教训还不够吗？

"四万亿"一出台，我就持反对意见，明知产能过剩，还要投建新的产能，逻辑上说不通。媒体的报道我们都看到了，钢铁行业产能过剩这么严重，政府还是批出了上百亿的钢铁项目，拿到批文的地方政府官员高兴得手舞足蹈，亲吻批文，被戏称为"吻（稳）增长"。再上一个大钢厂，产品卖给谁？没有长远的考虑，为了拉动当年 GDP，各级政府的行为超级短期化。

"四万亿"投下去，连高铁、公路、机场等基础设施都过剩了。过剩的标志是什么？没有自我循环、独立运营的能力，离开政府的补贴和不断的外部融资就活不下去。高铁曾经被媒体欢呼为一项伟大的成就，如今负债累累，成了中国经济和纳税人的沉重包袱，需要不断注入资金，不管是银行贷款、债券融资，还是财政补贴，不输血就得关门倒闭。一个健康的实体有自己的造血功能，起码可以做到盈亏平衡。

外需、投资靠不住，人们又把希望寄托在消费上。消费者可不是你家的佣人，平时不闻不问，干着粗活儿，拿着低工资，房子起火要塌了，叫人家冲上去扛大梁？天下哪有这样的事。消费不是一个口号、一个政策能拉起来的，消费取决于收入和财富的积累。从来没想着怎么提高居民收入，现在要他们去推动停转的增长车轮，一厢情愿了吧？

消费怎么可能成为新的增长点呢？钱在哪里？数据表明，居民收入占国民总收入也就是GDP的比重呈下降的趋势，国民收入的分配向政府倾斜，中央加地方财政的收入占GDP的比重从1990年代中期的10%多一些增加到2011年的30%左右（见《两个中国模式》中的图一），翻了一番还多。谁说没有国进民退？政府多收就意味着居民少收。清华大学白重恩教授等人的研究给出了类似的结果，政府收入从1993年GDP的17%上升到2007年的26%，同期居民收入的GDP占比则从63%下降到52%。

收入对消费产生负面影响，不仅因为居民收入落后GDP的增长，而且居民内部的收入分配也在恶化。2001年我国的基尼系数是0.41，处于国际警戒线附近，超过这条线，社会稳定就会出问题。根据一项民间的独立调查，2011年我国的基尼系数已高达0.61[1]。收入分配的重要性在于事关社会公平和正义，从经济学的角度看，收入分配越是两极分化，消费需求就越虚弱。消费的主体是中产阶层，而不是高收入群体，因为收入越高，储蓄率越高，用于消费的收入比例越低。要想提升消费，必须提高中产阶层的收入，这就需要增加居民收入在国民收入中的比重，同时缩小居民之间的收入差距。

结构性的失衡本来可以通过结构性的改革纠正，但在过去十年

---

1. 根据2012年西南财经大学中国家庭金融调查与研究中心发布的《中国家庭金融调查报告》。

间，改革滞后甚至停顿，结构性问题得不到解决，积累到今天再也拖不下去了，经济增长速度不断下降，企业的经营越来越困难。如何应对呢？不能再来一个"四万亿"，因为宏观政策对结构性的问题基本无效。头疼发烧可以吃去痛片，但去痛片治不了病根，治病要吃消炎药。政府官员喜欢去痛片，不喜欢消炎药，总说下猛药吃不消，其实吃不消的无非就是他的那点利益。再一个原因就是消炎药见效慢，官员要速效，在他任内就可以看得到的效果。

最近政府部门又加快了投资项目的审批，这不过是再增加些过剩产能，为病入膏肓的投资驱动模式殉葬罢了，扭转不了经济下滑的大趋势。货币政策的作用也在快速衰减，货币投放不能有效地转化为实体经济中的贷款，制约贷款增长的不是资金的供应，而是企业对贷款的需求。近几个月的数据表明，贷款的增长主要来自按揭和短期贷款，中长期贷款几乎没有增长，因为企业投资意愿不足，而意愿不足是由于缺少投资机会而不是资金。在过剩产能的巨大阴影下，谁敢投资啊？往哪里投啊？企业不投资，中央银行增发多少货币也没有用。

从根本上解决问题，要告别政府主导的投资驱动模式，积极探索经济增长的新道路。

重回改革开放之路

实际上不必发明什么新模式。过去十年只讲政府，不讲市场；只讲宏观政策，不讲结构改革。改革开放，特别是对内开放，创造新的投资机会，经济才有走出困境的希望。新的投资机会从哪里来？

开放垄断行业，垄断行业中有很多机会，但外面的资金进不去。政府似乎也意识到了这个问题，推出了"新36条"，前几天又公布了执行细则，但民间反应冷淡。我在微博上讲，文件不错，可是民间没有信心。你出了第二个"36条"，说明第一个"36条"没起作用，既然第一个没起作用，为什么要相信第二个能有用呢？是这个逻辑吧？民间没有信心，不敢跟进。

放松管制、开放垄断行业是必要的，但这还不够，要尊重和保护民间的财产权，通过保护产权重建民间的信心，对未来有信心，今天才敢投资。记得几年前，山西挖不出煤来，地方政府出政策，欢迎民间投资，浙江等地的商人跑去投资，结果煤挖出来碰上经济繁荣，煤价大涨。政府发现挖煤成了赚钱的生意，就杀了个回马枪，煤矿统统国有化。人家有合同，签字盖了章都没有用，说收回就收回，山西收煤矿，陕西收油田，因为油价也大涨。最近央企又在重庆收加油站，说销售终端如果不控制在央企手里，市场就乱了。这都什么逻辑啊？有些地方更离谱，说阳光、空气都属于国家，开发太阳能和风能必须由政府审批！

中国经济发展到这一步，很多问题绕不过去了，对私有产权不能再半遮半掩、羞羞答答的了。《物权法》几经波折，总算出台，这是一大进步，《物权法》的落实、民间产权的保护是一项长期而艰巨的任务。没有明晰和稳定的产权就没有安全感，移民成为潮流，在国外买房子、办护照。法律保护是一方面，另一方面国企要逐步退出，否则民企进去了也活不下去，几个央企巨无霸坐在那里，它们是"长子"，有更好的法律保护和融资渠道，有优惠政策和政府支持，还有资源优势，怎么能和它们竞争呢？

打破垄断，扩大对内开放，不仅可以创造新的投资机会，还有助于改善收入分配，促进消费。当下公众和政府关注如何通过税收政策调节二次分配，其实一次分配更为重要，而一次分配是由资源和市场的占有决定的。现在大学生就业为什么喜欢选择国企？当然是因为工资高、福利好。高工资、高福利从哪里来？国企有资源、有市场、有特殊政策支持，企业效益好。但是为什么有的市场只让国企进入而民企不能进？为什么有些资源国企能开采而民企不可以呢？资源和市场占有的不平等是收入分配恶化的重要原因，如果不是最主要原因的话。一些民企为了得到垄断性资源和市场，搞官商勾结，一批人因此而暴富，进一步助长了两极分化。

在二次分配上，政府要有实质性的减税，提高居民收入在国民收入中的比重，降低政府收入的比重。现在的提法是"结构性减税"，有减有增，搞不好增的比减的还多。中文的历史悠久，语言艺术炉火纯青，结构性减税就是不减税，结构性通胀就是没通胀。

对内开放、减税做起来不容易，因为涉及政府部门的利益，包括显性的利益和隐形的寻租收益。但如果舍不得手中的既得利益，不能及时启动改革，经济增长很有可能逐季下滑，衰退将从原材料、资本品扩展到大众消费品部门，然后是奢侈品部门，从上游一波一波地蔓延到下游部门。资本品生产部门的价格指数 PPI 负增长，钢材、水泥、玻璃、机械设备，没有不降价的，消费价格指数 CPI 将跟随其后，假如几个月后也是负增长，我们不会感到意外。

能否重启改革，不取决于你我。这些年我们一直在喊改革，结果是基本没有改革，甚至是倒退，打着改革的旗号，扩大政府部门权力，争夺部门利益，再把部门利益变为个人利益。

改革推不动，企业怎么办？我的建议同样是转型，告别低成本扩张模式，探索创新差异化竞争之路。转型首先要转变观念，低成本和现成的市场已经是历史，企业将面对不断上升的成本和饱和的市场，不得不依靠核心竞争力生存下去，依靠核心竞争力抢夺市场。眼下不少企业感到日子难过，盼政府放水，盼宏观放松，这反映了创新能力不足所产生的转型痛苦。过去搞制造，只要把资源组织好，产品生产出来不愁卖。现在市场已被瓜分完毕，如果没有自己的特色技术和产品，没有独特的竞争优势，就抢不到市场，就要被淘汰，而培育和强化核心竞争力，创新是关键。限于时间，我们今天就不展开讲创新了（见下面的问答）。

经济形势好，企业发展可以快一些，形势差，也有机会。在产能过剩的情况下，市场化的收购与兼并和行业重组，消除落后产能，提高行业集中度，扩大企业的市场份额。有能力、有信心的企业要做好准备，争取成为收购的主动出击方，而不是被收购方，利用行业重组来发展自己的业务。

小结一下：中国经济虽然遭遇困难，增长的潜力并没有耗尽，给两个数字大家就知道了。目前我国城镇化率官方数字是50%，有学者估计实际不到40%，因为有很多流动人口。低城镇化率意味着未来还有足够的市场需求，设想城镇化率提高10个百分点，1亿3千万人进城，还要盖多少房子？建多少商店？食品供应还要增加多少，道路、学校、医院还要建多少？第二个数字是服务业占GDP的比重不到40%，而发达国家在70%-80%之间。服务业是劳动密集型行业，创造就业的希望所在。两个不到40%，潜力和空间有多大啊？

增长的潜力还很大，问题是我们僵化的体制，束缚和阻碍了潜力的发挥。如果及时推进改革，中国经济以较高的速度再增长十年是可以预期的。至于改革的前景，短期内不那么乐观，认识和利益两方面的原因都有，特别是政府的认识和政府的利益。在这样的情况下，企业怎么办？做好长期过冬的准备，同时思考转型之路。

· 问与答 ·

问：您出席了温家宝总理召集的座谈会（编注：2012年7月9日上午和10日上午，国务院总理温家宝先后主持召开两次经济形势座谈会，听取专家和企业负责人的意见和建议），能不能谈谈您的感受？

抱歉，具体的内容我就不谈了。这件事本身多少增强了我对中国未来的信心。各位都知道，长期以来，我一直比较尖锐地批评政府的政策，这样一个批评者，政府能邀请，听取我对中国经济的看法和想法，说明社会的确在进步。

问：新疆的资源非常丰富，但是政府政策还是和山西基本一样。对于新疆民营企业，未来的日子可能会更苦。你对新疆的民营企业有什么建议？

新疆的具体情况我不大了解，只能讲一些走马观花的粗浅看法。

新疆的丰富资源给人留下了深刻印象，这对于发展经济是得天独厚的条件。但只有资源是不够的，如果没有一支活跃的企业家队伍，没有一个活跃的市场，资源不能转变为财富，反而是产生腐败的温床，反而会阻碍创新。大家都知道沙特是石油蕴藏非常丰富的国家，几十年下来到现在，它的经济还是靠卖油，其他方面的能力仍然欠缺。国际上把这种现象叫作"沙特病"，卖油来钱太容易，没必要艰苦奋斗，懒得去创造和创新。希望新疆不要染上"沙特病"。

和沙特形成对照的是以色列，以色列没有什么自然资源，只有600万人口，这是它最宝贵的资源。600万人中的每一个人都在动脑筋，怎么样致富，怎么繁荣经济，怎么样在四边都是敌国的情况下生存和发展壮大。以色列的创新能力大概仅次于美国，有一本书叫《创新的国度》，大家可以读一下。这本书给我的启发是：发展经济最重要的不是自然资源而是人，人力资源中最宝贵的是企业家。如果没有企业家和市场，资源反而成为累赘，拖累经济的发展，就像沙特那样。

依照现在的形势，经营环境短期内无法扭转，民营企业怎么办？我想借用冯仑的一句话：熬，伟大的企业都是熬出来的。如果顺风顺水，干什么、怎么干都赚钱，还要企业家做什么？企业家就是在逆风逆水的情况下，在外部环境极为不确定的情况下，寻求生存和发展之道。并不是所有的市场都被政府和国企垄断，企业家对自己要有信心，找到自己的市场。

问：一些企业，包括一些中小企业，可能在告别旧模式，探索新道路的过程中会遇到融资困难，上市比较难，银行和金融机构对

中国：形势与对策

他们的贷款门槛比较高，民间资金机构数量少等问题。该如何通过这些途径优化资本结构？

上市不是常规的融资渠道，而是退出机制。上市是成功以后的报酬，而不是奋斗过程的给养。特别是中小企业，基本没有上市的可能。

贷款现在情况有所好转，但中小企业贷款难仍然没有得到很好解决。在中小企业融资方面，首先要判断一下你的企业适合贷款融资，还是股权融资？判断的依据是企业的成长性。如果成长性比较好，应该更多地关注股权融资，要找风险投资（VC）、私募股权投资（PE）。如果成长性差一些但收入比较稳定，可以更多考虑债务融资。把企业做好，不愁找不到钱，市场上做投资的人很多，往往是钱找企业，而不是企业找钱。

问：我是做煤化工的，您刚才说到的产能过剩，我们是最集中的代表。我们是湖北宜昌市国资委主导的企业，想把产能转到新疆，淘汰落后的产能，提高产能的综合集中度。你如何看这样的转型模式？

你的问题太具体了，而且我对煤化工也不太了解，只能讲讲带有共性的问题。

企业转型的过程中，有一个共同的问题要思考，那就是自己的核心竞争力。这个问题比过去任何时候都更加的紧迫，以前企业没有核心竞争力也可以生存，因为市场需求还没有被满足，有现成的市场。只要成本和价格不太高，你生产出产品，市场上总有人要。现在不是这个情况，资本品、消费品市场基本都饱和了，你想卖产品，必须从其他人手里抢夺市场，这就要靠本事了，也就是核心竞争力。

所谓核心竞争力有两条。第一条是你做的别人做不了，苹果的市场占有率为什么这么高？因为别人做不了苹果手机，或者做得没有苹果好，核心竞争力就是独特的竞争优势。

第二条更为重要，你的优势不仅是独特的，而且是竞争对手难以模仿、难以复制的。市场中没有秘密，技术的秘密、商业模式的秘密，迟早别人都会知道，都会被抄袭和模仿。如果竞争对手知道你的优势，但他想学都困难，你就有了核心竞争力。企业转型时，应该思考的是自己的核心竞争力到底在什么地方。

我常问中欧的企业家学员：你的核心竞争力是什么？有的同学说：我资源整合能力强，直白一些，就是和政府、银行的关系好，能搞到批文和贷款。我不反对你和政府搞好关系，在中国，做企业离开政府关系是很困难的，但我想说的是，政府关系不是你的核心竞争力，因为你的优势能被别人轻易地模仿。

难以被对手模仿的优势才是核心竞争力，核心竞争力等同于企业的价值创造能力。价值就是你满足的客户需求，你为客户提供了新产品、更高质量的产品，或者为客户节约了成本。

借助良好的政府关系当然可以赚钱，但是赚钱和价值创造是两个不同的概念，尽管彼此也密切相关。能赚钱并不意味你有价值创造的能力，而如果有了价值创造能力，迟早会赚钱。捕捉交易机会，靠贱买贵卖赚钱的是商人；创造价值的是企业家。我也不反对你当商人，但要搞好一个企业，就要思考你的核心竞争能力到底是什么？价值创造到底在什么地方？培育和强化核心竞争力，围绕核心竞争力逐渐形成企业的转型与发展战略，形成战略的实施方案，这些是企业家的主要工作。我看到的比较成功的企业，都是核心竞争力非常突出的，在行业里能够做到前三，有别人无法替代、难以复制的优势。

问：新疆经济高速增长，有一个提法，是"内地产业的承接地"。怎样看新疆作为内地产业承接地？新疆经济的高速增长如何回避内地增长过程中出现的问题，就是刚才您说的所谓旧模式？如何看待我们机遇和危机并存的情况？

虽然是经济学家，我不大关心GDP增长，GDP增长是经济活动的结果而不是目标。如果把GDP增长当作目标来追求，这就错了，这是内地省市的一个教训。

GDP挂帅和我们的干部考核体制有关，考核有两个硬指标，一个是GDP，一个是财政收入，各省、市、县都搞GDP排名，末位淘汰，官员谁不着急啊。实在没办法，就数据造假，每年各省市的GDP加总，比国家统计局的GDP要多几万亿，你信谁的？所以我不太愿意比较GDP的增速，更为根本的应该看经济的活力，而经济的活力表现在市场的发达上，表现在企业的成长上。这就像体检，不能只量身高和体重，健康不健康要查血液，做心电图。GDP排名相当于用体重和身高来判断人体的健康程度，评价方法本身就是错的。

发展经济，政府要做什么？放开市场，维护市场秩序，拓展企业家和民间的活动空间，政府退出经济。政府越是制定这个规划、那个目标，经济的发展就越成问题。中国改革开放30年的经验证明，经济发达的地区都是弱势政府，强势政府的地区经济反而落后。

问：企业家面临经济发展现状，如何才能突破旧的商业模式？

作为学校的教师，我不可能预先知道新的商业模式是什么，如果我能预知的话，就不当教授了，早就自己赚钱去了。如何突破旧模式，靠企业家在实践中摸索，我只能做事后总结，把大家成功和失败的案例作为教材来用，从各种各样的案例中，抽取一些具有共性的东西。所以对经济学家千万不能预期太高，预期太高会失望的。

(2012年8月10日在中欧国际工商学院乌鲁木齐 EMBA 管理论坛的演讲)

反弹如南柯一梦

2011年中，正值欧洲政府债务危机愈演愈烈之际，标准普尔宣布，将美国政府债券评级降为AA+，美债近百年来第一次失去AAA评级。消息传来，市场情绪急转直下，在浓重的悲观气氛中，研究机构纷纷提高了世界经济年内重陷衰退的概率估计，有人认为欧元难保，美国的经济霸权也行将结束。

世人过于悲观了吗？否，是先前过于乐观了。这不是二次探底，而是一次探底的继续。

V-型反弹如南柯一梦

以克鲁格曼为代表的凯恩斯主义者曾欢呼，美联储于危急时刻干预金融市场，使全球金融体系免于崩溃，美国政府超常规的财政开支则防止了1930年代"大萧条"的重演。在执行了极度扩张性的货币和财政政策后，中国经济于短时间内强劲反弹。世界第一第二大经济体的表现似乎验证了凯恩斯的见解，惊魂甫定的人们欣喜地发现，百年不遇的金融危机不过如此，政府弹指一挥，便烟消云散了。

笔者那时就撰文指出（"复苏之道"，《财经》杂志，2009年6月8日），这次金融危机不是一般的经济景气循环，而是全球经济结构严重失衡的结果。美联储执行了错误的货币政策，2001年至2006年的低利率带来了流动性的泛滥，美国的家庭和金融机构过度借债，大量的资金涌入房地产市场，制造了战后历史上最大的资产泡沫。泡沫于2007年破灭，引发金融海啸。

既然过度借债是危机的起因，经济复苏的前提就是债务的削减，即我们所说的"去杠杆化"。判断经济复苏与否，不看GDP增长速度或者趋势，而要看去杠杆化的进程，在去杠杆化未完成之前，任何反弹都注定是昙花一现。

去杠杆化意味着衰退，但没有衰退便没有可持续复苏。在去杠杆化的过程中，家庭要偿还贷款，为此不得不节衣缩食，消费需求因此而疲软。在去杠杆化的过程中，企业和金融机构要降低负债，不得不缩小投资与经营规模，产出下降，失业率上升。

当债务人无力偿还而违约时，贷款变成银行的不良资产，银行必须动用拨备和资本金予以核销。若坏账数量超出其承受能力时，银行就要寻求外部融资。巴菲特最近入股美洲银行，美国政府在金融危机期间注资花旗银行，都是这方面案例。然而政府救援并不等于债务的消失，而只是债务的转移，从金融系统转移到政府，体现为政府债务的增加。

眼下形势的严峻在于政府的债台高筑。欧洲各国多年执行凯恩斯主义的赤字政策，福利开支超出财政能够支持的范围，金融危机期间，为了救助大型金融机构和大型企业，政府再度借债，如最后一根稻草，终于压垮了财政，金融危机就此转变为政府债务危机。更为糟糕的是，银行持有政府债券的价值因评级下调而大幅缩水，银行倒闭的风险陡增，投资者纷纷抛售银行股票，政府本来作为救援者出现，反而因自身的债务将银行拖入泥潭。

银行系统对于经济就像血液系统对于人体，血液流通不畅的肌体不可能健康，而银行要想恢复正常功能，企业、家庭、政府以及银行自身的负债率都必须降下来，这就又回到了复苏的关键——去杠杆化。

面对这样的局势，奥巴马政府再次祭出凯恩斯主义的政策，减税，政府投资基础设施以创造就业；美联储也在议论第三轮量化宽松（QE3）。这些政策对于去杠杆化并无多少帮助，市场理所当然地反应冷淡。减税虽可暂缓债务人的现金压力，但不具备可持续性，且相当于私人部门的债务转到公共部门，整个国家的负债率并未因此而下降。中央银行的减息本来可以降低还款负担，但在基准利率已经为零的情况下，数量松宽仅仅视为通胀和资产泡沫积蓄能量。

货币政策失效的背后是基础货币转化为信贷的困难。当家庭和企业为高负债所困扰时，不敢再借新债，银行也担心产生更多坏账，对放贷格外谨慎。2008年年中，美国商业银行的贷款增长率还是11%左右，一年后就变成了零增长和负增长。2011年初，贷款增长率恢复到正的2%，进入二季度又转为 -2%。美联储投放的基础货币没有转化为实体经济中的信贷，而是以超额储备的形式沉淀在银行系统内。

财政与货币政策的失灵并非新鲜事，泡沫经济破灭后，日本政府也执行了扩张性的财政政策，赤字多年超过 GDP 的10%，政府债务余额对 GDP 的比率从1980年代末的60%上升到2010年的190%，政府已无进一步举债的能力。至于零利率和数量松宽的货币政策，更是日本央行的发明，日本经济今日之状况，已清晰无误地宣告了这些政策的失败。笔者并不认为美国和欧洲将重蹈日本的覆辙，而是强调微观层面上结构调整的重要性。去杠杆化若不到位，政策性刺激带来的只是短暂的亢奋，随后必定是更大的动荡与失望。

复苏难道没有希望了吗？有，希望在于刮骨疗毒般的去杠杆化。负债过高的家庭只能破产，银行收回作为抵押品的房子，在市场上拍卖还债，这当然会引起房价的进一步下跌，更多的家庭和银行可能因此而倒闭。去杠杆化要求政府在衰退期间增加税收，减少开支，与经典的凯恩斯主义政策正好相反，其后果当然是更深的衰退，但舍此别无复苏之路。

天下没有免费午餐

这好像是个悲观的命定论，其实讲的不过是最基本的经济学原理，也是最基本的常识——天下没有免费的午餐。赤字政策的实质为寅吃卯粮，向子孙后代借钱而已。借钱总归要还，击鼓传花，欧债五国的当代人不幸赶上了最后一棒。超发货币则是制造通胀，稀释所有持币者的购买力，向当代人征收"铸币税"，而中央银行的铸币税征收能力最终要受到物价水平的限制。极端的凯恩斯主义者试图使人们相信，天下确有免费的午餐，政府可以无中生有地创造财富。正宗的凯恩斯主义者承认，宏观政策不能创造财富，但可以削峰填谷，减少经济的波动，因此仍然是有意义的。

由于极端凯恩斯主义充斥西方和东方的主流媒体，知识界和民间信奉此道者大有人在，我们有必要在这里指出，宏观政策刺激经济增长之说纯属迷信，没有任何理论可以证明这一点。战后世界各国的经济表现也告诉我们，高速增长和宏观政策基本无关。从早期的日本和西德、20世纪七八十年代的亚洲"四小龙"，到改革开放后的中国，经济增长的动力是战后重建的高投资、全球化、市场化改革和技术进步，即使东亚充满争议的"产业政策"，也不属于凯恩斯财政和货币政策的范畴。

我们并不完全否认正宗凯恩斯主义的理论，增加财政开支可以增加当期总需求从而增加当期GDP，但其作用远小于凯恩斯声称的乘数效应，即一元政府开支可带来多于一元的GDP增加。根据凯恩斯的计算，乘数等于1/(1-MPC)，MPC为边际消费倾向，定义为当期新增消费对当期新增收入之比。如果MPC等于0.8，则乘数为5，1元政府开支可增加5元的GDP。然而弗里德曼和莫迪安里尼分别证明，当期消费和终身收入而不是当期收入有关，这意味着MPC是个很小的数，凯恩斯乘数的数值接近1。实证研究发现，乘数的确约等于1，财政开支不能创造财富，而只是一种跨期置换。当债务到期时，政府增加税收以兑付国债，而加税会减少未来几代人的收入、消费和GDP，赤字政策因此相当于透支未来财富以解当下的燃眉之急。

这样的透支不是简单的拆东墙补西墙，它会引起严重的债务问题。国债是当代人向子孙后代借钱，但债务人和债权人处于不平等的地位，子孙后代的发言权小得多，甚至因尚未成年或尚未出生而没有发言权，当代人可以轻易地得到他们想要的借款。这也是凯恩斯主义之所以流行的一个原因，它迎合了当代民众和政治家取得"免费午餐"的投机心理。如果每一代人都是短期行为，债务越积越多，一旦达到财政偿还能力的极限，债务危机就爆发了。今日之希腊、爱尔兰、葡萄牙、西班牙、意大利都是赤字政策的受害者，美国国债的评级下调更是给世人敲响了警钟：借钱买来的繁荣再也无法维持下去了！

借钱不可持续，印钱亦不可取。如果印钱能解决问题，这个世界上根本就不会有经济问题，因为印钞的成本几乎为零，哪里即将出现问题，撒一把钞票就可化险为夷。手中一部印钞机，从此可保天下太平？这个简单而强有力的逻辑，不知何故，公众和学术界长期不愿接受，人们总以为多印几张纸币，新的财富就可以被创造出来。

这并不是说，市场经济不需要货币。市场经济是交易的经济，货币的作用是降低交易成本，货币的数量因此与交易量相当即可。弗里德曼曾建议，货币增长每年3%~5%左右，大致等于GDP的增长速度。货币供应量与GDP同步变化，价格水平保持稳定，既无通胀，亦无通缩。

社会上流行的说法却是货币超发有益论，可以降低贷款利率，刺激企业的投资和家庭的买房，带动经济增长。短期来看的确如此，但正如奥地利学派所指出的，人为操纵利率所获得的短期繁荣有着巨大的成本，如同这次金融危机和20世纪"大萧条"那样惨重的成本。为了说明这一点，我们在下面介绍奥地利学派的经济周期理论，并将其与凯恩斯学派进行比较。

结构性经济周期理论

奥地利学派的代表人物哈耶克认为，货币超发和低利率是引起经济周期震荡的元凶。为了说明这一点，设想一个充分就业的经济。在这个经济中，初始的市场利率等于"自然利息率"，也就是社会总投资等于总储蓄时的利率。充分就业意味着生产要素如土地、资本和劳动力的充分利用，社会上没有闲置资源。现在为了刺激经济增长，中央银行增发货币，降低利率。资金成本的降低刺激企业增加投资，经济在需求的拉动下进入繁荣。在传统的经济学教科书中，故事到此结束，两个重要的问题被有意或无意地忽略了。

第一个问题是资源约束。企业增加投资，对投资品如钢铁的需求上升，钢铁行业需要更多的资源，建更多的高炉以增加钢铁产量。但如我们已经假设的，社会上并不存在闲置资源，只能从消费品如服装部门转移出来。这就引起消费品生产的下降，供应短缺，消费物价上涨。当通货膨胀超过了社会的可承受度时，中央银行会加息以抑制投资需求，对钢铁的需求下降，资源回流消费品部门。

然而回流过程并不完全可逆，由于资本具有专用性，炼钢的电炉不能用来缝制牛仔裤，仅部分通用设备和人员转移到消费品部门。前期低利率下的投资高峰造成钢铁业产能过剩，供大于求，价格下跌，企业亏损和倒闭，投资品部门率先进入衰退。钢铁业的萎缩最终也会影响服装生产，因为钢铁是制造缝纫机的原材料，衰退于是从投资品扩展到整个经济。

第二个也许更为严重的问题是投资机会。低成本资金供应充裕，企业和个人急于寻找新的投资机会，如果在实体经济中找不到，资金极有可能进入资产市场如股市和楼市。因短期内股票和房屋的供应不变，新进入资金引起价格上涨，立即产生不菲的"投资收益"。高收益吸引更多的资金流入，更多的资金进一步推动资产价格上涨，资金－资产价格－预期收益之间如此反复循环，资产泡沫不断膨胀，直到破灭的那一天。

这一概念模型意味着金融和经济危机或以实体经济的通胀为先导，或以资产泡沫为预兆，随着金融业的发展，后者的概率越来越大。20世纪早期，道琼斯工业指数从1921年的66点涨至1929年崩盘前的300点以上，年平均增长速度为同期GDP的3倍多。在长达十年的减息周期中，日经指数从1982年的7000点，大涨至1989年底的39000点，此后不久，泡沫破灭，日本经济陷入20年的衰退。从1980年代中开始直到1997年亚洲金融危机，泰国的银行贷款以年平均25%的速度增长，股票价格指数相应从1986年底的200点上涨6倍，达1996年中的1300点。这次全球金融危机则源于美国的房地产泡沫，2002年房地产价格指数还只是97，5年之后的2007年就翻番到201，年回报率达15%，除了新兴的技术行业，实体经济中哪里能找到这样的轻松赚钱机会？

泡沫虽壮观，终有破灭之时，刺破泡沫的往往是中央银行自己。担心通胀或者过高的资产价格，央行紧缩银根，灾难随即到来。日本央行于1989年五次加息，股市、楼市双双倒下。美联储从2004年中到2006年中，连续17次加息，次按违约率随还债成本上升，投资者恐慌性抛售以次按为基础的债券担保债务凭证（CDO），拉开了金融危机的序幕。

与哈耶克的"政府失灵"形成对照，凯恩斯认为萧条源于私人部门的开支意愿不足，特别是企业主对未来的前景感到悲观，用凯恩斯的话讲，受"动物精神"的支配而减少投资，引发了经济衰退。需要注意的是，私人部门开支不足意味着较小的 MPC 从而较小的乘数，但凯恩斯在计算乘数时，又悄悄地换上了正常状态下的 MPC，这是凯恩斯理论体系中的一个明显的自相矛盾。

企业和消费者的悲观情绪又是从哪里来的呢？凯恩斯也许会说，1929年的股票市场崩盘改变了市场气氛。那么，股票市场为什么崩盘了呢？凯恩斯除了再次求助于投资者的"动物精神"，不可能给出其他回答，但这只不过是循环论证而已。与他同时代的哈耶克则说：因为中央银行超发货币，市场利率偏离了"自然利息率"，跨期资源配置出了问题。从上面提到的战后资产泡沫与金融危机的历史可知，奥地利学派的经济周期理论更符合事实，因而更具有说服力。

暂且不论哪一派学说能够更好地解释经济周期，在经济已进入衰退后，失业率上升，社会上存在着闲置资源，如果政府的财政状况良好，为什么不可以增加财政支出，刺激需求呢？遗憾的是，当今的欧美政府已经没有那样的财力了。即使仍有余力，赤字政策不过是用今天的政府开支替代明天的私人部门开支，用效率低下的官僚主义和贪腐替代企业和消费者的精打细算。

在衰退的经济中，货币政策能否有所作为？倘若哈耶克是正确的，危机的起因是利率过低，增加货币供应无异于饮鸩止渴，除了暂时托住资产价格，延缓去杠杆化的过程，就是维持扭曲性利率，为下一轮资产泡沫积蓄能量。

本文的分析给出一个暗淡的前景，在今后的三五年中，欧美经济将继续在痛苦的去杠杆化中挣扎，削减政府债务是最后也最为困难的一步。即使在去杠杆化完成之后，经济增长也不可能恢复到危机之前的水平，因为危机前的繁荣部分地由信贷的过度供应支撑。除此之外，人们能做的就是让市场决定利率，不再自作聪明地操作货币政策。至于新的经济景气，完全依赖新增长点的出现，新增长点来自创新，而哺育创新的是市场竞争和企业的活力，与宏观政策无关。

　　对于这样的前景，当代人没有什么可以抱怨的，他们的父辈以借债的方式透支了他们原本可享受的繁荣。萧条是对透支的偿还，人类生来是机会主义者，而上帝永远是公平的。

经济如何走出今日之困境

在"中国奇迹"的欢呼声中，GDP增长从2010年一季度12%的顶点，一路下滑到2012年一季度的8.1%。这不是常规的经济景气循环，它标志着一个时代的终结，传统的投资驱动增长模式的终结。工业和财政增长速度下降，企业开工不足。最近拜访了东南沿海的一些企业，他们认为现在的形势较2008年更为严峻，同时也在关心会不会有新的政策出台。目前市场上盛传下半年政府推出新一轮刺激政策，我感到担忧，经济对刺激政策的依赖像吸毒上瘾，鸦片剂量一次比一次大，但现在的问题是还有多少鸦片存货？鸦片能不能祛除病根？

不能再靠刺激性政策了，要坚定地推进经济和企业的转型升级。转型升级喊了这么多年为什么不见实际效果？因为政府和企业没有感受到压力，甚至国际金融危机也没有动摇传统经济增长模式的根基。每一次出现危机，政府的有形之手就强力干预，借势扩张，市场的无形之手则被迫后退。政策的短期效果使政府的信心大增，特别是2009年和2010年的"四万亿"政策刺激，大跌之后出现戏剧性的强劲反弹，其实不过是传统模式最后的宏大谢幕。

在过去十年间，固定资产投资增速约为GDP增长的1.3倍，

GDP等于国民收入，而收入决定需求，投资形成的产能超过需求的增长，结果就是大量的过剩产能。一个人均GDP相当于世界平均的国家，钢铁、煤炭、水泥产能位居世界第一，供需的矛盾越来越突出。2001年加入WTO之后，我们大力开拓海外市场，消化国内的过剩产能，金融危机后外部需求萎缩，过剩产能便水落石出，传统增长模式的不可持续性暴露无遗。

在产能普遍过剩的情况下，制约经济增长的瓶颈因素不再是资金，而是投资机会的缺乏。当大型钢铁企业投资种菜养猪的时候，当造船厂因订单不足而裁员停工的时候，银行的贷款对他们有什么用呢？即使企业使用这些贷款投资，也不过是增加一些没有销路的产能而已。中国当下的情况让人想起日本过去的20年，政府花钱，债台高筑，利率长期等于零，还在搞数量松宽，向经济注入更多的货币。所有这些都没有奏效，日本经济今天仍处于衰退和半衰退的状态。

如何度过当年的难关？不能再靠货币政策和财政政策，寅吃卯粮，将问题留给下一代，而要直指病根，对症下药。既然问题是产能过剩和缺乏新的投资机会，就要通过市场化的收购和兼并、行业重组消除过剩产能，就应当通过改革开放，特别是对内开放，消除过度管制，创造新的投资机会；既然消费的真实原因是民众的收入滞后，就需要全面减税，弱化政府的经济功能，强化政府的社会保障功能；既然低成本扩张的路走不下去了，企业就要尽快从制造向研发创新转型。所有这一切都要求重提市场的作用，重振民营经济。

重振民营经济有着经济转型和社会稳定的双重意义。由于垄断性国有企业不必面对市场竞争的压力，它们没有创新的动力。即使创新成功，高管和技术骨干也不能享受创新带来的巨大回报。没有创新就无法实现中国经济的转型，既有创新动力也有创新压力的是民营企业。民营经济同时关系到社会的稳定，据全国工商联的统计，民营经济目前占GDP的一半，雇佣了70%以上的劳动力。民营经济不稳，就业问题就解决不了。

如何重振民营经济，我们需要的改革措施，法律上、政策上有很多，限于时间，在这里我们强调产权保护的重要性。如果没有产权保护，企业家不能预期未来，就不会有长期的投资计划，也不会投入资源进行研发与创新，因为他们不知道风险巨大的投资创新能否得到应有的回报。诺贝尔经济学奖得主诺斯教授指出，英国是世界上第一个完成了工业革命的国家，并非因为当时它的蒸汽技术最为先进，而是因为英国第一个建立了保护私人产权的制度，刺激了民间的投资和金融创新，所以"工业革命"的实质不是单纯的技术革命，而是制度革命。

我国的产权保护状况怎么样呢？首先，在法律上和现实中，国有产权和私有产权的地位和待遇不同。国有产权"神圣不可侵犯"，这是否意味着私有财产是可以侵犯的？近年来发生过多次侵权的事件，地方政府以低价强行收购民营的油田、矿山和企业，有些地方甚至动用了公检法没收和处置民间资产，对私人产权的保护在弱化。

其次，由于司法改革的停顿和滞后，司法体系不能独立有效的运行，产权的界定和纠纷往往由当事人和官员个人关系决定，而官员个人利益的卷入和个人判断的任意性，实际上使法治化的产权保护成为可望而不可及的"水中月"和"镜中花"。

第三，在加强征管下，各级政府开展收税和收费的大竞赛，巧立名目，或者严格执行过时的规定，企业不堪其扰。

第四，政府掌握了越来越多的资源，制订了日益烦琐的管理方法，为了获得企业发展所需要的资源，或者是仅仅为了生活下去，企业不得不按照潜规则与政府部门打交道。我非常赞同某公司提出的要"守本分"，但是要想企业守本分，首先政府要守本分，"逼良为娼"还不是最可怕的，回过头来的"扫黄"才是致命的一击。

第五，社会上的仇富心理严重，民粹主义泛滥。十年前中国的基尼系数就达到了0.4的国际警戒线，尽管官方不再报基尼系数，但种种迹象表明，自那时以来收入分配的确是在不断的恶化，恶化的原因是资源和市场占有的不平等，以及制度造成的机会不平等。我们到处可以看到官员与百姓的差别，城市与农村的差别，国营与民营的差别，官商勾结与合法经营的差别，这些都是身份和地位造成的差别，是起跑线上的不平等，是一次分配中的不平等。如果不纠正资源和市场占有的不公平，热衷于用行政和税收的手段进行二次分配，则治标不治本。非但无助于缩小贫富差距，反而会削弱社会对产权的尊重。在这样的环境中，资产所有者没有安全感，对经济的发展和转型不可能有长远的打算。

如何走出当前之困境？我也提出五条。

第一，如同前面讲的，产权保护是重中之重，特别是知识产权

中国：形势与对策

的保护。设想企业投入大量人力、资金进行研发，新产品推向市场时就被抄袭仿制，山寨版降低了新产品价格和销售量，不能带来预想的经济效益，以后谁还愿意投资研发呢？国际上的经验证明，创新领先的国家都是知识产权保护做得比较好的国家。

保护知识产权离不开一般产权的保护。创新的主体是企业和企业家，如果企业家手里拿着外国护照，随时准备移民海外，就不可能做研发的长期计划，不可能进行长时间的技术积累。要使企业家、创新者在自己的国家投资和创新，把产品和技术留在这里，推动中国经济的发展，政府和社会要让他们有财产和人身的安全感，其次要严厉打击抄袭和造假，防止"山寨"产品侵蚀创新企业的市场和利润，保证创新投资能带来足够的回报。

第二，解除管制，建立多元化的创新金融支持体系。以大型国有商业银行、大型国有保险公司为骨干的金融体系无法支持创新，因为这些金融机构的首要经营目标是确保资金的安全，而创新却是充满了风险的一项经济活动。创新的融资主要靠私人投资基金解决。从早期的天使基金开始，到中期的风险投资也就是 VC，再到后期的私人股权基金也就是 PE，服务不同阶段上的创新活动，形成支持创新的金融梯队或者金融产业。发展这样的金融产业，政府应该做什么？提供天使基金、风险基金和私人股权基金运作的法律框架，而不是审批和监管。

现在一些政府部门争夺 PE 基金的审批权，公开抓审批权与市场化改革的精神不符，于是改为核准制，核准制又改为报备制，可是企业和政府部门搞不好关系的话，报备材料递进去，它又给你扔出来，不予报备！实际还是审批制。审批制成了新型金融产业的拦路虎，成了技术创新和企业创新的重大障碍。在这里我想提个建议，为了发展中国的创新经济，首先要解散发改委。刚才听了前面的讲话，我的想法有点改变，意识到发改委的同志其实也深知这个道理。

PE 是什么意思？ Private Equity, 私人股权投资基金，不需要审批，不需要报备，不需要纳入监管。私人对私人的钱，周瑜打黄盖，一个愿打，一个愿挨，你为什么要管？你凭什么要管呢？政府现在把 PE 搞成了 Public Equity, 财政出钱做 PE 基金，又错了。财政的钱是老百姓、纳税人的钱，不能承担创新投资的高风险。同样的道理，银行的钱是老百姓的储蓄存款，也承担不了那么高的风险。

第三，解除管制，培育和发展要素市场。创新经济讲了好多年了，为什么总是光说不练？政府和企业的日子过得太舒服，没有创新的紧迫感。政府管制工业用地价格，从而间接压低劳动力价格[1]，对利率和融资渠道的管制则压低了资金成本，企业利用成本优势进行扩张，表现在宏观层面上是 GDP 的高速增长。企业赚钱，政府收税，日子过得很好，为什么要费劲去升级转型呢？如果生产要素价格由市场供需关系决定，包括市场决定的人民币汇率，要素价格和成本上升，企业马上就知道怎么节能，怎么降低成本；低端产品不

---

1. 如果按市场价格从农民手中购买土地，农民的收入大幅上升，对进城务工的薪酬预期也会相应提高。土地的集体所有制一方面使政府可以低价征地，低价供应工业用地，另一方面压低了农民工的市场工资。

赚钱了，企业马上就知道怎样去升级换代。让市场机制和价格信号发挥更大的作用，扩大人民币汇率的波动空间，用价格引导企业走向高端，走向创新。只有企业转变了，才有产业结构的调整和国家经济的转型。

第四，官退民进，弘扬企业家精神。中国是一个企业家资源非常丰富的国家，这是我们发展经济的最宝贵资产。然而在过去的几年中，企业家一个接一个地走下了经济舞台，政府官员一个接一个地走上来。最近参加会议我注意到一个现象，十个台上讲话的，九个是官员，最后上来一个企业家，说前面几位领导的讲话都很重要，我回去好好学习。我们把市场经济最基本的关系搞颠倒了，市场经济的主角是企业、企业家和民众，现在他们都坐在台下听着，台上一排官员发命令、做指示。中国的企业家精神受到压抑，处于衰退之中，而没有企业家精神，就没有创新，就没有产业的升级换代。政府官员要赶快走到台下去，将市场经济的舞台还给企业和企业家。

第五，营造自由和开放的思想氛围。创新是思想自由发挥的产物，如果没有松宽和开放的社会环境，没有自由的思想氛围，就不会有创新的精神。在创新社会中，标新立异不会被视为异端邪说，因为人们理解，创新就是对现状的挑战和对现有格局的破坏。公众抛弃了"成王败寇"的传统评价标准，他们不仅鼓励勇于创新的行为，回报幸运的成功者，也尊重不幸的失败者。这样的社会文化为新模式、新技术和新思想开辟了广阔的空间，只有在这样的社会氛围中，才能产生出持久的创新激情，各种各样的奇思怪想才有机会得到尝试，变成提高经济效率和丰富人们生活的技术创新。在营造创新的环境方面，政府能做的是就是少管一点，不要今天说"三俗"，明天又说不符合这个那个精神。政府管得越多，就越是压制了民众的想象力和创造力，对创新转型就越是不利。

应对漫长的经济冬天

中国经济明显放缓

今年（2014年）一季度中国经济增长明显放缓。官方的GDP数字是较去年同期增长7.4%，数字和在基层的观察有比较大的出入。用什么数据判断形势？李克强总理在回答国外记者提问的时候，讲到三个指标：发电量、铁路货运总量、中长期贷款，这些指标更为接近我们在微观层面的观察。

经济增长放缓有多种因素，最重要的一个就是产能过剩。中国过去十几年间的经济增长靠投资驱动，固定资产投资的增速下降，中国经济的增长步伐也就放慢。而当前投资增速下降的原因正是过去投资太多了，在传统制造业形成了大量的过剩产能，产品卖不出去，出现亏损，企业不敢贸然再上新项目。

在投资疲软的情况下，人们把希望寄托在消费上，但是消费要有收入的支持，不是政策能刺激起来的。虽然居民收入还在增长，但是增长速度落后于GDP，落后于政府收入和企业收入，以至于居民占国民收入的比重不断缩小。清华大学的一项研究表明，1993年居民收入为GDP的63%，2007年降到52%，估计这个比例近几年还在下降。收入跟不上，消费就很难弥补投资放缓所造成的需求减少。

受全球经济危机的影响，国外需求衰退。在世界几大经济体中，只有美国经济的势头比较好，基本上从危机中恢复过来了，正处于不断上升的通道。如果做全球资产配置，建议增持美国资产。欧洲仍然在经济危机的泥潭中挣扎，而日本经济则处于半衰退状态，这种状态已经持续了20年，安倍经济学解决不了日本经济的结构性问题。

我想强调的是，需求在短期甚至中期都不会反弹，经济增长率很可能继续下滑，企业将长期面对一个低增长的宏观环境。长期低增长的一个原因在于消除过剩产能的困难。要知道产能过剩不是5%、10%，而是20%、30%，最严重的行业超过50%。清理过剩产能的市场化方法是产业重组、收购与兼并、企业倒闭关门，设想一下，多少企业要破产、多少工人要下岗，由此而产生的社会问题如何解决？这不是一年、两年能完成的任务。但只要存在着过剩产能，投资就不会反弹，除非找到新的增长点。对于这次经济下调的长期性，企业要有充分的思想准备。

刺激性政策不再

网上有句话很传神，过去温总强刺激，现在强总温刺激。

为什么温刺激，可能有这样几个原因。政府或许已经意识到"四万亿"强刺激的负面效应，比如大量的产能过剩、浪费、贪污腐败，更严重是打乱了企业的预期，阻碍了经济的结构性调整。

为什么说"四万亿"打乱了企业预期？我曾参加全国钢铁协会的年会，大概在执行"四万亿"之后两年，会上一国有钢企的老总说"四万亿"把我们坑苦了，本来准备调结构，淘汰低端的和低附加值产品，增加高技术含量和高附加值产品，突然来了个"四万亿"，大搞基础设施建设，低端的螺纹钢、建筑用材价格猛涨，成了最赚钱的产品，订单多得生产不过来。钢铁企业很为难，低端产品的生产能力要不要扩建？做企业的看不了那么远，本来已决定要淘汰的产品，反而有要扩大产能，结果现在全都过剩。所以企业不必期待政府政策，政策短期带来一些需求，如果形成依赖，从长期看对企业的发展是不利的。

第二，政府或许也认识到，政策不可能扭转经济的总体趋势。为什么这样讲，2008年克强指数——发电量跌入谷底，2009年急剧反弹，因为执行了"四万亿"的刺激政策，像打了鸡血一样的亢奋。但是好景不长，暴涨之后是暴跌，2012年再次降到低点。2012年下半年，发电量又起来了，原因是推出了"四万亿2.0"，这次没有什么媒体报道，只有少数人注意到。靠政府拉动内需，无法改变经济运行的大方向。历史的经验告诉我们，任何政策性的刺激都只能维持短暂的繁荣，即使再搞"四万亿3.0"，效果也会和前两次相同，昙花一现，很快就会衰落。

第三，政府没有那么多资源，现在地方政府负债累累，中央政府还有钱修高铁，但高铁收益低，投资回收期长，上马新项目需要筹集新的资金，看来看去，只有继续借债，但借多了风险也高。

综合以上几点，本届政府的思路似乎有所转变，新一轮刺激性政策的可能性不大，经济增长靠新的改革红利。政府已推出一些改革措施，例如混合所有制、借助市场和民企来改造国企，开放行政垄断行业如加油站，铁路部门吸引民间投资等等。在减少审批方面见到了些效果，现在注册公司手续缩短，工商税务的障碍减少很多。

改革的方向是正确的，虽然在方法上有很多值得商榷的地方。以混合所有制改造为例，一个突出的问题是民间资本的产权保护。加油站对民营企业开放30% 股权，让你当小股东，董事会没有席位，国有大股东说了算，民企的权益就没办法保护。再比如单纯依靠行政手段，是否足以克服既得利益的阻力？上海自贸区进展缓慢，周边的地价倒是很快被炒上去了。在自贸区开放资本账户，反对者会说过快的开放影响国家安全，会冲击资本市场，不能开放。商业银行也反对，怕别人进来分他的蛋糕，都是既得利益作祟。改革靠上面领导发令，下面的既得利益会听吗？

大体而言，我们认为政府出台大规模刺激性政策的可能性比较小，对于这一点，总理、央行、财政部都表过态。政府寻求改革红利的思路是正确的，但短期内难见成效。在这样的情况下，企业怎么办？企业不能把未来的希望寄托在政府的政策上，而要自己控制好风险，同时思考如何转型升级。

低增长环境的企业应对

在经济下行中，企业首先要控制好风险，收缩战线，回收现金，宁可踩空，不要断粮。一些企业感到纠结，普遍有一种矛盾心理，如果现在收缩战线，刺激性政策一出台岂不踏空了？我想说的是，市场竞争不看一时盈利多少，而要看谁活得更长。中国的大多数企业没有经历过完整的经济周期，开顺风船长大的，不习惯逆风行船。逆风时慢一点不可怕，就怕风急浪高翻了船。激进经营的风险是现金短缺，而经济下行的环境中金融机构也趋向保守，企业拿不到外部融资，资金链一旦断裂，只有倒闭或卖掉。当下企业的第一目标是力争现金流的平衡，以现金流为依据，规划今后一两年的所有业务。

守住现金流的同时，企业要思考转型。关于转型，我的观察是谈得多、做得少，之所以如此，也许因为企业还没有到生死关头。人有惰性，一旦习惯形成，改变很困难，不是形势所迫不会改。除了形势，阻碍转型的还有认识上的问题。

我们需要认识到，第一，低成本扩张和抢占市场的时代已经结束。第二，低成本获取技术和产品的时代也已经结束。过去国内、国外都有未满足的需求，也就是现成的市场，产品做出来不愁卖，跑马圈地，看谁的速度快、产量大、成本低。经过三十多年的高速增长，今天的情况大不一样，各个行业的市场要么趋于饱和，要么已经饱和，连基础设施、房地产都不例外。现在想要市场，必须从同行手中"抢"，而不是以前的"占"。

用什么抢市场呢？像过去那样仿制为主行不通了，因为你会模仿，他也会模仿，相同的产品抢不来市场。企业必须通过自己的研发，做出与众不同的新产品、新技术，才能虎口夺食，打入业已饱和的市场。这将是一个全新的经营环境和全新的竞争环境，现有的产品卖不动了，要用新的产品打入市场，必须进行研发，这是一个很大的挑战。

不少企业意识到必须从制造转向创新，但不知道怎么去创新，觉得转型的风险高，有一句话很流行，"不转型是等死，转型是找死"，其实不转型的风险更高，几乎肯定要被淘汰。

为什么中国企业长于制造而拙于创新呢？原因是多方面的，其中之一是内心世界的缺失。我们每个人都有自己的价值观，中国人的价值虽然在心中却是用客观标准衡量的，他非常在意别人怎么看他，而不是主观的和内心的感受。他认为企业的成功有客观标准，是用销售额、公司的市值衡量的；企业家成功与否就看他住多大的房子，开什么车子。如果他每天想着销售额和市场排名，当然只求做大而不求做强。商学院的学生在一个班里，班长的企业是上百亿、几十亿的销售，几个亿的只能当班委而当不了班长，个人的价值和成功好像都体现在企业的规模上。追求规模的企业喜欢看别人，他做房地产做了几百亿，我也要搞房地产，攀比、跟风模仿怎么可能有创新呢？

创新是由内心的激情和追求驱动的，追求当然既有商业和经济的，也有精神层面上的，可能更多是精神的。很明显，乔布斯对创新的执着追求已不能用赚钱解释了，创新就是生活，他享受创新。两年前我到美国加州参观脸书，同行的企业家朋友问扎克伯格：你怎么想到要创办这样一家公司？他说：能让6亿人在一个平台上交流是件很酷的事，就为了一个"酷"！扎克伯格没有提他和几个小伙伴当初的动机——上传女生的照片，评比谁更漂亮。高尚也罢，庸俗也罢，都是发自内心的冲动和激情。财富当然也很重要，但不是唯一的甚至不是主要的创新激励。

钱可以给人带来幸福感，但这样的幸福感衰减得很快，你赚到第一个一百万时欣喜若狂，第二个一百万笑笑而已，第三个一百万恐怕就觉得很平常了。这个现象在经济学上叫作"边际效用递减"，凡可用物质满足的需求几乎都服从效用递减的规律，而内心的愉悦和精神上的享受就没有这个问题，而且可能是效用递增的。

如何建立自己的内心世界？人的一生应该追求什么？没有统一的答案，价值也没有客观的标准，全凭你自己的感受和感悟。

人的心中有价值，内在价值应该也可以与外在价值合一，在商业世界里，创新就是创造价值，企业存在的意义就是创造价值。有人可能会问，企业不是要赚钱吗？一点不错，企业要为股东赚钱，为了持续地赚钱，企业必须为社会创造价值。赚钱和创造价值之间的区别在于可持续性，如果没有创造价值，今天赚了钱，明天可能就赚不到了；如果创造了价值，今天没赚到钱，明天、后天一定可以赚到。

什么叫创造价值？我的定义有两个。第一，你为企业或个人客户提供了新的产品和服务。比如智能手机，苹果公司提供了一款全新的产品，满足了人们的需求，更准确地讲是创造了新的需求，苹果当然也就创造了价值。腾讯推出微信服务，人们因此获得了新的交流沟通手段，丰富了社交和私人生活，这也是价值创造。第二，你可以提供现有产品和服务，但你的成本更低，从而价格更低，通俗点讲，为客户省钱了，你就为他们创造了价值。

搞清楚价值创造和赚钱之间的关系，有助于我们思考商业模式和转型的方向。转型一定要转向价值创造，以价值创造为基础，企业的发展才可能持续。拿互联网金融来讲，现在一窝蜂地上，看上去都赚钱，但大多数不可持续，因为它们没有创造价值。做信贷生意，最困难的是信用评级，准确估计每一客户的违约风险，在此基础之上决定贷款的利率和数量，为了进行风险评估，需要收集和分析客户公司或个人的财务信息。信息的挖掘、收集和分析就是金融业的价值创造过程，信息越多，评级越准确，违约即坏账的可能性越低。减少坏账损失，金融机构就为债权人创造了价值；另一方面，坏账少了，债权人不必收那么高的利息，金融机构同时为债务人也创造了价值，降低了企业和个人的借贷成本。

金融创造价值的根本在于获取信息，从这个角度看问题，只有阿里巴巴的互联网金融可能成功。过去和现在有很多企业、个人在淘宝、天猫网上交易，利用这些交易信息，阿里巴巴可以估计贷款申请人的财务状况和违约风险，根据风险等级决定是否发放贷款以及贷多少。传统金融机构天天在做信用评级，但阿里巴巴信用评级的成本更低，因为它用的是现成的、几乎是零成本的数据。根据我们前面讲的第二条标准，阿里巴巴创造了价值，它的商业模式因此是可持续的。

很多 P2P 公司仅仅搞一个网站，把借方和贷方拉到一起，没有足够的信息评估信用等级，没有办法降低坏账风险，你的价值创造在哪里呢？单纯的撮合需求方和供给方像婚姻介绍所，只能收点介绍费，做不了金融生意。金融机构作为中介，要为资金提供者降低风险，降低坏账损失，为借贷者降低资金成本，用婚姻介绍所的例子讲，提高双方结婚的概率才叫创造价值，那就要求中介收集更多的信息，进一步了解双方。

同样的道理，我今天在这里讲宏观经济，没有创造什么价值，或许可以帮你们赚钱，但不可能帮你们创造价值。宏观经济和新产品的开发无关，和成本的降低也无关，不能满足创造价值的两个条件。企业家听经济学家讲宏观分析，判断形势和政策走向，踩对了点，赚到了钱，那一定会有企业踩错了点，你赚了它们的钱，就像炒股票一样，是个零和博弈。从社会总体来看，猜宏观、猜政策不创造价值，仅仅是在企业之间重新分配价值而已，所以建议大家不必过度关注宏观，要把精力和时间用在企业的价值创造上，用在思考自己企业的核心竞争力上。

经济周期波动上上下下很正常，一个好的企业并不是看你上升期扩张有多快，而是看下行期能不能撑得足够长，能不能熬到春暖花开之时。多读书，多思考，思考如何转型和创造价值，度过这个冬天，准备好新产品和新技术，迎接下一轮繁荣的到来。

怕疼治不了病

数量松宽、去杠杆和经济复苏

经历了2008年的国际金融危机,世人痛切地认识到高杠杆即高负债的危害,也看到危机之后各国经济的恢复和去杠杆的进程密切相关。美国经济走上了持续复苏的道路,欧洲国家特别是南欧诸国则不同程度地仍在为债务所困扰,最为脆弱的希腊已沦落到政府破产和金融体系瘫痪的地步。导致如此鲜明反差的,是欧洲、美国两大经济体去杠杆的快慢。美国的负债率(居民负债/GDP)已回落到历史趋势线,而欧元区依旧停留在2008年的水平上,排除德国后的负债率甚至还有所提高(图一)。

去杠杆和经济复苏的关系看上去是宏观问题,要害却在微观层面上。众所周知,企业负债过高会造成现金流的紧张。债务的还本付息代表持续的和刚性的现金流出,如果没有充足的现金流入,就要发生俗话所说的"资金链断裂",企业倒闭的风险急剧上升。不仅如此,当家庭和企业负债过高时,金融机构预期还款的困难,收紧甚至停止信贷,发生人们熟知的"惜贷"现象。惜贷意味着债务人不能借新还旧,现金流雪上加霜,由此而加速债务危机的爆发。适

当的负债率——无论用负债对收入还是负债对资产之比衡量——是
金融机构进行正常信贷业务的前提，也是家庭、企业和国民经济健
康运转的必备条件。

数据来源：美联储、欧洲中央银行、我们的核算

图一：美、欧"去杠杆"的差异

　　相对欧洲，美国经济更快复苏，原因正是更快的去杠杆化。美
国的居民负债/GDP 比率已从2008年100% 的峰值，回调到2014年
的80%；欧洲的负债率则长期在高位徘徊。那么美国去杠杆较为顺
利的原因是什么？因为美联储率先推出"量化松宽"的政策吗？非
也，起码也是不尽然。

　　我们在这篇短文中试图分解美国去杠杆化的贡献因素，从如下
的计算公式入手，找出了负债率下降的主要原因，一是金融机构的

信贷收缩，二是坏账核销。

债务存量（t）= 债务存量（t-1）+ 信贷净增量（t）- 坏账核销（t）

公式中的 t 代表今年，t-1 代表去年。

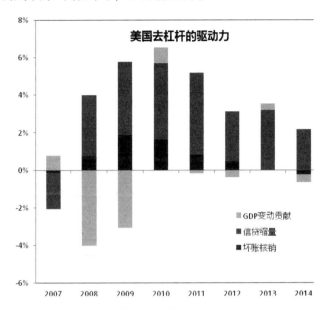

数据来源：美联储、我们的核算

图二：美国去杠杆的因素分解

从图二可见，坏账核销对 2009 年和 2010 年美国家庭部门的去杠杆起到了显著的作用，而信贷缩量即信贷净增量的下降则是 2008 年以来去杠杆的主要动力。需要说明的是，在 2008 年和 2009 年两年中，GDP 对去杠杆的贡献是负的，GDP 的萎缩在相当大程度上抵消了债务存量的显著减少，致使居民负债 /GDP 比率只出现了轻微的下降，尽管那两年减少负债的力度实际上是非常大的。

货币政策在去杠杆的过程中扮演了什么角色？显而易见，利率

中国：形势与对策

对公式右边的第一和第三项没影响，仅影响第二项信贷净增量，即当年新增信贷减去当年偿还信贷。从逻辑上分析，数量松宽政策下的低利率应该刺激信贷需求，因而增加了当年债务存量，也就是对去杠杆的贡献为负。另一方面，低利率有助于现金紧张的美国家庭偿还债务，降低信贷净增量，对去杠杆的贡献为正。考虑到如下的事实，我们还要对这个可能的正贡献打个折：即便没有数量松宽，较高的利率令更多的美国家庭因还款困难而违约，则上面公式中的第三项上升，同样可以降低杠杆率。数量松宽的意义与其说是金融和经济的，不如说是人道和社会的，它或许使一些"边际"家庭摆

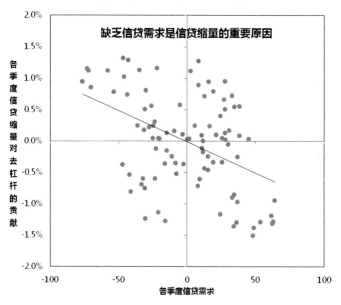

数据来源：美联储、我们的核算

图三：家庭需求疲软导致信贷净增量下降

注："信贷需求"来自美联储贷款经理人调查，经过标准化处理。该指标为正时，代表信贷需求强，负则相反。

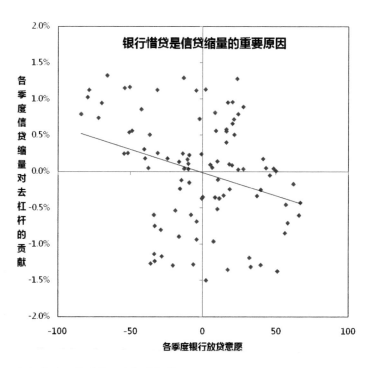

数据来源：美联储、我们的核算

图四：银行收紧信贷标准也减少了信贷净增量

注：银行放贷意愿来自美联储贷款经理人调查，经过标准化处理。

该指标为正时，代表银行放贷意愿高，负则相反

脱了破产的厄运。

由于缺乏当年新增和偿还信贷的分类数据，进一步的分析只能围绕信贷净增量展开。图三表明，家庭需求疲软导致信贷净增量下降；如图四所示，银行收紧信贷标准也减少了信贷净增量；这两个因素都促进了美国的去杠杆化。有意思的是，利率越低，信贷净增量越高（见图五），换句话说，数量松宽实际上有可能阻碍了去杠杆！

接下去我们要问：为什么在金融危机后，家庭的贷款需求疲软？

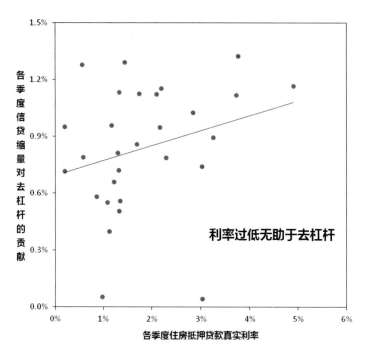

利率过低无助于去杠杆

数据来源：CEIC、我们的核算

图五：低利率无助于去杠杆·

注：真实利率是按"15-year fix rate mortgage"减去国债隐含的长期
通胀预期图是由2008年以来的信贷缩量、利率数据编制

因为按揭抵押品的价值已随房价大幅下跌，银行要求债务人补充抵
押品，家庭的现金流更加紧张，哪有可能举借新债？与此相类似，
银行收紧信贷标准，或者由于企业和家庭客户的负债过高，银行不
敢再贷；或者银行自己的资产负债失衡，没有能力再贷。无论何种
原因所致，信贷缩量的结果都是实体经济的衰退。

若想经济复苏，银行必须发挥正常的功能，而银行恢复信贷的
前提又是去杠杆，降低家庭、企业以及银行自身的负债率。去杠杆

的过程是痛苦的，几乎所有的人都要为之付出代价，特别是居民部门。美国居民的总资产由2007年的81万亿美元跌至2009年的65万亿，蒸发了20%，其中房产价值缩水30%。次贷危机爆发以来，累计约400百万家庭失去了自己的房屋（图六）。实体经济中的资产贬值对应银行的坏账，2008年至今，已有513家存款类金融机构倒闭，银行系统累计核销坏账过万亿美元。不仅直接成本巨大，去杠杆的间接成本同样惊人，银行收缩信贷引起经济衰退，2008年美国经济萎缩了2.8%，2009年零增长。在经济衰退中，失业率迅速上升到超过

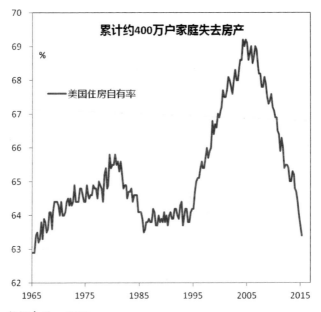

数据来源：CEIC

图六：美国住房自有率自2005年的高点下降，意味着大量家庭失去自有住房

注：美国大约有8000万户家庭，住房自有率每下降1%，意味着80万户家庭失去自有住房

9%，直到2011年才看到持续下降的希望。

欧元区的去杠杆迟迟没有进展，我们猜测，可能是在福利国家的惯性思维支配下，欧洲人失去了面对现实和承担损失的勇气，宁可相信欧洲央行的"无痛疗法"，而不愿动手清理经济和金融体系中的不良资产。精明的政客看透民众的怕疼心理，搬出印钞机，再由学者给"吗啡"另行冠名为"数量松宽"，一个玄妙到难以理解恰又可产生神奇幻想的名字，用精神按摩换取上台必须的选票。在犹豫和拖延之中，希腊的政府财政破产了，紧接着的会是法国和意大利的希腊化吗?

中国自2009年以来执行了以"四万亿"为符号的拉动内需政策，作为一个后果，中国经济的负债率迅速上升。在显而易见的地方政府债务违约可能性面前，财政部以国家信用为支持，于2015年初推出了债务置换计划，推迟地方政府债务的偿还时间，并由中央银行进行了部分的货币化。从短期来看，这些旨在缓解燃眉之急的权宜之计是必要的，但包括政府在内的中国经济整体负债率并未因此而降低，去杠杆如何破题，仍有待观察。

近期有舆论建议仿效美联储和欧央行，进行大规模的"数量松宽"也就是超发货币，以及制造"国家牛市"，促进股权融资，降低企业和政府的负债率。我们从美国的案例已经看到，数量松宽未必有助于去杠杆，企业、金融机构和政府的资产负债表重整是无法回避的，在去杠杆的过程中，经济增长也会进一步放缓。至于股市融资去杠杆，这是个似是而非的说法，因超出了本文的范围，留待后续文章分析。

（本文与阳光资产管理宏观研究员方毅共同撰写）

人民币还会贬值吗

2015年8月11日人民币意外贬值，引起全球金融市场的剧烈震荡。数不清的评论和预测在第一时间抵达投资者的案头，虽然总体带有贬值的基调，观点和依据各不相同，莫衷一是，难以令人信服。在众多的研究中，很少有人抓住了决定汇率的关键因素——中国的国际收支平衡。

我们认为，人民币的中短期汇率取决于国际收支平衡以及中央银行的政策。由于央行政策的高度不确定性，这篇短文聚焦中国的国际收支平衡，特别是从金融账户（旧称资本账户）下"其他投资"的变动趋势，给出人民币汇率的大致方向。

预测汇率的国际收支平衡法基于下面的两个统计恒等式：

国际收支 = 经常账户 + 资本账户 + 金融账户 + 遗漏与误差

其中：

金融账户 = 直接投资 + 证券投资 + 其他投资

国际收支的逆差意味着美元（泛指硬通货外汇）的流出大于美元的流入，或者国内机构与个人对美元的需求大于美元的供应，供不应求，美元当然就要升值，也就是人民币贬值。逆差所产生的供应缺口由中央银行在市场上出售美元来弥补，结果是央行外汇储备的减少（图一）。

图一：国际收支转为逆差，导致央行外汇储备减少

数据来源：CEIC

近几年的数据显示，经常账户和直接投资项的顺差相对稳定，资本账户和证券投资的数量较小，不影响大局，剧烈的波动出现在"其他投资"项下。该项目的美元净流入从2012年开始由正转负，是金融账户从而总体国际收支出现逆差的主要原因（图二）。进入2014年，外汇净流失加速，而2015年 前三个季度，这一项下已有7900亿美元的累计逆差，致使当期外汇储备减少了3000亿美元。照此势头发展下去，曾经高达近四万亿美元的外汇储备将会消耗到危险的低水平，以致于央行不再有充足的硬通货在市场上调节人民币汇率，

国际上届时恐怕又要出现"货币危机"的恐慌。

由此可见，理解近期人民币贬值和预测未来汇率方向的关键在于金融项下的其他投资。如图二中的"其他投资"所示，其他投资项的外汇净流入和经济景气以及市场预期密切相关。2008年次贷危机前后，该项目外汇净流出，平均每季净流出370亿美元。随着政府推出"四万亿"刺激计划，其他投资项由2009年二季度开始转为外汇净流入，持续了10个季度，平均每季260亿美元。随着刺激政策的作用衰减，经济增长重回下降通道，从2011年四季度起连续5个季度外汇净流出，平均季度净流出升至700亿美元。2012年下半年，政府推出"四万亿2.0"，其他投资项在2013年恢复净流入，平均季度净流入180亿美元。进入2014年，市场担忧中国的房地产、债务泡

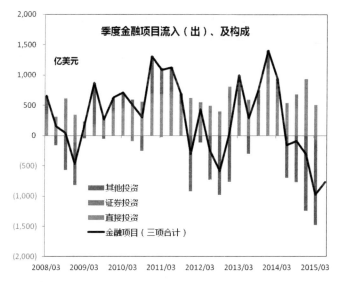

数据来源：CEIC

图二：金融账户构成

沫可能引发系统性风险，自二季度起出现净流出，至2015年二季度，平均季度流失进一步升至928亿美元，是有数据统计以来的最大值。

大致而言，其他投资项目在经济景气阶段外汇净流入，经济衰退时净流出。值得注意的是，衰退阶段的净流出规模一次比一次大，从次贷危机期间的季度平均300亿美元，到过去一年超过900亿美元的季度均值（因数据局限，该数值未包括流出最为严重的三季度的数据）。

其他投资可进一步分解为贷款、贸易信贷、货币和存款，从这些子科目的性质，我们猜测其他投资项逆差不断扩大的驱动因素有如下几个：中、美经济景气度差异，中国的信用风险，以及人民币升（贬）值预期。由驱动因素的变化趋势，我们可预测金融账户从

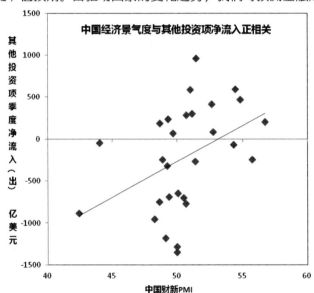

数据来源：CEIC，我们的核算

图三：中国经济越景气，其他投资项净流入越大

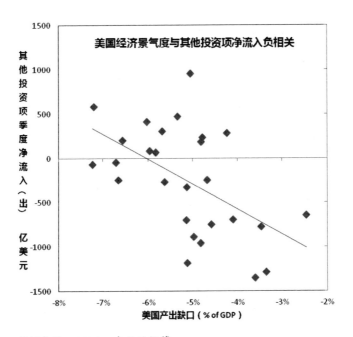

数据来源：CEIC，我们的核算

图四：美国经济越景气，其他投资项净流出越大

注：美国产出缺口是根据美国白宫预算办公室数据计算

而总体国际收支的平衡，在此基础上判断人民币汇率的未来方向。

经济景气通常带来资产回报上升、利率走高，对境外资金的吸引力提升；相反，吸引力下降。经济景气度一般用产出缺口衡量（如产能利用率、失业率），但由于国内缺乏普遍认可的指标，我们用采购经理指数（PMI）作为替代。图三显示，PMI与其他投资项的外汇净流入的确是正相关的。即中国经济景气上升带来外汇净流入；下降时则是净流出。基于同一逻辑，美国经济景气对中国其他投资项的影响正好相反，美国经济的复苏导致资金从中国流出（图四）。

对比中、美两国的经济景气指标，就不难理解近年其他投资项下的外汇流失。次贷危机后，中国推出"四万亿"刺激计划，经济强劲反弹；而美国则处于去杠杆的过程中，衰退持续（图五）。两国景气度的反差吸引资金大量涌入中国，金融项目连续十个季度录得巨额顺差。当美国的去杠杆令经济重获动力之时，中国的刺激政策效力不断衰减，两国经济景气度开始朝不同的方向演变，并延续至今。正是这个景气度的对比反转，加速了金融账户自2012年以来外汇流失。

第二个要分析的因素是信用风险。虽然这一因素和上面的中国经济景气度有一定的相关性，例如经济景气的下降通常会推升信用风险，但两者并不完全相同。面对经济衰退，政府往往下达行政命令，

数据来源：CEIC

图五：自2011年，中国经济趋势向下，美国向上，反差日益扩大

注：美国产出缺口是根据美国白宫预算办公室数据计算

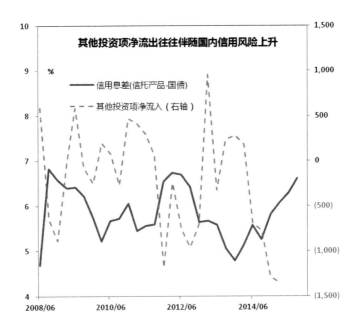

数据来源：CEIC

图六：其他投资项净流出往往伴随国内信用风险上升

注：信托产品是指贷款类信托产品，期限为1~2年。信用息差是
该类信托产品与2年期国债的利差

要求金融机构刚兑，或者扩大政府的担保圈，抑制信用风险，度量
信用风险的指标因此在一定程度上独立于经济的状态，可以具备额
外的解释力。

我们用贷款类信托产品与国债的信用息差衡量国内信用风险，
结果发现信用风险与其他投资项存在显著的关系。2008年以来，信
用息差的下降通常伴随外汇的净流入；一旦信用息差上升，则呈现
净流出（图六）。特别是近期，信用息差大幅攀升，由2013年底4.8%
的历史低点，经历7个季度上升，目前达到6.6%的历史高点。与此

同时，其他投资项的净流失由单季700亿美元，上升至2014年四季度约1300亿美元，至2015年三季度，可能已接近3000亿美元。

第三个因素是人民币汇率预期，当预期汇率与即期汇率出现显著偏离时，即使没有经济基本面的变化，也可能触发资金的大规模跨境流动。需要强调的是，管理汇率预期的难度远远大于管理即期汇率。

我们用人民币无本金交割远期外汇交易（NDF）衡量市场对人民币汇率的预期，即期汇率与NDF的差异作为人民币升（贬）值预

数据来源：CEIC，季度数据，截止2015年三季度

图七：市场对人民币的预期 对其他投资项有显著影响

注：人民币升值预期是用人民币 NDF 和人民币即期汇率的差异计算，具体是"即期汇率 /NDF −1"，人民币即期汇率始于2009年11月，早于该日期的数据用人民币中间价替代

期。数据显示，人民币升（贬）预期能够显著影响其他投资项的外汇流动。2009年至2011年，市场对人民币存在明显的升值预期，推动了资金的持续净流入。从2012年年中起，市场开始预期人民币贬值，贬值预期在较长时间内被控制在2%附近，直至2015年8月份人民币突然贬值，贬值预期迅速放大至4%，达到次贷危机后的最高水平（图七）。虽然央行不断通过政策宣示和市场干预，试图重新控制汇率预期，但效果比较有限，贬值预期仍然居高难下（图八）。

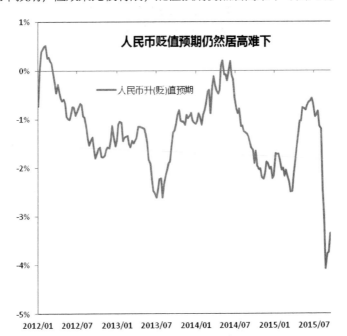

数据来源：CEIC

图八：尽管央行不断进行政策宣示和市场干预，人民币贬值预期仍然居高难下

注：人民币升（贬）值预期是用人民币NDF和人民币即期汇率的差异计算，具体是"即期汇率/NDF −1"

中美不断扩大的经济景气差、国内信用风险的上升，以及人民币贬值预期，这三个因素叠加，造成2015年8月份以来前所未有的外汇净流出。2015年9月份中国PMI跌至次贷危机后的新低；而美国8月份失业率则降至危机后最低的5.1%。同时，中国信用息差升至历史高点，而且人民币贬值预期也处于危机后的最高水平。

展望不远的将来，人民币汇率将继续面临这三方面的挑战。

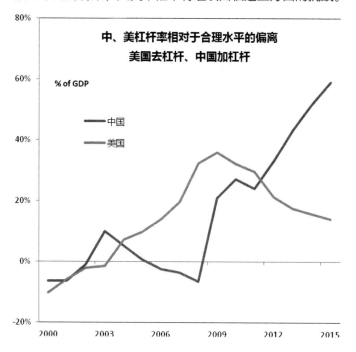

数据来源：CEIC，我们的核算

图九：近年中、美经济景气度截然不同的演变方向，植根于对债务泡沫的不同应对

注：杠杆率是按"国内总债务/GDP"核算。国内总债务包括政府、企业、居民债务"合理水平"是以各国杠杆率的趋势线衡量，趋势线是通过HP Filter获得

回荡的钟摆

根植于应对金融危机的不同方法，中、美经济景气差将在较长时间内保持扩大的势头。美国在金融危机后迅速去杠杆（参考前文《怕疼治不了病》），银行清理坏账，收回和拍卖按揭违约家庭的抵押资产，严控贷款审批，收缩信贷规模。负债过度的地方政府不得不宣告破产，包括省会级城市底特律。金融系统恢复功能，为经济复苏奠定了基础。中国的应对则是用更多的债务挽救过去债务形成的泡沫，"四万亿"和之后的刺激政策，主要资金来源仍然是银行信贷，致使经济整体的杠杆率不降反升（图九）。

　　债务积累意味着信用风险的上升，从图六可知，势必增加人民币贬值的压力。如今国内债务已达 GDP 的250%，仅利息支出就占 GDP 的15%。在微观层面上，主要工业行业偿债的困难都在增加，以煤炭行业为例，至2015年年中，企业亏损面接近70%，自由现金流缺口大幅扩大至1万亿（2014年底为4744亿），货币资金对短期债务的覆盖率严重不足，平均仅有33%。地方政府的债务负担也相当可观，今年已迫使财政部数次增加债务置换额度，以解燃眉之急。

　　央行要在上述双重不利的环境中管理汇率预期，难度可想而知，自2015年8月11日以来，高居难下的贬值预期（图八）就是证明。预期管理的成功关键是建立政策的可信度，即说服市场相信央行管理汇率的能力，或者汇率政策是有基本面支撑的因而具有可持续性。成功的预期管理可以避免市场恐慌，将预期拉回到基本面决定的轨道上来，由市场自发形成合意的均衡，例如欧央行在2012年宣示"不惜一切代价保卫欧元"后，做空力量迅速消退。不成功的预期管理则代价高昂，最终可能被迫放弃汇率目标，例如1997年的泰国央行，在尚未耗尽外汇储备的情况下，不得不宣布泰铢自由浮动，接受随后的大幅贬值。

汇率政策的可信度依赖国际收支平衡（流量）和外汇储备（存量），尽管如这篇文章所分析的，金融账户的前景不很乐观，所幸经常账户提供了宝贵的外汇净流入，而且经济越差，经常账户的顺差可能就越大。根据国际上的经验，在经常账户顺差的条件下，货币危机是小概率事件。

作为结论，我们认为，人民币可能会进一步贬值，但在中短期没有崩盘的危险。

（本文与阳光资产管理宏观研究员方毅共同撰写）

看到希望

2015年秋天随企业家代表团访问德国，在两个会议上听到同样的消息：2015年中国企业在德收购案个数创历史新高，虽然金额数量仍远低于德国企业在华投资。据德方分析，收购的意图一为获取技术，二是进入欧洲市场。

和国内企业交流，也感觉到企业的关注点正从宏观政策转向了微观的技术与创新。制造业急欲了解"工业4.0"的内容，尽管到目前为止，口号的发布者——德国也未向世人展示值得参考的具体细节。焦虑和求变的气氛不只存在于制造业，房地产商在千方百计地去库存，开发由房地产延伸的服务项目，尽可能地轻资产运营。

从这些不同以往的迹象中，笔者看到了中国经济的希望。

自2014年始，中国经济的增长速度明显放缓，这是政府主导的投资驱动增长模式之必然结果。这个模式的不可持续性不仅在于政府资源的有限，更重要的是投资的边际收益递减，也就是投资越多，单位新增投资的效益越低。

投资形成产能，产能越大，产品价格越低，企业的利润就越低，这就是投资边际收益递减以及企业经营困难的原因。当前除了行政垄断行业，到处都是过剩产能，生产者价格指数PPI已经连续14个季度负增长（图一）。在这样的情况下，企业哪里还敢再投资？只有不计成本和收益的政府或国企项目还在进行中。由于不讲效益，这类投资对经济增长的贡献并不显著，而且会越来越弱。

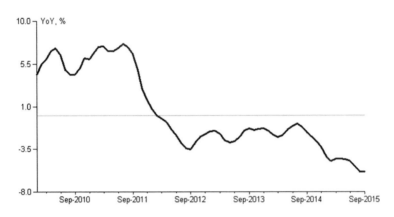

数据来源：CEIC

图一：生产者价格指数（PPI）

如何解决投资效益低下的问题？当前市场上流行一种观点，认为企业资金链紧张，实际利率高企，有必要进一步降息降准。如果对企业运营和银行业务稍有了解的话，即知高利率是企业经营困难的结果，而不是原因。一方面，产品价格的下降减少了企业的收入；另一方面，成本特别是人工成本呈现出刚性上涨。两面夹击之下，企业的现金短缺，引起银行的警觉，担心出现坏账，银行收缩信贷规模，提高借贷标准，令企业雪上加霜，形成恶性循环。这时企业只能从非正规渠道获得融资，紧迫的信贷需求大幅推高市场利率。

可见放松银根的政策建议是因果倒置，开错了药方。众所周知，市场信贷利率等于无风险的基准利率加上由企业违约概率决定的风险溢价，央行减息只能降低基准利率，而对企业的风险溢价无能为力，这也是为什么货币供应一松再松，而银行照样惜贷、企业仍然缺钱的缘由。当然，低息也有受益者——享受类主权信用的政府投资公司和国有企业，低息刺激了它们的信贷需求，进一步挤占了民间的信贷资源，促使市场利率上升。高利率从本质上讲是个微观而非宏观问题，反映了经济下行期间企业违约风险的增加，这时强压银行给企业放贷，是不懂经济和金融的表现，是对民众银行存款和国家金融安全的不负责任。

笔者曾戏称货币扩张是"给阳痿病人松裤腰带"，病根是肾虚，要治愈就得补肾。补药不是鸡血、伟哥，一时的刺激长期看都是泻药。经济和企业相同，治疗之术在于先去病灶，病灶就是过剩产能，对应在金融体系中就是银行的坏账和股市的低迷。主张货币松宽者说输血仍有必要，以此保证手术的顺利进行。殊不知病人一旦输血就拒绝手术，得过且过，人性向来如此，说理没用，到头来这一关还是过不去，输血的结果仅仅是增加尸体的重量，以及搬运和埋葬的成本。

去产能就要放手让市场力量发挥作用，该倒的企业让它倒，该关的应该坚决地关，关掉一家就少一块产能，给能活下去的留出更大的呼吸空间。活着的借此机会扩大规模和市场份额，提高行业集中度，一来争取市场定价权，扭转 PPI 不断下降的颓势，二来从增加的收入中拨出更多的资金，投入到研究与开发，努力提高产品的技术含量和产品推出的速度，目的同样是获得某种程度的市场定价权。

有定价权就有利润，有利润就可以研发，有研发则有新产品，有新产品就能吸引消费者，有消费需求企业就有了定价权。如此形成良性循化，企业和经济有望走出刺激投资－过剩产能－价格下降－企业经营困难－再刺激－更多过剩产能……的恶性循环。企业经营状况好转，银行才敢放贷，政府才有税收，社会才有就业，工资才能提高，政府政策的着眼点因此应该是企业，而不是印钞票、炒股票，也不是消费、投资、外需三驾马车。

就现阶段而言，企业进入上述良性循环的瓶颈制约因素是研发与创新，这也是为什么如此多的中国企业将目光投向了海外，视海外并购为快速建立研发体系和快速提高技术水平的捷径。虽然并购之路可能不如想象的那样平坦，毕竟企业已经意识到了路在何方，而且也已经出发上路。这，就是希望。

只要官员不再热衷那些不着边际的规划，不再制造更大的泡沫；只要学者不再以治国平天下的情怀空谈裤腰带的松紧；只要企业不再盼望政策的刺激和政府的救援；中国的企业和经济就有希望。笔者坚信这一点。至于GDP到底增长多少，让能说清楚的人去说吧，基层经济的活力、企业的活力是一切之根本，是我们的希望之所在。

改革：政策与实践

成功的改革和失败的改革

今天我们在这里讲改革，中国几千年的历史是改革与革命不断交替的历史。我们当前所处的改革时代从1978年算起，已经有三十多年了，今后怎么走，企业界、学界、民间社会上都感觉有点迷失，好像找不到方向。我跟大家一样，在困惑中试图寻找方向，于是就去读历史。历史虽然不会重复，如同一句流行语所讲的，却"有惊人的相似之处"，忘记了历史，就容易迷失在当下。

历代改革成败

纵观历史，中国的改革事业绵延不断，从战国时期商鞅和秦孝公的变法，一直到当代邓小平领导的改革开放。

商鞅于公元前356年和前350年两次大规模的变法，为秦国崛起成为战国时期的霸主，乃至后来统一中国奠定了基础。商鞅之后有西汉末年王莽的托古改制，大约在公元9年到23年之间。王莽的形象在历史上相当负面，这是因为自从儒家被确立为正统的意识形态之后，中国的史学家就脱离了司马迁的传统，不是尽可能客观、如实地去记录历史事件，而把教化作为它的首要功能。后世儒家说："孔子作春秋，乱臣贼子惧"，写历史的目的是为了让乱臣贼子惧怕，是为了维护现有秩序。史料的选取、真相的记录、历史的研究于是就有了事先设定的指导思想。王莽被认为是乱臣贼子，篡夺西汉政权的野心家，代表了这个反动阶级、那个落后势力等等。客观地讲，王莽其实是一个很想有所作为的大臣，他意识到当时尖锐的社会矛盾，试图通过改革来疏解危局，但是这位志大才疏的改革者失败了，既有历史的机缘巧合，也有他个人的原因。

王莽之后的南北朝时期，北魏孝文帝（公元471-499年在位）和冯太后推行了汉化改制，这个改革虽然在历史上留下的资料不多，实际上对后续中国制度的建设产生了深远影响，例如北魏创立的府兵制、租庸调制、均田制等被后来的隋、唐皇朝所继承。因为北魏是鲜卑族拓拔氏建立起的政权，属于胡人，"五胡乱华"，汉人史学家写这一段的时候似乎有一种非常复杂的心理，就像后来明朝人写《元史》一样。元史的篇幅和一个近百年的统一皇朝不相称，因为它是由蒙古族建立的政权。

接下去值得一提的是唐朝德宗年间的"两税法"（公元780年），这是一次重大的财政制度改革，但没有触及政治、军事等其他领域。北宋王安石和宋神宗（公元1067-1085年在位）的变法也以经济为主，时间跨度十几年，从1069年到1085年。明朝张居正的改革，从1572到1582总共十年。对于张居正，史学家有不同的看法，有人认为那十年称不上是一次改革，变革的范围与深度和王安石变法无法相比，不过是通过整顿吏治和调整政策，提高明帝国国家机器的运转效率。

具有全局性和制度性意义的是清末光绪帝于1898年推行的戊戌变法，但变法还没有开始就已经结束。众所周知，慈禧太后发动宫廷政变，囚禁光绪帝，杀害了主持变法的"六君子"，各种新政还没有来得及实施就被废除了。1901年慈禧迫于内外压力，以光绪帝名义颁布上谕，重拾戊戌新政的各项主张，有些方面甚至比光绪帝走得更远，但为时已晚，十年后清王朝就在辛亥革命的枪声中倒台了。

最近的是邓小平领导的1978年改革开放。

简短回顾历史，粗略地讲，大概每隔四五百年，中国的历史上就会出现一次改革的高潮。四五百年也许纯粹是时间的偶然，也许因为中华帝国的制度问题积累到一定程度，必须通过改革来进行调整。古人有句话说"五百年必有王者兴"，也可以说是五百年必有改革兴。到底是偶然还是必然，这是史学中的一个永恒的正反命题，我们不是专家，在这里不展开讨论，留给将来的研究去回答。

历代改革只有一头一尾成功了，也就是商鞅和秦孝公的变法、邓小平的改革开放成功了，其余的改革或变法都宣告失败。我在这里用的"改革"和"变法"两个词有着同样的含义，可以互换，虽然习惯上"改革"多用于现代，而"变法"常见于古代。变法成功与否，并不看变法者个人的结局，商鞅的下场很悲惨，秦孝公死后他被抓了起来，遭受车裂之刑，但商鞅所创建的制度保留了下来，因为新制度在实践中被证明是有效的，连仇恨他的贵族集团也不愿放弃。所以判断变法是否成功，不看个人的去留荣辱，而要看新制度是否取代了旧制度，长期存续下来。

中国历史上，成功的改革少，成功的革命多。改革虽然没有革命那样波澜壮阔和惊心动魄，但对于社会的发展、对于中华文明的成长、改革给民族和国家带来的影响，远远超过那些成功的革命。

那些成功的革命大多是改朝换代，重复循环，没有对中国社会的演进产生实质性影响，而这两次成功的改革却带来了深刻的和实质性的变化。革命和改革的区别从英文词上也可以看出来，"革命"在英文中是 revolution，词根是动词 revolve，循环、轮回的意思。当然"革命"这个词不是从英文来的，在中文中很早就出现了，比如说汤武革命，商汤取代夏桀，武王推翻商纣，都被称为革命。"改革"的英文是 reform，重塑或者重新建造，意味着实质性的变化。

商鞅变法促使中国社会由封建制向集权官僚制转变，这是中国社会的第一次大转型。这个转型始于东周末年，经过春秋战国二三百年的混战，到公元前221年秦始皇统一中国，才宣告完成。说到这里，需要澄清一个事实，我们历史教科书里的一个说法："秦统一中国标志着封建社会的开始"，今天的史学界公认是错误的，应当纠正过来。根据学术的定义，典型的封建社会只有西周一朝，钱穆先生在《国史大纲》中就是这个观点，国外的学者余英时——普林斯顿大学的东方史和东方文化专家，也是这个看法。秦始皇结束而不是开启了封建社会，秦朝开启的是延绵两千年的皇权官僚专制时代，为这个时代揭幕的就是商鞅变法。

邓小平的改革开放则推动了传统社会向现代社会的转型，这是中国历史上的第二个大转型。关于中国社会的现代化发端，有的史学家认为是1840年的鸦片战争，有的认为是1894年的甲午中日战争，也有人把时间划在1911年辛亥革命。不管有怎样争论，各家一致的看法是自晚清之后，中国社会的传统形态已经保持不住，不得不向现代社会过渡。

两类不同性质的变法

为什么只有一头一尾的改革成功了？这与改革的性质有关。

我们把改革分为两类，一类是"突破型"，另一类是"修补型"。一头一尾的改革都是突破型的，因为敢于突破，建立了新型制度，所以成功了。后一类改革的目的是修补现有体制，无法解决深刻的社会、政治和经济上的矛盾，所以都失败了。

所谓突破型改革就是在保持社会总体稳定的前提下，引入新型制度，新制度带来新的激励机制，在新的激励机制下，资源的使用效率大大提高，即使资源总量基本不变，效率的提高也能够增加社会总产出。财富增加了，有个比以前更大的蛋糕，社会的各个阶层都可能受益，实现双赢或者多赢，这在经济学中叫作"帕累托改进"，它的严格定义是"有人受益而无人受损"。

在现实中，变法意味着改变现状，"无人受损"是不可能的，最大的受损者无疑是既得利益者，他们必然会抵制和反对新法，然而突破型变法在提高效率和增加社会总财富的同时，也造就了拥护新法的新生力量，这些新生力量足以抗衡和压制守旧派。商鞅变法中出现的新生力量是城市平民和农民，依靠这些人，秦国君臣克服了贵族既得利益集团的阻挠，将新法坚持了下来。邓小平的改革为农民、城镇居民提供了全新的激励机制，实现了经济的高速增长，大幅度改善了人们的生活水平，改革因此获得了民众的广泛支持，在此基础之上，中国政府得以废弃计划体制，成功导入市场经济制度。只要蛋糕做大了，受益者推动改革的力量大于受损者的阻力，就会增加改革的成功概率。

新制度为什么使做大蛋糕成为可能呢？因为激励机制和资源配置方式不一样了，同样的资源能比过去产生更大的效益。古代中国是自给自足的农业经济，生产技术和生产工具比较简单，最重要的资源是土地和人力，土地的产量由人决定，要想提高农业产量，归根结底还是要提高农民的劳动生产率。如何激励农民，如何发展农业生产，就成了历代变法要解决的核心问题。当然了，古代的统治者并不关心臣民的生活，他们想要的是富国强兵，为了富国强兵而发展经济，增加财政收入。有钱有物资，国君可以养更多的士兵和官吏，对外进行战争，征服外族和外国，夺取更多的土地和人口，对内维持现有秩序，保持自己的统治地位。

如果不能做大蛋糕，变法就退化为利益的重新分配，如同历史上的修补型变法那样，有人受益但也有人受损，如果受损者是统治精英中的既得利益者，变法就难逃失败的命运。简单的利益再分配非但不能缓和反而激化社会矛盾，改革者在社会上缺少支持，朝廷里又面临既得利益集团的攻击，内外交困，仅靠皇帝的信任勉强支撑局面。

修补型变法和突破型变法的另一区别是方法论，后者的特点是自下而上，上下结合，新制度来自社会实践；而前者是完全的自上而下，靠宰相做顶层设计，皇帝批准后由官僚体系推进落实。商鞅的新政不是他和秦孝公躲在宫廷里设计的，变法不过是把实践中证明有效的制度加以推广，例如下面我们将展开讨论的郡县制和土地私有制。邓小平的改革吸收了民间的创新，例如农村的包产到户，那是安徽小岗村农民的发明。

王安石是顶层设计的高手，他为官清廉，工作勤奋，用心良苦，计划周密，从智商、人品到职业操守都是当时第一流的，尽管情商低了一些，但是他的方法错了，自以为聪明，大搞顶层设计，用政府取代市场。

政府取代市场会碰到两个问题，第一、政府官员不了解市场的运作，顶层设计的方案往往不具备实际可操作性。第二、激励不协调，用民间的俗话讲，上下左右拧着劲儿，不能调动基层的积极性，也就不能提高效率和做大蛋糕。王安石的精巧设计在实践中全都碰了壁，不仅没有达到所设想的目标，反而扰乱市场秩序，破坏了社会生产和经济活动，结果社会财富没有增加，变法成了利益再分配的博弈。民众怨声载道，因为他们没有从新法中得到实惠；官员普遍敌视王安石，因为新法伤害了他们的利益，一场经济变法就此转化为政治斗争。

一旦进入到政治斗争阶段，变法就凶多吉少了，这是因为官僚体系天生保守，官员既没有积极性也没有能力推行新法，而不敢突破体制的变法者又必须依靠官僚落实各项政策，修补型变法因而落入一个没有解的悖论。当新政未达到预期效果时，在保守派的攻击面前，变法派很难为自己辩护，他们也没有民间的同盟军，全靠皇帝的信任和支持。随着朝野压力的增加，皇帝开始犹豫动摇，新法的废止就是时间早晚的问题了。

下面我们分析变法成功和失败的具体案例，要说变法的彻底和影响的深远，自然是非商鞅莫属。

商鞅变法的全面突破

商鞅变法的主要内容有两项，一是经济上的，另一个是政治上的。经济上最重要的是土地所有制改革，"废井田，开阡陌"，土地私有化。

井田制用今天的话来说就是土地国有制下的集体经济，当然，会有历史学家不同意我的这个现代注释[1]。井田制的问题和集体经济的一样，激励弱，效率低。我自己有过集体经济的亲身经历，"文革"时被送到农村当知青，人民公社大锅饭，农民一起干活，到年底共同分享劳动成果，个人的努力和回报没有直接挂钩，激励不足，结果是出工不出力，农业生产效率长期处于低水平。那时除了生产队的地，每个农民家庭还有一小块自留地，自留地上的收成都归自己，这就看出区别来了。爬到陕北的山峁上放眼望去，哪片是公社的地，哪片是自留地，不用村民告诉你，一看就知道。玉米、谷子长得绿油油的肯定是自留地，蔫黄、无精打采的保证是公社的地。生产队种不出好庄稼，公社土地的收成就是没有自留地里的高。

商鞅废除了井田制，取消公田，把土地分给农民个人，虽然去

---

1. 由于中国的封建社会过于久远，现存关于井田制的资料少得可怜，《诗经》中有几行诗提到过公田和私田，《孟子》中大约有不到100字的描述。我们不知道井田制的具体运作方式，甚至孟子的时代是否还有井田制、孟子本人是否看到过井田制都是疑问。后人猜测，井田制大致而言是国有土地所有制，"普天之下，莫非王土，率土之滨，莫非王臣"。天子赐予诸侯土地，诸侯再把土地"转包"给大夫，大夫组织农民来耕种。一片土地上划横线两条和竖线两条，呈"井"字状，中间一块是公田，四周八块为私田。

世后要交还，由国家根据人口另行分配，农民毕竟获得了土地的经营权和纳税之后的收益权，相当于古代版的联产承包责任制。商鞅之所以这样做是因为井田制的效率实在太低了。井田制下分公田和私田，农民无偿为贵族领主耕种公田[1]，收成全都属于领主，私田上的产出在缴租之后才归农民自己支配，可以想象农民在公田上怎样种庄稼。商鞅不仅给农民分地，而且鼓励他们开垦荒地，政府给奖赏，扩大生产规模。过去农民不可以开荒，因为都是"王土"，公有土地不能动。"开阡陌"就是把分隔公田、私田的土埂全都铲平，土地重新分配，并且可以在阡陌之外开荒垦殖。土地制度改革调动了农民的生产积极性，从经济学原理的角度看，和我们1978年农村改革的作用是相同的。

井田一废，封建领主制就解体了，经济改革带动了政治改革，削弱封建领主的力量本来就是变法的一个重要目的。过去农业生产剩余掌握在大大小小的领主手里，秦国国君的财政收入仅靠他自己的领地和通过战争兼并的别国土地。变法就是"去中间化"，剥夺各级领主对农民的支配权和土地收益权，国家直接向农民征收赋税，国君的财政收入大大增加。凭借雄厚的财政实力，秦国建立了一支强大的军队，攻伐征战，统一了中国。商鞅之前的魏国、吴国也搞过变法，但不像秦国这么彻底，没有触动贵族领主阶层，结果都是昙花一现，主张变法的大臣不是被赶走就是被守旧派杀掉。

---

1. 依附封建领主的农民不一定是奴隶，西周奴隶制的标准，教科书说法起码是不准确的，在公田上劳动的可能有奴隶，但也有自由民，现在还没有史料证明奴隶是农业劳动力的主体。

在政治上商鞅还废除了世卿世禄制度，代之以军功爵位制。封建制下的爵位和官位都是贵族家庭世袭的，个人再能干没有用，要会投胎，今天人们讲投胎是个技术活，那个时代更是。封建制讲究人的身份，而不是才能，只有贵族和他们的子弟才能做官，才能带兵打仗。在新的军功爵位制下，不问出身，凭战功升迁，杀敌甲士一人，赐爵一级，赐田一顷，赐宅一亩，付出和回报直接挂钩，只要打仗勇敢，经济收入、社会地位就都有了。重赏之下，必有勇夫，不仅士兵打仗拼命，按军功提拔军官，秦国将领也能征善战。名将白起是一介布衣，15岁从军，经历大小七十多场战斗，其中包括攻击赵国的著名战役——长平之战（公元前260年），结果赵军大败，四十万降卒被秦军坑杀。赵军统帅是赵括，没打过仗，只会纸上谈兵，因为出身军事贵族世家，被任命为三军司令。战国时期的秦军号称虎狼之师，令人生畏的战斗力背后是竞争性的用人制度，以及制度决定的强大激励，说得低俗一点就是高官厚禄和良田美宅。

由于实行不拘一格、唯才是举的用人制度，秦国的统治精英带有两个鲜明的特点：平民多和外国人多。商鞅不是秦国人，原名叫卫鞅，是卫国人；秦国的宰相李斯原本是楚国的小吏，师从荀子，学成后投奔秦国。能人为什么都汇集到秦国去了？因为山东六国还在讲出身，讲血统，有才干的平民得不到施展的机会，人往高处走，都跑到秦国谋出路。外国人在秦国封侯拜将，秦国的贵族当然不高兴，于是鼓动秦王下逐客令。名曰仇外，实则惧内。李斯闻讯大惊，急忙上奏，写了一篇著名的《谏逐客书》，秦王收回成命，打消了自毁长城的愚蠢念头。

商鞅的政治体制改革是深刻和广泛的，为了增加中央政府的财政收入和治理能力，秦国建立了集权的官僚体制，"废封建，立郡县"，在乡和乡以下推行保甲连坐制。我们想强调的是，这一套制度并不是商鞅的顶层设计，在商鞅变法之前，郡县制在各国已经存在了二百年，是国君治理新征服地区的通行办法，商鞅所做的只不过是立法，将这个行之有效的制度推广到全国。土地私有制也不是商鞅的发明，早在公元前594年鲁国就开始"初税亩"，废除井田制，取消公田、私田的划分和相应的收益分配规则，改为农民按土地面积交税，比商鞅变法早了二百多年。商鞅在前人的基础上又向前进了一步：将这些局部性的创新用法律的形式固定下来，在全国范围内推广实施。

商鞅在变法的策略上也是非常成功的，先做思想准备，形成共识，减少变法的阻力。司马迁在《史记》中有记载，商鞅和守旧派大臣在秦孝公面前进行了激烈的辩论，到底要不要变法？商鞅提出"治世不一道，便国不法古"，守旧派说你想更改祖制，你再高明，能超过祖宗吗？我们能守住祖宗的制度就不错了，不要再想改变什么。商鞅针锋相对，认为时代不一样，治理国家的方法也不一样，"汤、武之王也，不循古而兴；殷夏之灭也，不易礼而亡"。论战的结果是商鞅胜出，最后秦孝公站在了他一边。

并不是所有的变法者都像商鞅那样幸运，由于"祖制"也就是现行制度和正统意识形态密切契合，改变现行制度不可避免地要和正统意识形态发生冲突，而所有的变法者在这道障碍面前都不幸地处于下风。不仅既得利益者以卫道士自居，占据道德高地，冠冕堂皇地反对新政，而且民众也因为习惯性思维作怪，不愿面对新法带来的不确定性，若不修正意识形态，变法就不能进行下去。王莽要恢复周礼，"托古改制"，借周公的名义推行新政。王安石说他的新法和尧舜禹圣王之道相符合，以此抵挡守旧派的攻击。清末康有为写了《孔子改制考》，把孔子描绘成主张改革的圣人，从儒学的源头上论证变法的正当性。20世纪七八十年代，邓小平要改革，马上就招来"姓资还是姓社"的质疑，小平同志讲不要争论姓资姓社，要看实际效果，这就是著名的"黑猫白猫论"。这个策略很明智，因为一旦争论起来，恐怕多半是改革者被动挨打。

不争论并不表明大家都认同，只有得到认同——无论自愿的还是被迫的——的政策才有执行力度，这就是改革的公信力问题。如果官员和民众不相信朝廷的决心，或者不相信新法的效果，就算国君下令，臣民也会假装没听见，皇上若认真追究起来，他们就阳奉阴违，敷衍了事。为了强化法令的公信力，商鞅在都城中竖立了一根木头，发布公告，谁把木头扛到南门，赏赐十金。百姓不信，因为当时的都城不大，南门到北门据说只有三华里，不是什么大不了的事，能赏这么多吗？赏金逐步加码到五十，终于有一位从人群中走出来，完成了这桩看上去是很荒唐的任务，结果还真得了赏金五十，这就是立木为信的故事。秦人从此知道，商鞅令出必行。守法有奖，违法必惩，太子犯法了，商鞅也不宽恕，考虑到储君不宜施刑，令太子的师傅公子虔代为受过，结果公子虔被削去了鼻子。

改革的公信力最根本的还是看实际效果。商鞅在第一次变法之后就带领秦国和赵国联军和魏国打了一仗，战争以联军的胜利而告

改革：政策与实践

结束，秦国一举收回了以前割让给魏国的河西之地，商鞅用抓住老鼠来平息关于黑猫白猫的争论，大大增强了新法的公信力。

从制度经济学的角度看，商鞅变法的成功在于通过改变激励机制，提高了古代中国两个最要资源——土地和人力的使用效率。废除井田制，土地私有化，调动了农民的生产积极性。政治上采用军功爵位制，打破贵族阶层对国家治理的垄断，选拔和吸引了大量的优秀人才，充实军队和政府。人尽其才，地尽其力，秦国在很短的时间里得以富国强兵，到了这一步，新法甚至对初期的受损者——贵族阶层来说也是有益的了。商鞅没有动用暴力手段铲除贵族阶层，而是一方面通过扶持新生力量，不断降低贵族在经济、社会和政治中的相对重要性；另一方面，在允许贵族保留土地的同时，将他们排除在政府和军队之外，必须有战功才能任职。贵族阶层也认识到，如果继续因循守旧，秦国就会在对外战争中失败，国土面积越来越小，就像变法前的历史已证明了的那样，一旦亡国，贵族失去一切，不是遭到屠杀，就是沦为奴隶。外部竞争的压力使秦国贵族即使有机会，也不敢回归旧制度。秦孝公死后，继位的太子和公子虔杀了商鞅，但没有改动商鞅设立的各项新法。

有人受益而无人受损，商鞅变法通过提高经济和国家治理的效率，得到广泛的社会支持而成功。二千年后，我们从邓小平的改革开放总结出同样的原理。

邓小平："发展是硬道理"

在1978年开始的农业改革中，我们解散了人民公社，实行家庭联产承包责任制，从根本上改变了农民的激励机制，其作用和商鞅的"废井田，开阡陌"是相似的，效果也是调动了农民的生产积极性。城镇经济改革和鼓励民营企业的着眼点同样在激励机制，由利润驱动企业家，由绩效工资激励工人，同时对外、对内开放，允许资源较为自由地流动。通常我们对"开放"的理解是对外开放，其实对内开放的重要性丝毫不亚于对外开放。取消国家计划委员会，取消指令性计划后，资源摆脱了行政部门的束缚，在市场价格信号的指导下，朝着最有效率的地方配置，从低效的农业流入高效的城镇工商业，从低效的国有部门流入高效的民营企业。激励机制和资源配置方式的改变带来了总体经济效率的提高，表现为 GDP 的高速增长（参考《两个中国模式》一文）。

提高效率，做大蛋糕，社会的各个阶层都从改革获益，经商的发了财，农民进城找到工作，工人涨了工资，民众改善了生活，共产党巩固了执政地位，改革是一场多赢的博弈。市场经济发展到今天，不管我们在政治上和利益分配上有怎样不同的观点，如果说再退回到中央计划，恐怕没有人赞成，就像商鞅死后，如果说再回到旧的封建制，秦国也没有人赞成，效率的提高使每一个人都感受到新制度的优越性。小平同志说"发展是硬道理"，发展经济才能人人受益，大家受益才能坚持市场化的方向，才不会开倒车，道理硬就硬在这里。

邓小平的改革也是思想观念先行一步，从真理检验标准的讨论开始，形成关于改革的社会共识。改革要触动政府部门的利益，有阻力怎么办？成立独立的国家体制改革委员会，摆脱部门利益的掣肘，直接向中央汇报；另一方面，依靠民间的创造突破计划体制。

在改革的具体方法上，虽然也有自上而下的顶层设计，更多的是自下而上的制度创新，来自于基层实践中的制度创新。大家都知道，中国的农村改革不是邓小平设计的，而是小岗村的农民先干出来的，再由党中央给予充分肯定，变成全国的政策和法律。小岗村农民包产到户实际上违反了当时的法律，中央没有因为他们违法而打压，因为可以发展农村经济啊，看了一段时间，发现效果不错，就发了中央一号文件予以推广。直到1989年修改宪法的时候，才承认联产承包责任制是社会主义生产方式的一种，才给予合法地位，距离小岗村农民的自发改革已经过去了十几年。

城镇的民营企业也不是邓小平的设计，民营企业源于个体工商户、集体和乡镇企业。年广久办了个"傻子瓜子"公司，雇了几十个人卖瓜子，县政府说他走资本主义道路，把他抓起来，小平同志过问后才放了出来。中国的民营企业在很困难的环境中一步一步地走到了今天，没有什么顶层设计。顶层放开，下面自然有办法。顶层要做的是尊重和发挥基层的创造力，及时调整政策和法律，实施推广，邓小平的伟大之处也正在这里。

为什么改革要强调基层创新？因为基层民众贴近市场，他们的制度创新具有更高的可操作性和可持续性。第二，基层的创新是"激励协调"的，他只做对自己有利的事，没利的不做，包产到户要是没利的话，小岗村农民不会冒着危险，私下分了生产队的地。激励协调的制度是自动执行的，用不着政府监督和管控。对比下面我们要讲的王安石的变法，区别非常明显。王安石精心设计了新政策，但没有想到也不可能想到激励的问题，特别是信息不对称情况下的激励问题，结果他的政策在实践中要么无法执行，要么事与愿违，给民间的生产和生活增加了困扰。

我们讲改革的策略不能单纯强调顶层设计，应该是顶层放开，加上基层创新。由顶层及时总结基层的经验，把基层的经验变成政策和法律在全国推广，邓小平的改革开放一直是这样做的。在制度创新面前，回避意识形态的争论，以实际的经济效率为判断依据，只要能够发展社会生产力的就允许去试，不问姓资姓社，这是他改革成功非常重要的一条经验。

宰相拗不过市场

下面我们来看失败的变法，重点分析王安石，顺带也讲讲王莽。

王莽改制可以看成是国家社会主义的早期尝试，和商鞅正好相反，他把已经实行了几百年的土地私有制改回到国有制，模仿西周，更名天下土地为王田，对应"普天之下，莫非王土"，王田不准买卖。王莽这样做是为了抑制西汉末年愈演愈烈的土地兼并，大官僚、大地主良田千顷，小农无立锥之地，生活贫苦。中国历代王朝之所以都站在小农的立场上抑制豪强，并不是因为他们喜欢小农，或者接受了儒家宣扬的仁政，而是出于财政的考虑。皇权专制国家从官僚地主、豪门大户那里收不上税来，权贵们有合法的减免赋税的特权，非法逃税的方法也很多，从瞒报到贿赂税务官员。这样一来，税赋的大部分就由小农来承担，小农要是大面积破产的话，朝廷的日子也不会好过，保护小农就是保护皇朝的税源。王莽深知这一点，于是宣布土地国有化，由政府重新分配，分配的不是土地所有权，而是使用权，一户授田百亩，缓解土地兼并所造成的农户破产，缓解贫富悬殊所带来的社会矛盾。王莽的土地国有化政策没有公信力，靠官僚打击豪强，而豪强就是官僚自己，怎么可能真打呢?

在工商业方面，王莽推行全面的国家经营，叫作"五均六筦"。所谓"五均"就是均物价，为此成立了官营的商业机构，统购统销，按成本收购商品，按官价出售，防止市场价格过高。"六筦"就是政府垄断经营，管盐、管酒、管铁、管山泽之货、管铜铁，前面那个铁指的是铁器、铁制工具，后面的铜铁指铜钱和铁钱。因为缺铜，王莽发行过铁钱，他的货币改革混乱不堪，但新朝所发行的铜铁钱品质好，今天成了收藏界的珍品。

王莽所有的这些改革最后全都失败，最根本的原因是豪门权贵的坚决反对，甚至不惜以宫廷政变和军事暴动来制止他。王莽压不住阵脚，干脆自己当皇帝，儒家史官因此骂他是野心家。实际王莽有他的苦衷，猜测他篡夺帝位的一个动机是用皇帝的权威来推行新政。当然王莽的顶层设计问题太多，志大才疏，他的新政越搞越荒唐，最后自己也在贵族的暴动中丢了性命。

根据梁启超的观点，王安石变法也是搞国家社会主义，我认为梁启超的定性比较准确，也许可以叫作国家社会主义的高级阶段。王安石同样用政府替代市场，相信他的新法可以做到"民不加赋而国用足"，政府增加财政收入，还不必加重老百姓的负担，有人受益而无人受损，符合帕累托改进的原则。保守派的首领司马光反驳他，说国家增收必将取之于民，而与民争利不是儒家倡导的仁政。王安石坚信可以双赢，国库充实了就能强兵，扭转北宋多年的积贫积弱局面。北宋开国之后，外患不断，对北边的辽国屡战屡败，只好花钱买和平。党项人李元昊在西北建立西夏，人口不多，经济远不如北宋，居然也把宋军打得焦头烂额。

王安石的新法集中在经济方面，青苗法、均输法、市易法、募役法、农田水利法、方田均税法等等，另外一些涉及政治和军事制度，比如保甲法和置将法。这是一个忧国忧民，以天下为己任的士大夫，连他政治上的死对头司马光也承认他的用心良苦。王安石死后，司马光上书皇帝，说王一生为国，朝廷应追赠谥号，优礼抚恤。北宋新党和旧党之间，争理不争利，主要是观念之争，王安石有坚定的信念，两次担任宰相，不遗余力地推行新政，又两次因新法的问题而被罢官，但仍不改初衷，人称"拗相公"。司马光也没有在扳倒王安石的过程中谋什么个人利益，两个人都没有在宰相的位置上搞子女经商和腐败寻租的事。

诸项新法中，青苗法的实质是官办农业金融。王安石有基层工作经验，他在浙江做县令，看到小农的破产往往在青黄不接的时候，青苗长出来还没有成熟，旧粮已经用完，上下两季接不上，农民只好去借高利贷，富商囤积居奇，借机盘剥，利率高达100%到200%，农户无力还债，典当土地以至于破产。王安石设想用官办金融取代高利贷，以解农民的燃眉之急，真是个为民着想的好官。当然，保小农的终极目的还是为了保国家财政。政府在春播时发放贷款，官定利息20%，秋天收获季节敛取本息。用今天的标准衡量，20%是高利贷了，但和100%的市场利率相比，农民得到很大的优惠。这个用心良苦的顶层设计为什么在实践中碰了壁呢?

这一措施的本金哪里来? 王安石瞄上了国家的粮食储备。储备粮本来是作为社会保障和社会救济用的,遇到天灾,粮食歉收,农民离家外出寻找生计或者乞讨,变成流民,威胁社会稳定,所以历代王朝都储备粮食用于赈济灾民。王安石盘算,粮食存在仓库里平时也没用,何不拿来当本钱放贷,既帮助了农民,政府还赚取了利息收入,这不是双赢吗?

动用国家的粮食储备,当然不许亏本,官员在发放青苗钱时,一定要判断农户的信用,也就是欠债不还的风险,但官员根本就不知道怎么去做。于是王安石下达更为具体的指令,让官员下去清点农户的财产,从富到贫分成几级,用农户的财产作为抵押来放贷,根据财产多寡决定信贷数量。听起来又是一个完美的顶层设计方案,但在实践中变了味道,富农贿赂官员,虚报资产,骗取官方的低息贷款,然后按市场利率转贷给贫户。贫农没有什么财产能做抵押,从政府那里借不到钱,真有急需,只能从富裕农户那里借,而富户一转借利率就不是20%了。反对青苗法的大臣上书皇帝,说富户转贷或者担保的贷款利率实际是80%到100%,和市场上高利贷没差多少,农民没受益,政府的利息收入也只有20%,倒是官员和富豪从转贷中大赚了一把。

青苗法在执行中弊端丛生,推行不下去了,于是王安石派出41位朝廷大员分赴各省督导,强行摊派,搞得下面鸡飞狗跳,朝廷上一片反对声,闹得皇帝不得不出面,下诏禁止强行贷款,坚持自愿原则。然而自愿的结果就是贷不起的仍然贷不起,能贷到的利率跟市场上的差不多，最后获利的还是经办官员和豪门大户。连盛赞王安石的梁启超在八百年后也承认，政府办不了金融，金融只能靠民间来办。

"市易法"用官办的批发、零售网络替代市场，由官员到丰收地区低价购买粮食，运到歉收地区，增加那里的供应，平抑粮价。但像青苗法一样，市易法也面临难以克服的信息问题，官员并不知道哪里丰收，哪里歉收，他们依靠商人提供信息，或者委托甚至雇用商人经办，结果又是官商勾结，从中牟利。为什么官员不能学学商人，四处调查研究，了解各地粮食供应和需求的情况呢？因为官员没有足够的激励。商人积极寻找供需缺口，倒买倒卖，赚钱归自己，官员这么做得不到任何好处，谁愿意吃这个苦、受这个累啊？王安石设计的所有新法都绕不过信息和激励这两个问题，青苗法和市易法也都栽在这上面。

官员和宰相的激励不一致。宰相要安邦定国，名垂青史；官员只想升官发财，封妻荫子。皇帝、宰相变法的目的是抑制豪强，而豪强正是大小官员，他们怎么可能拥护和推行新法呢？宋神宗发现了这个问题，说为什么士大夫都反对变法，而不问新法对百姓有什么好处呢？守旧派大臣文彦博反问：皇上您和士大夫共治天下还是和百姓共治天下？话说得很直白，你到底应该以谁为重。变法伤害官员的利益，依靠官僚体系推动改革，本身就是个悖论，他们不会有积极性。

依靠官僚体系变法，失败的第二个原因是信息不对称。若想执行王安石的国家社会主义新法，要求负责具体事务的官员掌握足够的信息，青苗法需要每个农户的生产和财务信息，市易法需要各个地区、各种物品的生产和消费信息，现代的行政官僚体系都做不到，别说技术落后的古代了。更糟糕的是，官僚体系还制度性地扭曲信息，阻塞信息的传递，下情不能如实上达。面对众人攻击青苗法，宋神宗的头脑还比较清醒，认为这些人有自己的政治目的，不予理睬。但当退休宰相韩琦上书时，宋神宗高度重视，韩琦已经退休了，他说青苗法的坏话应该没有政治或利益动机。神宗于是派了两个心腹太监下去调查情况，这两位接受任务后就琢磨开了，深知皇帝信任王安石，正锐意变法，"拗相公"宰相对不同政见者的打击也毫不留情，如果说青苗法不好，会有什么后果？两个太监思前想后，回来写了一个报告，声称青苗法深得人心，百姓大悦。宋神宗一看，坚定了推行青苗法的决心，实际上是被揣摩上意的太监误导了。你不能说太监滑头，他们是理性的，如实禀报恐怕没有好果子吃，宁可犯欺君之罪，也不给皇上真实信息。非理性的是制度，非理性制度下的理性行为看上去就显得荒唐。这样的事在中国历史上一而再，再而三地发生，20世纪"大跃进"时期，下面就曾谎报亩产万斤。

依靠官僚体系变法，不能成功的第三个原因是缺少新的社会共识。更改祖宗之法，必然触及祖宗树立的正统意识形态，动摇原有社会共识的基础。除了显示新法的实际效果，变法者很难证明其政策的正确性，很难获得社会的广泛认同和拥护。而由于上面所讲的信息和激励的问题，新法又不能收到预期的效果，不能发展经济，做大蛋糕，而只是利益的重新分配，把豪富利益的一部分转移给小农，把高利贷和商业利润转移到政府手中。有人受益但也有人受损，搞不好是有人受损而无人受益，变法就不可避免地转化为政治斗争，没有民间的支持，变法成功的可能性就微乎其微了。

讲到这里，我们对比商鞅和王安石做一个小结。这两个改革家在人品、能力和权威上没有实质性区别，变法的性质则截然不同，商鞅变法是突破式的，而王安石变法是修补式的。王安石变法完全依靠官僚体系，商鞅依靠平民和农民，邓小平依靠农民、城镇居民和企业家。王安石变法是纯粹的顶层设计，商鞅和邓小平的改革则是顶层放开加上基层创新。王安石变法的实质是官僚、商人、高利贷者、农民之间的利益重新分配；而商鞅和邓小平的改革增加了产出，提高了效率，大体做到了有人受益而无人受损，得到社会各个阶层的支持，变法成功，新制度得以存续下去。

· 问与答 ·

问：清末的新政本是顺应历史大势的改革，但中央权威的不足使改革成为利益争夺的工具，改革也为革命创造了条件，那么进行改革的必备条件和最佳时机，您认为是什么？

改革的条件和时机问题是我无法回答的，我相信也没有人能够回答。我们现在是回过头来看历史，事后诸葛亮，如果身处其境，如果是当事人的话，就不会提出这样的问题了。历史的展开不可能遵循人的周密计划，商鞅变法成功，并不是因为他有一个蓝图，有很好的设计。传统社会向现代社会的转型也不可能靠一群聪明才学之士，设计出一个蓝图，按照计划一步一步走过去。

我们为什么要研究历史？目的不是根据历史的规律，设计和铺就通往理想社会的康庄大道。正好相反，读历史是要理解，社会的发展不可能用工程师的或者科学家的思维方式，从研究、设计到执行和调控，历史从来就不是根据某个人或某些人的设想展开的，而是在多种力量交叉、冲突、平衡又失衡的过程中形成的，这些力量是我们所无法预测甚至无法理解的，在这个过程中，偶然的事件可以改变历史的路径。

也许有人会问，如果历史充满了偶然，因而无法预测，那么研究历史还有什么意义呢？确实，"历史不会重复"，但历史背后的逻辑有可能重复，世界各国的历史不同，但可能存在共同的逻辑。我们无法准确预测历史的轨迹，但是我们可以从世界各民族和我们自己的历史中能够看到一些逻辑关系，比如今天我们在这里试图说明的，改革成功的条件有哪些，我们能做什么促使这些条件成熟。邓小平的伟大之处并不在于他设计了什么，而在于他看到了中华民族和世界其他各个民族一样，都要走市场经济的道路。

于是我们取消了中央计划，开放市场，让农民自己决定种什么庄稼，什么时候收割；让企业自己决定投资什么项目，生产什么产品，政府不再管了，经济就发展起来了。邓小平当时恐怕想象不到中国经济可以发展得这么快，也想象不到北京的雾霾会严重到那个程度，他预见不到。我们在历史面前、在自然面前、在市场面前，一定要知道自己的局限性，我们能做什么，不能做什么。所以改革的条件和时机问题，确实是我无法回答的。

问：关于刚才许老师提到一个说法，我的一个朋友曾经写过一篇文章，对邓小平有个评价，他认为邓小平不是改革开放的总设计师，而是总许可师。

这个评价更准确，我完全同意。

问：其实一点也不降低邓小平作为政治家的历史地位。

我觉得总许可师比总设计师的评价高多了。

问：对，我也这么认为。

总许可师是个非常高的评价。如果有人跑来说，我给你设计一个完美的方案，我告诉你应该怎么去做，这样做了保证你成功，或者总揽全局、统筹规划、循序渐进、协调发展之类的，听起来是永远不会错的真理，但你千万别相信，因为历史告诉我们，事实不是这样的。

问：有位网友问，经济改革和政治改革的之间的关系是什么？如何解决由经济改革扩展并深化到政治改革这样一道中国式的难题？

王安石变法我们已经讲得很清楚了，变法集中在经济领域，所以不能成功。商鞅变法不仅仅是经济领域，而且包括了政治体制改革，废除世卿世禄制，建立军功爵位制，打破封建贵族对于政治的垄断，引入和新生力量。离开政治体制改革，单纯从经济体制上取得突破，历史上有先例，却是我们不愿看到的先例。例如十九世纪下半叶德国的崛起，俾斯麦发展经济而不动政治体制，日本也是这样，最后什么结果？大家都了解。

问：首先感谢许老师近三个小时体力和脑力的付出，您站在上面一直讲，也没喝一口水。您一直在强调成功的改革中新生力量的作用，张五常教授也说过，旧有的既得利益在改革中也没有绝对受损，只不过是在社会的发展过程中他们的利益相对缩小。我们现在提到继续深化改革，在下一步改革中能够涌现出来新兴阶层会是社会的哪一部分？另外，怎么能保证在现有既得利益的绝对量不降低的情况下推进改革？

其实中国的新生力量自1978年以来已经释放出来了，改革把农民从人民公社下解放出来，可以自由迁徙，自由选择工作，这是巨大的新生力量，没有农民包产到户，中国的农业不可能是今天这个状况，而没有农业的发展也就没有城镇经济的发展。

旧的问题解决了，新的问题又出来了，强拆、强迁、征地，农民拿不到土地增值的收益，土地收益大部分落在政府口袋里。没有土地所有权，土地不能自由流转，阻碍了大规模集约化农业的出现。农民进了城却无法定居，生活非常辛苦，住在集体宿舍，每年回一两次家，过着在座的每个人都难以接受的生活。如何让他们进城后变成真正的市民、变成城镇经济的一部分，要有进一步的改革，土地制度、城镇公共服务和社会保障的改革，要把农民纳入到城镇的社会保障体系里来，要让农民和他们的子女在城里享有同等的权利。如果能够解决这些问题，农民肯定会继续支持改革。

城镇经济中，企业家是一个非常重要的新生力量，现在不少企业家忙着移民，因为感到不安全。企业家不安心，中国经济怎么发展？据传十八届三中全会将讨论一项改革，在地方层面上司法和政府的分离，如果属实，这是一个很大的进步。把司法从地方政府中剥离出来，统一到中央，否则它总是干预地方司法，社会公正、财产安全得不到保证。

权利的保护不限于财产权，比如说北京的雾霾，呼吸新鲜空气是一项权利，市民没有意识到，也没有保护权利的手段，只有在情况严重时，比如要建化工厂，百姓上街，才能解决问题。实际上市民可以走法律程序，问责官员，人大开会的时候，代表们要求市长做出承诺，北京的空气如果得不到改善，下一届就不批准你当市长了，你看见不见效。有了权利意识，每个人都是推动改革的新生力量。

政府要允许老百姓去试，少设禁区，多开放，让基层进行制度创新，你来总结经验，变成政策法律，这样的改革就有希望。如果总认为你是最高明的，你来设计一切，老百姓只有执行的份儿，这样的改革和变法在历史上没有成功先例，这是我今天要反复强调的一个观点。

问：之前看吴晓波老师在他的新书《历代中国变革得失》中写到，历代中国十次大的变革，除了商鞅、王安石此外，他还提到了像汉武帝、刘晏、陈云和朱镕基，我想问的是，在朱镕基任总理这一段时间，您认为是修补式的改革，还是变革，以及您认为他的社会地位和影响是什么？

这是要历史来评价的，个人觉得朱镕基执政时期的改革措施大多属于修补式，当然，会有人不同意这个判断。学术上有不同的观点很正常，大家讨论，不要扣帽子，更不要禁止人家说话。我说朱镕基是修补式的，有人说是突破式的；我说他是计划经济者，有人说他是改革者；不同的观点可以并存，大家用事实和数据来说话。如果让我写史书，我会把他和王安石进行比较。朱总理有一个农产品收购体制的设计，像极了王安石的市易法，不仅失败了，而且失败的原因都一样，试图用统购统销的国营体系来代替市场。论个人能力、责任感和工作作风，朱总理都是令人钦佩的，但这并不妨碍我们批评他的政策和主张。

问：您刚才提到经济改革跟政治体制改革不能分离，您觉得在中国现代的政治体制下，经济改革还有希望吗？

如果没有政治体制改革，经济体制改革难有作为。举个例子，地方政府的债务问题，起码在有一些地区已经相当严重，随时有可能出现局部的偿付危机。原因是什么呢？一个流行的说法是地方政府的事权和财权不对称，20世纪90年代中期实行分税制以后，钱让中央政府拿走了，但地方政府管的事没减少，所以改革要增加地方政府的财权。我认为这个说法站不住脚，实行分税制后，地方政府的税收是少了，但加上中央政府的转移支付，地方政府的可支配财力比以前高多了，看看数据就知道，全国的财政开支中，地方政府占了80%，中央政府只有20%，这不是替中央政府说话，事实就是这样的。

在地方可支配财力增加的情况下，为什么钱不够用，又闹出个土地财政？因为地方的事权扩张太快，政府管事太多，不需要管的他到处伸手。财权和事权的确不对称，但对策不是增加财权，而是削减事权。管那么多干什么？市场经济的投资主体是企业，政府为什么到处搞投资？政府的投资冲动来自干部考核中的 GDP 挂帅，GDP 上去了就能升官；第二个原因是投资项目中的寻租机会多。传说十八届三中全会将取消 GDP 考核，但不考核 GDP 考核什么呢？

考核幸福指数，但不是统计局的幸福指数，而是老百姓自己的感觉。我曾提出过一个方案，取消 GDP 考核，改为群众满意度。18 岁以上的公民凭身份证实名制注册一个账户，我们现在搞实名制是轻车熟路，很有经验的，技术上不是问题。到了年底给市长打一个分，0 到 5 分，很满意给 5 分，很不满意给 0 分，上级根据市民的评分决定市长的升迁，这样可以吗？

这就是政治体制改革了，如果不改变官员的考核机制，不改变他的激励机制，永远是 GDP 挂帅，永远是投资冲动，给他多少钱也不够用，特别是当他花别人的钱时，用纳税人的钱升自己的官，激励机制严重扭曲。为了抑制投资冲动，地方的财政支出、地方的发债要有人监督，现在是想怎么花就怎么花，监督检查只有纪委，但纪委是事后检查，事前和执行过程中谁来监督？当然应该是纳税人，你花我的钱当然由我来监督，这就需要做实各级人大。人大不是开会、举手和养老的地方，而是有重要的实质性功能。财政改革不可避免地涉及政治体制，如果总是绕着走，会使问题越来越严重。这也是我今天讲的一个观点，没有政治体制改革的配套，任何经济上的变法都很难成功。

为什么要强调供给侧

关于供给侧的领导讲话刚一落音，"媒体经济学家"（笔者也很荣幸地被朋友归入此类）便以特有的中国速度接二连三地推出雄文，"供给经济学"立即成为蹿红网络的高频词汇。其实，正像不存在"需求经济学"一样，"供给经济学"（Supply-side Economics）从来就没有、今后也不可能成为经济学的一个独立分支。供给和需求是经济分析中不可拆分的一对，分隔两者如同分隔电池的正、负极一样荒唐。媒体通俗语言所讲的"供给经济学"流行于1980年代的美国，泛指里根政府推行的以减税为中心的一套政策，加上私有化和解除管制，统称"里根经济学"。

供给的重要性可追溯到19世纪初期法国经济学家提出的"萨伊定律"，根据这一定律，供给自动创造出等量的需求。让我们用一个简单的数值例子，说明萨伊定律的逻辑。设想经济中只有一家企业，满负荷运转可生产价值200万元的产品，如果所有产品在市场上都能销售出去，企业的收入为200万元，分别用于支付设备、原材料、人工成本和企业家的报酬，那么设备、原材料供应商、工人和企业家所得到的收入加起来也是200万元。200万元的收入产生200万元的需求，正好对应200万元的产品，萨伊定律因此被不太严格地简化为供给决定需求，或者供给创造需求。

　　与萨伊针锋相对的是20世纪的凯恩斯，后者认为供给方创造的收入没有全部转化为需求，如果消费需求为150万元，其余50万元作为储蓄沉淀在金融体系中。银行固然可利用储蓄资金放贷给企业，产生投资需求，但市场经济中没有天然的机制保证投资正好等于储蓄。当投资低于储蓄比如说只有30万元时，社会总需求为180万元，企业虽有200万元的生产能力，受需求限制，只能销售180万元的产品，从而只能创造180万元的收入和需求。凯恩斯主义者于是也不太严格地宣称：需求决定供给。不仅如此，凯恩斯学派还进一步建议政府增加开支，或者由中央银行放松银根，刺激企业投资，双管齐下，拉动需求以增加产出至200万元。

　　萨伊和凯恩斯，究竟谁对谁错？单凭这个简单的例子，我们无法做出判断，举例仅为方便读者了解两种不同思路的逻辑，现实经济远比这样的课堂推理游戏复杂。萨伊和凯恩斯的局限性都在于仅关注供给和需求的静态平衡，而没有考察经济的动态发展，并且双方所做的都是总量分析而不是结构分析。

　　凯恩斯学派并不考虑政府投资和货币松宽刺激投资的后果，对政策造成的经济结构失衡以及由此而来的消费需求不足视而不见。注意到财政开支通常向资本密集的基础设施倾斜，央行减息降低资金成本，同样鼓励资本密集型的重型制造业投资，可知凯恩斯主义的政策总体上有利于钢铁、水泥、建材、能源、机械制造等行业的发展，这些行业中的企业利润和工资收入高速增长，而劳动密集型的服务业和轻工业在这种政策性景气繁荣中落在后面，工资增长也低于资本密集型产业。由于就业的大部分集中在工资增长慢的劳动密集型行业，重资本－轻劳动的生产结构导致了类似的国民收入（GDP）分配结构，劳动收入的比重下降，企业的资本收益（利润）以及政府税收比重不断上升。政府和企业收入主要用于投资，结果是居民消费需求跟不上投资所形成的产能增加，过剩产能就这样出现和积累起来。

需要强调的是，出现过剩产能的原因不是总需求不足，而是凯恩斯主义的政策人为压低资金成本，扭曲了需求结构，投资需求过旺而带来的产能过度扩张。政府采取两种方式压低资金成本，一是以国家的主权信用在市场上发行低成本的国债，替代高成本的企业债和银行贷款，用财政投资替代企业的商业投资。第二，中央银行放松银根，直接降低政府和企业的融资成本。过度投资有可能通过预期效应进一步放大，在政策创造的景气繁荣中，企业误以为市场需求将继续强劲，非但没有为即将到来的衰退做好准备，反而增加投资，以防产能的短缺。

当经济中存在包括基础设施和房地产在内的过剩产能时，对策绝不是新一轮的财政和货币刺激，因为那无异于饮鸩止渴，用明天更多的过剩消化今天的闲置产能。到了这一步，面向需求的财政和货币政策再也走不下去了，不仅无法保障经济的增长，而且留下亟待处理而又异常棘手的遗产：处于破裂边缘的资产泡沫、难以承受的政府和企业债务，以及不可避免的银行资产质量的恶化。

若要化解这些风险，必须消除过剩产能，行业重组因此不可避免。具有产品、技术和经营优势的企业收购兼并没有特色的中小企业，提高行业的集中度。人们不必对大企业的主导感到恐慌，这是从制造向研发转型的必经之路。研发需要人力资源和资金的支持，只有大型企业才具备这样的实力。另一方面，研发与创新的投入基本上是固定成本，企业规模越大，市场份额越高，分摊下来的平均研发成本就越低，研发的效益就越好。创新时代的行业格局常态是寡头竞争，而非新古典经济学的"完全竞争"，其中的一个道理就是研发的规模经济效益。对于即将倒闭或被兼并的企业，地方政府不应出手相救，而要把宝贵的公共资源用在失业人员与家庭的生活保障上。

企业的倒闭、政府债务违约以及房地产市场的回调都会引发银行不良资产的增加，作为国有银行大股东的中央政府要准备足够的资源，核销坏账，充实银行资本金，现在就应研究和制定方案了，如果不是太晚的话。只有清除了需求政策在供给侧造成的过度与过剩，中国经济才有希望进入下一轮增长周期。笔者认为，这是当前强调供给侧的第一个原因，第二个原因则涉及价值的创造和经济增长的实质。

在讨论增长之前，先让我们澄清一个概念。面向需求的凯恩斯主义政策不是保增长的政策，其目标是让产出（GDP）尽可能接近产能（潜在 GDP）。用上面的数值案例讲，就是尽可能地接近200万元，以实现充分就业。我们所说的增长是指产能或者潜在 GDP 的增长，也就是如何将200万元的生产能力提高到250万元甚至更高，并且在这个过程中，保证人均产出从而人均收入的增加，否则经济增长就失去其本来意义。

用公式来表达，$Y=A \cdot F(K, L)$ [1]，Y 是潜在 GDP，A 为技术水平，K 和 L 分别为资本和劳动投入，F 代表资本和劳动的组织方式。假如经济中总共有100名工人，可以生产200万的 GDP，当存在劳动力闲置时，比如说有10个失业者，实际投入的 L 只有90，GDP 则为180，低于充分就业的潜在 GDP。凯恩斯的政策目标是在资本 K、劳动 L 的存量不变、技术水平 A 和生产组织方式 F 也不变的情况下，如何增加就业（例如政府雇这10个失业工人修高铁），使 GDP 接近或等于200万。而我们所说的增长恰恰是如何改变 K、L、A 和 F，以提高供应能力即潜在 GDP，这与凯恩斯要解决的问题根本就是两回事。

提高潜在 GDP 有两类方法，一是单纯增加资源使用量 K 和 L，二是资源总量不变而提高技术水平 A 和改善生产组织方式 F。我们称前者为"外延型数量增长"，后者为"基于效率的内生增长"。外延型增长不可持续，不仅因为资源再多也是有限的，而且因为资本的边际收益递减。为了实现人均 GDP 的增长，资本投入的增加速度必须比劳动高，然而随着资本的增加，在其他条件不变的情况下，单位新增资本产生的效益递减，当资本的边际收益降到零时，再拉动投资也无法提高人均产出了，经济于是落入"中等收入陷阱"，或者叫作投资驱动的增长模式不可持续。

资本边际收益递减是普遍的经济规律。设想在一块农地上的肥料投入，第一公斤肥料提高收成10公斤，追加第二公斤，只能增产5公斤，第三公斤对收成几乎没影响，第四公斤可能就要造成减产，

---

1. 这个公式也被称为生产函数，常见的形式有柯布－道格拉斯生产函数，$Y = A \cdot K^{\beta} \cdot L^{1-\beta}$，$\beta < 1$

因为施肥太多烧死了庄稼。在宏观层面上，由于产能已经过剩，投资所形成的新产能没有需求对应，企业投资所获收入等于零，减去资金、人力等等成本，投资收益实际是负数，就像地里的肥料太多了一样。

照此逻辑，边际收益递减律岂不是宣布了经济增长的死刑？非也，读者不要忘记这一定律的前提"在其他条件不变的情况下"。现实经济中，其他条件经常发生变化，并且正是通过改变其他条件，打破边际收益递减的诅咒，才能实现可持续的增长，这里的其他条件就是技术水平A和组织方式F。由于人类认识世界和认识经济的能力是无限的，技术创新和制度创新永无止境，即使资本和劳动的数量不变，A和F进步也有望驱动和保持经济的增长。

什么是技术A的进步？工业革命二百多年来的世界经济发展史就是技术进步史，从蒸汽机、铁路、电力、内燃机、化工、电子、核能、生物、医药、电脑到移动通信和互联网，几乎是无间断的发明和创新构成了现代经济增长最强大的动力。什么是生产组织方式F的进步？中国的农业改革就是一个生动的案例，在1980年代初解散人民公社后，农村引入了家庭联产承包责任制，极大地调动了农民的生产积极性，地还是那么多地，人还是那么多人，技术还是相当初级的技术，农业产出却大幅度增长，不仅解决了计划体制下长期无法解决的食品供应问题，在很短的时间内消灭了票证限量供应，而且随着劳动生产率的提高，农村出现富余劳动力，为随后展开的工业化和城镇化创造了条件。

组织方式F的进步，要通过制度改革来实现，技术A的进步也在相当大的程度上取决于制度。刚刚去世的诺贝尔经济学奖得主诺斯论证过，以蒸汽技术为标志的工业革命之所以首先在英国爆发，并非因为英国有着当时世界上最先进的技术，而是因为有着最先进的私人产权保护制度。

保护产权的目的在于提高投资回报，补偿投资者承担的失败风险，保证企业家和投资者有足够的激励和足够的资金，持续地投入到创新活动中去。前工业社会虽然也有技术进步，例如青铜器和铁器的发明，但都是在长期的生产活动中，由偶然的发现和缓慢的改进而实现突破的。工业社会的创新不再是偶发和自然产生的，企业必须有意识地进行持续的研究与开发，才能在激烈的市场竞争中生存和发展。研发不仅需要大量资金，而且还面临巨大的风险，没有足够高的预期回报，就没有人愿意冒这样的风险。

产权制度中非常重要的一项是专利制度，防止盗版与"山寨"侵蚀创新投资的回报。产权制度防范的另一对象是公权力，诺斯引英国近代史为例，说明议会在阻止了国王政府以没收财产、征税等方式侵犯私人产权后，民间才出现储蓄和投资的高潮，企业才对创新技术发生兴趣，工业革命方在英国蓬勃展开，与其说工业革命是技术革命，不如说是一场制度革命。诺斯的逻辑今天依然成立，当前一些地方政府为保护既得利益，采用行政和法律的手段禁止打车软件，致使前期开发投资无法回收，打击了企业的创新积极性，损害了经济增长的长期潜力。

至此我们可以看到，可持续增长的关键因素技术 A 和生产组织方式 F 都在供给侧，都在企业和市场侧，市场中的企业是提升技术的主体，市场中的企业和微观经济单位是资源组织方式的创新主体。这并不是说政府可以无所作为，政府的首要作用就是创造有利于改进技术和生产组织方式的制度环境，特别是包括法治在内的保护产权的制度。供给侧根本不需要管理，而且想管也管不了。至于"供给经济学"的核心政策——减税，固然也可包纳在强调供给侧的经济学里，因为减税可以提高企业创新投资的回报，但其重要性还不如放松和解除管制，后者可以为企业的创新开辟出更为广阔的空间。

细心的读者也许会问，生产能力 Y 即潜在 GDP 随着 A 和 F 的改进而提高，如果没有足够的需求怎么办？我们的回答是，如果生产能力确实由于 A 和 F 的改进而提高，供给将自动创造需求。新技术、新产品必然有新的需求对应，就像智能手机一样，否则就不是创新了，需求不足的现象只发生在旧产品的能力扩张上。换言之，过剩产能的实质是创新能力的欠缺。即使 A 和 F 的改进没有体现为新产品，而只是降低了原有产品的成本，也会由低成本和低价格诱导出新的需求。这样的低价竞争策略是可以持续的，因为有创新所带来的低成本的支持，而单纯的降价促销无异于挖肉补疮，在成本不变的情况下，利润随着价格的降低而缩小，待到无利可图甚至亏损时，企业就离关门不远了。

最后还有一个尚未回答的凯恩斯问题——储蓄和投资的平衡，因为题目过大，超出了本文的篇幅，我们在这里只给出简单的结论：市场能够比政府更好地实现这个平衡。具体的逻辑推理，留待下回分解。

无论从微观动态演化的角度还是从宏观可持续增长的角度看问题，萨伊的见解较之凯恩斯真的是更为高明和更为深刻。

跨越"中等收入陷阱"

眼下人们在谈论"中等收入陷阱",这是一个绕不开的话题,很多人关心中国是不是已经落入"中等收入陷阱"?"中等收入陷阱"是怎样形成的?又如何摆脱或者跨越"中等收入陷阱"?

各种"收入陷阱"

"陷阱"问题要从现代化说起。按照德国社会学家马克斯·韦伯的划分,西方的社会发展可被分为三个阶段:

古代社会:罗马帝国统治下的经济繁荣和政治稳定期。

传统社会:从公元五世纪西罗马帝国灭亡到十五世纪,所谓千年黑暗的中世纪。越来越多的历史研究证明,中世纪并不黑暗,在多元主体的激烈竞争中,社会的各个方面不断发生变化,展现出其他文明所没有的动态演化特征,为现代社会的孕育提供了种子和丰富的营养。

然而就经济的发展而言,除了威尼斯、热那亚、阿姆斯特丹等城市外,中世纪的欧洲大陆确实可用暗淡无光的"马尔萨斯陷阱"来描述。这位英国经济学家发现了欧洲人口的周期性波动,并将这一现象归因于农业生产技术的停滞不前。人类的繁殖呈几何级数增长，而农业产出的增长最多是线性的，这一简单算术不可避免导致一个悲观的结论：人均消费的农产品数量或者营养和热量逐步下降。当人均热量摄入降到维持生存的临界点之下时，就会出现饥荒、疾病和战争，以消灭人口的方式提高人均农产品消费，但是大破坏之后的人丁兴旺又为下一次灾难准备了条件。直到十五世纪，欧洲经济才看到突破"马尔萨斯陷阱"的希望，现代社会的曙光露出了地平线。

现代社会：历史学家认为，十五世纪的文艺复兴标志西欧现代社会的滥觞，几乎在同时——如果不是更早的话，欧洲的贸易和商业也复苏了。在国际贸易的中枢从地中海转向大西洋之后，伦敦兴起取代了阿姆斯特丹，英格兰先后经历了第二次农业革命和工业革命，成为世界上第一个现代化国家。

关于文明演化的阶段，学者的观点不尽相同，见仁见智，各有各的道理，较为一致的看法是传统社会到现代社会的转型，是人类历史上翻天覆地的变化，不断涌现的新技术提高了经济的效率，西欧从此摆脱了马尔萨斯陷阱，走上了持续增长的道路，并以势不可挡的工业品价格扫荡了中国农村的手工织布，用机器生产的坚船利炮敲开了日本的国门。在英、美、法等先行现代化的列强冲击下，其他民族别无选择，不得不改变原有轨迹，或主动或勉强地走上入侵者示范的道路，若不如此，等待它们的将是第一次、第二次、第N次鸦片战争的失败。中国的王朝循环终结了，日本的将军们再也不能凭借地理的隔绝而偏安一隅。

虽然现代化从一个岛国（英格兰）的偶然变成世界性的普遍现

象，一百多年过去了，以人均GDP计算，成功跨入高等收入行列的国家仍是少数，集中在西欧、北欧和北美。日本之外的亚洲、包括俄罗斯在内的东欧、拉美和北非属于中等收入；撒哈拉以南的非洲地区则持续地在"低等收入陷阱"中挣扎。

中等收入陷阱源于后发国家的赶超模式，赶超模式又可分为中央计划和权贵主义两大类，这两类模式都实现了工业化带来的经济起飞，也都经历了或正在经历高增长之后的停滞和彷徨。

先看第一类，前苏联、东欧的计划经济体制。高度集权的国家通过对经济的全面控制，以牺牲居民消费为代价，汲取资源投入工业化的建设。如同西方早期的工业化，工业技术和机器的应用、社会化的分工与协作产生了传统农业所没有的效率，推动了经济的增长，计划体制国家因此也曾取得了较西方国家更为突出的经济表现，人均收入达到了世界中等水平。然而计划经济在1980年代遭遇困境，经济发展的水平特别在技术和居民消费方面和西方差距不是缩小了，而是扩大了，在尝试了不触动根本的改革后，纷纷放弃中央计划，转向了市场经济。

尽管市场机制不足以保证超越中等收入陷阱，计划体制却足以使一个经济长期停留在这个陷阱中。前苏联和东欧计划经济解体的根本原因在于私人产权和市场的缺失，当工业化的红利消耗殆尽时，经济增长失去动力，公有制下国营企业和个人没有创新的激励，陈旧落后的技术导致经济效率低下，外不能应付国际上的军备竞赛，内不能满足民众的消费需求。面对窘境，中央计划者无计可施，只好一而再，再而三地祭出唯一的法宝：国家的强制资本积累，增加投资，维持经济增长，但这样就又撞上了"资本边际收益递减"的南墙（详见本书《两个中国模式》）。随着资产规模的扩张，单位新增资产的收益越来越低，最终边际收益等于零时，投资已无任何拉动作用，经济滑进中等收入陷阱。麻省理工学院的索洛教授首先对这一现象进行了系统的分析，因此而获得了诺贝尔经济学奖。

第二类是东南亚和拉美的权贵资本主义，或者叫权贵－民粹资本主义。这些国家虽然保留了市场和私人企业，但由于政治体系被权势家族或军人独裁者把持，政治权力决定资源的占有和市场的准入。为了在竞争中取得优势地位，私人企业家与政府结盟，将他们的精力、时间和资本用于建立和保持密切的政府关系，而不是用于技术创新和理性经营。政商勾结垄断资源和市场，私人企业赚取的超额利润的一部分以贿赂、赞助的形式由官员分享。这些国家中另一常见的现象是权贵们亲自上阵，政界强人及其家族成员干脆自办公司，直接榨取民脂民膏。制度决定的激励诱导官员造租和企业寻租，而不是研发技术和产品，不是创新以提高企业和经济的效率，在享受了工业化的效益后，经济和收入的增长陷入停顿。

在陈旧的政治结构下，企业之间展开寻租的竞争，而非创新的竞争，私有制和市场的确不是万能的，甚至形式民主也不是超越中等收入陷阱的济世良药。政客们用公共福利和各种各样的承诺换取选票，当选后立即开始寻租。福利开支的钱哪里来？委内瑞拉将石油工业收归国有，用石油收入维持福利项目，这个举动得到很多民众的拥护。在一片民粹的喝彩声中，资本却大量外逃，私人产权得不到保护，谁敢投资？谁敢长期经营企业？还谈什么创新？当石油价格跌到40美元以下时，这个国家的经济破产了，多个城市中爆发了骚乱。

无论计划经济还是权贵－民粹资本主义，中等收入陷阱都是制度造成的，更准确地讲是"中等收入的制度陷阱"。前一类国家没有私人产权和市场，后一类国家缺乏监督和制约政府的法治。从这里引申出一个十分清晰的结论：克服中等收入陷阱的关键是制度改革与制度建设，而不是什么高明的发展战略或者精准发力的经济政策。

中国能避免中等收入陷阱吗？有人说中国三十年的高速经济增长在世界上前所未有，是个奇迹，我们似乎有个独特的模式，这个模式有种神奇魔力，凭借这个力量，中国经济能够以较高的速度继续增长二十年，言外之意，中等收入陷阱不是问题。

如果世间真有奇迹的话，后发国家经济增速超过先进国家的奇迹多次发生。英格兰的工业化大概用了五十到八十年，德国人只用了四五十年，因为它有英国的样板可以学习，可以应用现成的工业技术，这样是不是创造了一个德意志模式呢？日本的工业化从明治维新算起，三十多年后就击败清朝和沙俄帝国，令世界刮目相看。实际上"日本奇迹"不止一个，在第二次世界大战的一片废墟上，日本仅用了二十年的时间，就重新回到经济强国的行列，经济增长率几乎是美国的两倍，很快成长为世界第二大经济体。

工业化为什么可以打破马尔萨斯循环，将人类带入持续增长的阶段？通常的理解是使用机器。这固然不错，但为什么中世纪的人们没有去发明机器呢？为什么古罗马帝国发明了风车、水车，却并未推广以提高经济效率呢？根本的原因是前现代社会缺乏技术创新的制度性激励。现代社会牢固地建立了法治、私人产权和市场制度，政府对资源的支配和对经济的干预受到严格的限制，市场竞争驱使企业家进行研究，开发一代又一代的新技术，从蒸汽机到互联网，一旦创新成功，良好的产权制度保证企业家可以获得丰厚的回报。另一方面，新技术提高了工人的劳动生产率，为收入的增长奠定坚实的基础。诺贝尔经济学奖得主诺斯早就指出，工业革命首先在英国出现，并非因为那里的蒸汽技术领先，而是因为英国建立了法治化的私人产权保护制度，刺激了长期投资和技术创新。

第二，工业化瓦解了传统社会的结构，将土地、劳动力从各自为政的封建庄园中解放出来。生产要素获得自由，在价格信号的指引下，流向效率更高的工业和商业。

第三，市场经济取代自给自足的传统经济，社会分工和协作突破领地、庄园的限制，在更大的范围上展开。伟大的斯密在他的著作《国富论》中考察了英国经济增长的源泉，在土地、人力甚至资本都没有明显增加的情况下，广泛和深入的专业化分工即可增加产出。斯密以缝针的制造为例，如果将生产过程分解为下料、成型、钻孔、抛光四道工序，每个工人仅负责其中一道，和四个工人同时从事所有的加工工作相比，生产效率高出几倍甚至几十倍。这是因为复杂的生产过程被分解为相对简单的工序，工人易于掌握，长时间的重复操作提高了他们的技能和效率。更为重要的是，简单的加工可以比较容易地在机器上实现，为机械化的大工业生产铺平了道路。

第四，工业化引发了大规模的城镇化，人口以超常的速度向城市集中，在罗马帝国崩溃之后，西欧再次回到城镇社会，而城镇化产生的聚集效应就像点燃了飞船的二级火箭，助推经济向更高的收入水平发展（详见本书《城镇化还是城镇神话》）。

工业化和城镇化对经济的促进作用我们还可以列出更多，限于时间，不在这里展开。大致了解一下各个国家的现代经济发展史，改革开放以来中国经济的高速增长就不需要用奇迹或特色来解释了。邓小平没有为我们设计一个特殊和高超的模式，而是在关键时刻为我们指明了市场经济的方向，带领我们融入了现代世界的潮流，仅这一点就足以使他名垂青史。

1978年以前，中国模仿前苏联，引入斯大林式的计划体制，推进以国防建设为中心的有限工业化和城镇化，建立了保障国家安全所需的基本工业体系，城镇化率达到20%。由于工业化程度较低以及计划体制的僵化与保守，中国的技术水平和民众的生活水平和发达国家相比还有较大的差距。

改革开放继续了被各种运动中断了的工业化和城镇化，前面提到的各种效应再次展现，从1978年到1990年末这一段我称之为经典的斯密增长模式（详见本书《两个中国模式》）。这一时期的政策方向是国退民进，解散人民公社，城镇民营企业合法化，资源开始自由流动，从低效的农业部门转向高效的工商业部门，从低效的国有部门转向高效的民营部门，承认私人产权和企业的经营自主权则从根本上改变了企业家和劳动阶层的激励机制，所有这些变化的效果汇集起来，在宏观层面上表现为经济的高速增长。

1990年代末期至今，中国经济的增长模式从斯密模式转变为凯恩斯模式，转变过程中的一个标志性事件是1998年应对亚洲金融危机而执行的扩张性财政政策，笔者记忆中是中国政府第一次大规模运用凯恩斯主义的政策。自那以后，政府对经济的干预变成了常态，2009年的"四万亿"可谓登峰造极之作，2012年又推出了"四万亿2.0"。

政府逐步走向前台，规划与管制替代了市场，经济增长的动力由民间的创新转换为政府的财政和货币政策。虽然政府在短时间内投入资源的能力比民间更强，但政府投入对企业的效率基本没有促进作用，在不少情况下，实际上降低了经济的总体效率，因为政策总是向低效的国有部门倾斜，挤压了民营部门的可用资源。实际上，一些民营企业也形成了对刺激性政策的依赖，它们不关注创新，不在研发上投入，而是盼着政府出台政策，猜测政策对哪个行业有利，总想找准政策的风口飞到天上去。企业忘记了自己最重要的任务——创新，效率没有提高，经济增长只能靠投资驱动，于是边际收益递减律再次发生作用，虽然经济总量可以随着投入的增加而继续扩大，但人均GDP则可能长期停留在世界中等水平上。

跨越中等收入陷阱需要彻底改变经济增长模式，2015中央政府提出供给侧改革的新策略，找认为是及时的正确的。拉动需求靠政府，增加有效供给靠企业，这个新政策的精神就是要让企业重新成为经济舞台的主角，将经济增长的动力从需求政策切换到供给侧的创新也就是企业效率的提高。

关于供给侧的政策，我们有这样几个建议：一是全面减税。过去的提法是"结构性减税"，有增有减，民间的感觉是增的比减的多。

减税的目的不仅是减轻企业负担，帮助它们度过难关，而且是把更多的资源留给企业和市场支配，而不是由政府支配。第二，缩小国有经济的规模，打破行政垄断，创造新的投资机会和就业机会。第三，按照十八届四中全会的要求，推进司法改革，有效保护私人产权，坚定民间信心，鼓励企业做长期的研发投资，加快创新的步伐（详见本书《为什么强调供给侧》）。

中等收入陷阱的实质是制度陷阱，是制度决定的增长模式陷阱，惟有进行制度改革才能促进技术进步，依靠创新和效率的不断提高，成为按人均 GDP 计算的发达国家。

城镇化或城镇神化

翻开近期的报刊，"城镇化"无疑是使用频率极高的一个词。

在传统经济增长模式的潜力行将耗尽之际，"有效需求不足"的凯恩斯幽灵笼罩着中国经济，在过剩产能的沉重压力下，企业再也不敢投资扩张规模，各级政府虽仍在无效项目上浪费资源，财政和银行却已捉襟见肘，难以为继。雪上加霜的是外需疲软，经济增长的前景昏暗得如首都的雾霾，令人看不到希望。

忽然间，地平线上出现一道曙光，城镇化！据说，城镇化将拉动基础设施投资40万亿元，相当于2012年GDP的80%；据说，城镇化将从根本上扭转长期以来的投资－消费失衡，因为城镇居民的人均消费是农村的3倍。忽然间，不必推动改革就可拉动需求了；忽然间，不必触动复杂利益关系即可调整结构了。据说，只要抓住城镇化这一环，中国经济就将以8%的速度至少再增长20年！

怎么早没想到这招儿呢？是前人太过平庸，还是今人智慧超群？

市场化的结果而非政策工具

先让我们看看历史吧。读史未必使人聪明，忽视历史却是不可饶恕的愚蠢。

改革开放30多年至今，我们可记得什么时候搞过城镇化的规划？可曾制定过什么样的城镇化政策？从来就没有。没有宏伟蓝图，没有统筹兼顾，没有配套政策，没有资金安排，甚至连试点推广都没有，不知不觉中，城镇化率就从1978年的18%上升到2012年的53%，即使扣除进城不落户的农民工，城镇化率也达到了35%左右。

城镇化的提高并非来自政府主动和有意识的推动，而是城乡社会、经济、市场、产业和文化发展的自然结果，就像小孩子的身高是自然生长的结果，而不是家长调控的变量。家长可以提供营养，但不能打鸡血、喂激素，操控孩子的生长过程。同理，政府也不应自己动手，圈地迁人，按图造城，而应该、并且只能是营造有利于城镇化的法律和政策环境。

回顾过去的历史，对我国城镇化贡献最大的，当属农业改革和民营经济的发展壮大。20世纪七十年代末，我们解散了人民公社，打破了僵硬的计划体制，长期束缚在故乡和故土上的宝贵生产要素——劳动力开始自由流动，经过乡村副业和乡镇企业，最终进入了城镇工商业和服务业。

农村改革的意义不仅在于为城镇经济提供低成本的劳动力，而且还在于农业剩余的大幅度增加。古往今来，世界上城市扩张的制约因素都是农业剩余，即农业产出减去维持农村人口自身所需后的剩余。我国明、清时期的城市规模小于前代的宋朝，原因就是明末的人口爆炸，在农业生产效率基本不变的情况下，可供城市人口消费的粮食减少，导致城市规模的萎缩。中华人民共和国成立后实行至今的户籍制度，其初衷和在相当长的时间内也是限制城镇人口的增长，缓解粮食供应的压力。

农业改革彻底打破城市扩张的这个瓶颈制约因素，"包产到户"从根本上改变了农民的激励机制，集体经济的"大锅饭"让位于真正的按劳分配，"多劳多得"提高了农民的生产积极性，单位土地产出随之增加，在短短几年内就解决了城镇的粮食和副食供应问题，为城镇的发展奠定了坚实的基础。

生产效率的提高使农村劳动力变为多余，幸好我们在1980年代中期启动了城镇经济改革，快速增长的民营企业及时吸纳了农村的富余劳动力，而民营企业的发展又得益于国有经济的改革与收缩，国有企业从竞争性行业中退出，释放出原材料、能源、机器设备，民营企业由此在市场上获得了生产所需的投入品。在这个资源从农村到城镇、从国有到民营的重新配置过程中，既没有政府规划，也没有政策扶持和指导，政府做的只是打破计划体制，一只"看不见的手"——市场无声无息而又有效地组织和协调了城镇的经济活动，价格信号指导了城乡资源的流动与组合。这里所说的价格信号不仅指企业投入和产出品的价格，而且包括资本回报率和工人工资等生产要素价格。

在价格信号的指导下，资源必然流向更有效的地方。企业追求资本回报最大化，力图实现成本最小的投入品组合，这导致投入品的有效利用；追求收入最大化，农民一定会寻找最适合自己的工作，这意味着劳动力的有效使用。

改革开放以来，经济高速增长的根本原因就在于以市场为基础的资源重新配置。自利的企业和个人无意中提高了社会资源配置的效率,也在无意中提高了城镇化的程度。"无心插柳柳成荫",迄今为止的城镇化是谁也没有、也不可能预料到的一个结果。政府过去做的和今后应该做的是促进资源的自由流动,或者更现实一点讲,起码不要为资源的市场化配置制造障碍。

就政府的作用而言,回顾"傻子瓜子"事件是非常有意义的。设想当初若无邓小平同志的过问,依照地方政府的意见,以"走资本主义道路"为名,将民营企业家投入监狱,民营企业就无法生存,而没有民营企业,进城的农民到哪里去就业呢?那时的国有企业因效率低下,处于停滞和萎缩状态,而且没有计划指标,不能擅自雇人。如果没有那时的民企创造足够的就业机会,今天的城镇化率又会是多少呢?

改革解放了资源和生产要素,资源与要素的自由流动导致城镇化水平的提高,随着企业与人口集中到城镇地区,聚集效应越来越显著,城镇经济的效率进一步提高,而产生聚集效应的,依然是那只看不见的手。

城镇的聚集效应

城镇与农村的区别在于聚集程度,在人口密集的城镇中,至少可以产生下列几项效应。

1. *规模经济效应*。企业的总成本中有一部分是固定不变的,例如厂房、设备、办公楼等。企业的产量越大,分摊到单位产出上的固定成本就越低,从而产品的平均成本也就越低,钢铁、汽车等资本密集型行业都有很强的规模经济效应。由于需要众多的员工,大型企业不可能建在农村，而只能设在人口稠密的城镇地区，城镇因此具有规模经济效益。

2. 社会分工效应。早在200多年前，亚当·斯密就以现实中的缝针生产为例，说明专业化分工可以大幅度提高生产效率。如果将缝针的生产过程分解为下料、成型、磨尖、钻孔、抛光等几道工序，和一个工人从事所有的加工工作相比，每人只负责一道工序，可增加产量数十倍。在长期的专业化工作中，技工积累了知识，不断改进操作技巧，其效率远远超过样样都干而无一精通的多面手。不仅如此，将复杂的生产过程分解为简单的工序有利于机器的应用，制造能够完成所有工序的机器，不仅设计难度大，而且成本也会很高，在单个操作工序上实现机械化就容易得多。如同企业内部的分工，社会上企业之间的分工也可带来效率的提高。

不言而喻，企业内部分工以工人聚集在工厂为前提，而社会上的专业化分工则需要工厂在某一地区内的聚集。毫不奇怪，历史上最早的一批工厂诞生在城市，城市的扩张又为更大规模企业的出现创造了条件。

3. 节省交易成本。人口和企业的聚集缩短了企业和消费者之间、企业和企业之间的距离，降低了交通运输成本。更为重要的是，信息汇集和传递的速度在城镇地区大大加快，便利了社会的分工与协作，企业更容易发现协作厂家、客户以及所需要的资源与生产要素。另一方面，资本、土地和劳动力也更容易找到有效的用途，从而获得更高的回报。

4. 技术溢出效应。企业与人口的聚集有助于新技术、新生产方式和商业模式的模仿与扩散，经济学中统称为"广义的技术溢出效应"。在我国东南沿海，可以看到相似产品和企业扎堆集中在某些区域，形成"打火机之乡""皮具之乡""电器之乡"等各具特色的产业带，就是溢出效应的具体体现。

5. **启发和激发创新**。人多了聚在一起，为思想的碰撞创造了机会，在相互启发和激发中产生新想法、新主意，产生创新的最初火花。创新的三要素为思想、研发和融资，分别对应高校、企业和投资基金，这三个创新的主体也聚集在城市，三者之间的密切交流与频繁互动是创新成功的必要条件，城市因此成为了创新的基地和创新企业的摇篮。

我们再次强调，实现聚集效应的主体是企业和城乡居民，而不是政府官员，因为官员没有积极性也不可能掌握这么详尽的信息，他们不知道哪些企业具有规模效益，不知道企业之间应该怎样分工和协作，不知道哪些企业需要什么资源才能创新成功，他们也不知道农民进城后到哪里工作才能安居乐业。这些效应是企业与个人在自身利益驱使下，由价格信号指导，经历无数次试错，通过市场上自愿交易而实现的。需要指出的是，由于需求和技术的不断变动，今天的资源最优组合和最佳聚集效应到明天就可能是低效甚至无效的了，企业和个人必须根据变化了的形势，不断地调整资源组合与博弈策略，这些实时并且往往是随机的调整更非官员所能预见和操作的。硬要规划不可预见的未来，结果只能是空话和废话。

这当然不是说政府无所作为，从上面的分析可以清楚地看出，政府的职责是：（1）放松管制，减少干预，促进资源的自由流动；（2）

公正执法，保障市场自愿交易的顺利进行；以及（3）提供市场供应不足的公共产品与公共服务。围绕这三项职能，我们简要讨论几个和城镇化相关的改革问题。

若干具体的改革

1. 取消户籍制度，让农民工享有与城镇居民同样的社会保障和社会服务。由此而产生的公共设施与服务的投资需求，通过财政改革解决，不能以地方财政难以承受为名，继续保持歧视性的户籍制度，阻碍劳动力的流动。

2. 推进土地制度改革，从确认农民土地权利入手，允许集体土地直接进入市场，取消剥夺农民的征地环节，打破政府垄断，建立个人、集体、法人和政府多方参与的土地一级市场。这项改革不仅可增加土地供应，降低城镇房价，有助于城镇职工安家，而且将土地增值的一部分收益从政府转移到农民手中，使他们有可能在城里租房、买房，进入并且真正融入城镇的经济与社会。目前已有一些地方进行了改革试点，要想在全国范围推广，就必须平衡已经相当紧张的地方财政，否则就有可能因土地收入的减少而引发地方性的财政危机。

3. 以节流和强化民众监督为主，平衡各级政府的财政预算。财政改革的重点不是中央和地方如何分钱，而是政府和民众如何分钱，民众如何监督政府花钱。地方财政日益依赖土地收入，主要原因不是收入减少，而是支出膨胀乃至失控。1990年代中期实行分税制后，地方政府作为一个整体，收入并没有减少，支出特别是投资和人员薪金的支出急剧增加，造成今天的尴尬局面：大致而言，预算内收入仅够养人，投资主要靠卖地收入。若不削减开支，强化对开支的监督和制衡，再开发多少财源也不够用，况且开源势必增加企业和民众负担。

4. 减少和解除管制，取消对资源自由流动的行政性限制。一方面，放松对银行和金融市场的管制，金融机构可根据收益和风险平衡的原则，自行参与城镇化建设，政府以利息补贴等方式适当引导。另一方面，开放服务业和国有垄断行业，允许资源和生产要素自由流入，创造更多的城镇就业机会。

5. 广泛吸收各种民间资金，在政府的主持下，建设公共设施，提供公共服务，例如低成本医院、中小学校、城市街道和公交、以及少量的廉租房。未来城镇民众的居住主要靠市场解决，而无法将希望寄托在政府大包大揽的保障房上。政府既无足够的资金和管理能力，也不可能预见人口流动的方向和聚集地点，保障房很可能建成没人住，而有人愿意去住的，又可能在行政性分配过程中产生大量寻租腐败。不要用新加坡或中国香港作为保障房方案的依据，几百万人和上亿人的住房供应完全不是一个概念。除了规模小，管理难度低，廉洁的政府也是新、港模式的必要条件，对此我们要有自知之明。

6. 取消城市的行政级别，停止按行政级别分配公共资源，避免在城镇化的过程中出现超大城市。人口向首都等大城市集中的一个原因是优质的公共资源，例如学校和医院。

7. 探索新型的城市治理方式和管理体制，新体制的核心是市民广泛而积极的参与，以及行政管理的公开和透明。没有民众的监督与制衡，地方财政预算难以平衡，官员腐败和环境污染等社会公害就是不治之症。在新型的城市治理机制下，政府的职能不再是经济建设，而应转向以提供公共设施和社会服务为主。

资源在市场上的自由流动形成城镇，城镇聚集效应在市场上得到实现，或许用"城市化"这个词能够比"城镇化"更好地表达笔者想要传递的信息。城市由"城"和"市"组成，"市"为效率的源泉和增长的动力，"城"是经济发展的结果。当然，反过来"城"也促进"市"的扩大与效率的进一步提高。"市"的主角是企业和个人，政府仅仅是"城"的守夜人。只讲"城"不讲"市"，就抽掉了城镇化的精髓。靠没有"市"的"城"维持经济增长，那是将城镇神化，一个美好却无法实现的城镇神话。

房价、土地供应与公平博弈

从来没有一个市场像房地产一样牵动这么多人的神经，从来没有一个市场交织着如此众多人的利益。号称拥有亿万股民的 A 股市场，也只有在疯牛和疯熊的时候才短暂占据媒体头条。房价几乎成为永恒的话题，楼市成为学者、公众和政府观点尖锐对立的场所，那里有着最为错综复杂的利益关系。

没有房子的城镇居民辛苦挣钱，希望房价下跌，自己能变为有房一族；有了房子的城镇居民，已经选好了楼盘地段，热切地期盼房价的上升。即便同样是城镇居民，他们在房地产市场的利益是不一致的。政府的诉求也不一样，中央政府以安居乐业作为小康生活的标志，居者有其屋，房价应该是工薪阶层可以承担的；而地方政府越来越依赖卖地收入和与房地产有关的税费，弥补日益扩大的财政赤字，房价当然越高越好。

银行在房地产市场里找到了理想的客户，按揭贷款曾经是风险低、收益稳定的优质资产，现在它们却要准备应对房价下跌带来的坏账风险。钢铁、水泥、建材、家电，多少行业的兴衰取决于房地产市场的状况。这么多的既得利益，媒体很少报道，人们已经忘记的最大利益相关方却是中国的农民。农民的声音微弱，他们的利益理所当然地被其他博弈参与者忽视和侵占。在讨论房地产政策时，我们必须意识到，政策的变化将影响包括农民在内的各个阶层和各个方面的利益。

勿庸讳言，这个利益博弈中的强力主导是政府，中央政府和地方政府拥有其他各方所没有的公权力，它们是房地产市场中的强势群体，而民间的各个阶层都属于弱势群体，两级政府的利益平衡最终将决定博弈的结果。为了尽快完成小康社会的建设，中央政府曾推出号称有史以来最严厉的调控政策，限购、限贷，抽紧地产商的现金流，为了防止资金链断裂，地产公司不得不降价销售。在调控政策初见成效后，却传来了政策松动的信号。政府官员、主管部门在媒体上放风，说调控政策是迫不得已，一些学者讲，调控政策可能很快退出。个人猜测，政策转向也许是地方政府游说和施压的结果。

房地产市场进入寒冬，地产商明显减少了拿地的数量，放慢了开发的速度。伴随着的是土地流拍，地方政府在土地一级市场上的收入大幅度下降。各级地方政府的资金紧张程度并不亚于地产商，多年形成的对于土地财政的依赖，使地方政府难以忍受房地产市场的萧条。为了缓解地方财政的紧张，中央允许几家地方政府发行债券，这是我们国家财政体系上的一个重大变化。根据现行的法律，地方政府不可以发债，但这次地方债的发行法理上都是有问题的。如此重大的财政体制变化，应该通过全国人大的讨论和立法，才能开始试点。

严厉的调控政策像一柄双刃剑，在降低房价的同时，给地方财政造成巨大的压力。地方和中央在房地产市场上的博弈，将决定调控政策还会持续多长时间。遗憾的是由于缺乏数据，我们无法对地方财政做出较为准确的估计，不知道地方财政紧张到什么程度，因而很难预测中央政策发生变化的时点。

民众对房价下跌的反应，凸显了市场经济中一个绕不过去的问题：如何平衡博弈各方的利益。不少地方出现老业主打砸售楼处的"维权"行为。那不是维权，而是缺乏契约精神，就像马路边下棋的悔棋一样。市场经济根本不存在所谓的社会利益，任何一项政策出台，都是有人受益而有人受损，最不幸的政策是无人受益而有人受损。

我们分析房地产市场上的利益博弈，不是为了预测政府的政策和房价走势，而是想说明一个观点，搞市场经济三十多年，我们还没有学会怎样兼顾多元利益。市场经济国家承认和尊重多元利益，实际上，不同的多元利益是市场经济的基础，利益趋同就没有交易，而交易是市场经济最基本的活动。仅当利益不一致时，有人想买，有人想卖，才会发生交易。在法律法规的框架之内，多元利益进行博弈完全是正当的，但我们仍带着传统观念、以传统的方法解决利益冲突，显然已不适应今天的利益格局。要想实现社会公平和公正，政府不可能再像传统社会那样"替天行道"，为满足一部分人的要求，以社会的名义伤害另外一部分人的利益，这对被伤害者是不公正的，并且政府不能作为超越各方的利益仲裁者，因为它自己在房地产市场就有重大利益。

当政府用行政手段控制通胀时，我们遇到了同样的问题，有人受益，也有人受损。具体而言，消费者受益，但企业受损。采取行政手段干预市场，势必引起社会公平性问题。老业主砸了售楼处，然而 A 股市场价格下跌，股民为什么不砸证券公司营业部呢？两者的区别在于，股票价格的涨跌是市场力量决定的，你怪谁呢？楼市的涨跌却是由政策决定的，由行政手段决定的，老百姓不敢砸政府大楼，气出在开发商身上。你不能说老百姓完全没有契约精神，他们尊重市场的博弈结果，但不能接受人为干预造成他们利益的受损。

我们当前的尴尬是多元利益格局已经形成，但是到目前为止，还没有建立起协调多元利益的法治体系。政府作为利益协调人，公信力大打折扣，因为政府在市场中也有利益，而且往往和民间利益相冲突。既当吹哨子的裁判，也上场踢球，有这么一位超级球员，这个游戏怎么玩？

在法治社会中，每一个利益群体都有平等的发言权，博弈各方根据一致同意的规则和程序决定公共政策。无论对自己有利与否，每一方都必须接受决策的结果，必须接受政策影响下的博弈结果。尽管你可能对这项政策投了反对票，但你先前已经同意了博弈规则。换句话说，市场经济和法治社会只有规则和程序的公平，而不存在博弈结果的公平。这些年房地产市场的起伏，以及与之相伴的社会问题，凸显了法制化多元利益协调机制的缺失。

也许有人不以为然，中国社会几千年不就这样吗，为什么要设计这些理想的却无法实现的方案？的确，一个以法律为基础的公正的博弈平台，不是一天两天就能建成的，但如果我们现在不着手，利益纷争持续下去，社会公正不保，会发生什么情况？改革当然有很多困难，但不改革困难更多。总要想办法打破现在的僵局吧？出路就是建立一个新的利益博弈平台，大家都认可的、符合社会公正原则的利益协调机制。由于目前缺乏这样的机制，政府和政府之间、政府和民众之间、民众和民众不同利益群体之间的关系出现了这样那样的紧张，若不及时化解，利益冲突有可能演化为对抗，影响社会稳定。

我们并不预期一夜之间就建立起法制化的利益协调机制，建立法制化体系的第一步是观念的转变，克服习惯性的"一致利益"思维，承认和尊重每个人的权利，承认个人利益博弈的正当性，仅在博弈规则上谋求一致，开辟暴力压迫之外的新空间，通过争论、讨论、对话形成关于博弈规则的社会共识，在社会共识的基础上搭建处理利益冲突的公正平台。重复一遍，公正体现在人人赞同的博弈规则上，而不是人人满意的博弈结果。

以限购和限贷为主的房地产调控政策无法协调各方利益，在多元利益的压力之下，政策制定者进退维谷，不能保持政策的连续性和一致性。每次"史称最严厉的调控"之后，房价出现间歇的下跌，随着政策的转向，房价报复性反弹，而过快的价格上涨又触发新一轮更为严厉的政策调控。

在市场经济中，价格由市场的供给和需求决定。调控政策可以暂时压制需求，但不可能永久地消除哪怕是部分的需求。决定需求的是人口、收入和城镇化程度，限贷、限购政策不可能降低人口增长、收入增长和城镇化的速度，所以对有效需求没影响，想要低房价，关键在于充足的供给。

我国房价上涨的一个原因是土地供应不足。目前土地一级市场由各级政府垄断，中央政府严格地控制土地供应总量，控制的依据就是"18亿亩红线"，即在确保全国农业耕地不少于18亿亩的前提下，决定每年的土地供应数量。土地的紧缺不仅限制了房屋的供给，而且通过预期效应刺激需求，进一步推高了价格。这条红线已牢牢地树立起土地稀缺从而房产产期稀缺的概念，在将来比现在更贵的预期支配下，居民的博弈策略就是晚买不如早买。

如何降低房价？政策制定者需要认真考虑取消这条红线，推进土地制度改革，建立真正的土地一级市场，让市场调节土地的供应，在房价高涨时有更多的土地进入市场，平抑地价和房价。随着土地市场的发展，农民可以拿到更多的土地增值收益，有助于实现多方共赢的社会公正。

金融改革的路径

今天的题目是金融改革，改革的思路需要调整一下，应该是基层创新和顶层的总结与推广相结合，而不能单纯依靠顶层设计。

金融不能成为政策工具

改革开放以来，我们一直强调政企分家、政金分家，现在状态令人担忧，政府、金融机构和企业越走越近。以"四万亿"为代表的刺激政策大部分货币化了，2009、2010两年财政增加的支出不到2万亿元，而新增贷款就有20多万亿元，政府和国企的投资项目主要靠银行信贷。在拉动内需以及产业政策的强力影响下，金融机构的独立性发生动摇，评估风险和收益的能力、根据风险和收益的平衡选择项目的能力不断降低，金融机构再次成为政策工具。

不仅信贷、保险、资本市场，货币政策实际上也以稳增长为唯一目标。货币政策目标的官方表述虽然是多重诉求，例如稳增长、调结构等等，其实大家心里都明白，最硬的指标还是 GDP 增长，而且货币供应只影响 GDP、物价水平等经济总量，不具备调整结构的作用。

2009年推出"四万亿"时，货币政策说是适度松宽，哪里是适度？分明是极度松宽。极度松宽的货币政策所带来的危害将是长时间的通胀压力，公布的CPI通胀虽然不高，大家在菜市场、超市里感觉到的通胀却和官方数据有不小的出入。更严峻的挑战是，由于长时间的低利率政策，造成了市场资金成本的扭曲，助长了一大批低效甚至无效的项目上马，为中国经济埋下了很大的隐患。

第一次货币和信贷的极度放松在2009年、2010年，第二次放松就是民间盛传的"四万亿2.0"。从2012年下半年开始，金融而不是财政，再次充当了主要的资金供应渠道。如果我们回顾社会融资总量对GDP的比率，2012年只比高峰期的2009年略低一点，这次主要是通过资本市场直接融资，而不是银行贷款。

自全球金融危机以来，个人认为我国金融业的发展处于倒退状态，金融资产质量恶化，系统风险上升。2000年前后我们花了那么大的力量进行银行改革，改革的成果在近几年中基本消耗殆尽。现在回想起来都后怕，幸好当时搞了银行改革，否则银行体系能否承受"四万亿"和"四万亿2.0"的重压都很难说。

现在讲金融改革显得有些奢侈，历史积留问题没有解决之前，哪里谈得上改革？历史经验告诉我们，每一轮投资高峰后，都会产生相当数量的不良资产。2000年清理的是1993年、1994年那一波投资留下的坏账，当时中央领导同志讲：一想起银行坏账，晚上都睡不着觉。于是我们搞了银行改革，核销坏账，充实资本金，财政补一部分，央行拿一部分，通过银行上市，社会融资解决一部分。

2009年以来的坏账什么时候清理？不良资产目前在银行的财务报表上还看不到。看不到不等于不存在，金融机构"发明"了各种各样的做账方法，不是直接改数字，而是找"影子银行""影子金融机构"联手操作。一笔贷款到期，债务人没钱还，监管规定不准展期，眼看要变成坏账，但临近年底，银行有关键指标（KPI）考核，坏账超标拿不到奖金。债务人在银行的默许甚至暗示下，找个中间机构，高息借一笔过桥贷款，还了银行的钱，明年开春银行再放款给这客户，还中间机构的钱，坏账就这样被掩盖起来。报表上的数字你敢信吗？我不敢。

坏账什么时候暴露？有两个可能的触发因素，一是经济增长继续放缓，企业经营状况恶化，现金流紧张，还款困难，坏账就冒出来了。实际上2012年的上半年已露端倪，但2012年下半年的再度松宽把这个问题暂时掩盖过去，企业借新债还旧债。二是房地产市场的调整，以及和房地产关联度非常高的地方财政。我们现在的政策相互矛盾，竭尽所能地打压房地产市场，但如果打压政策奏效，房地产市场真的崩盘了，地方财政承担得了吗？

执行"四万亿"政策以来，地方政府到底借了多少债，谁也说不清楚，目前披露的官方数据只有一个，那就是2010年底出自国家审计署的10万亿元，从过去的经验看，这恐怕只是一个下限。我在基层做调研时，很关注这个问题，碰到地方政府的财政官员，总要了解他们借了多少债，到现在为止也找不到准确的数字。粗略的印象，在经济和财政状况较好的东南沿海，地方政府的负债大概是两倍于全年的财政收入。如果按两倍计算，2012年各级政府的财政总收入大约10万亿元，10万亿元乘以2就是20万亿元，那就是国家审计署数字的两倍。最近看到一个半官方数字，前财政部长项怀诚在博鳌论坛上说政府负债30万亿元。国外有研究机构估计，各级政府负债加总有可能高达GDP的100%，这个估计不是很离谱。2012年我国的GDP是50万亿元，如果政府负债是项部长所说的30万亿元，那就达到GDP的60%-70%了。别忘了，还要包括或有负债，也就是地方政府担保的负债。

地方政府的债务用土地抵押，房地产市场一旦垮下来，土地卖不出价，怎么还债呢？政府还不了的债就是银行的坏账，金融机构看到土地抵押和政府担保就放贷，认为是优良资产，有没有想过，谁来担保地价和地方财政呢？所以说金融的系统风险在上升。

曾有记者问过财长楼继伟，地方政府是否会发生债务危机？他说先要调查，了解清楚地方政府的债务规模到底有多大。这是很务实的态度，先搞清问题，再想办法解决。政府借了多少钱，违约的风险有多大，为了避免违约，需要多少资源投入。所以新一届中央政府在谈金融改革前，必须处理这个问题，拖延、应付是过不了这一关的。也许我把问题看得太严重了，希望没有这么严重，但真不可掉以轻心。

债务不可怕，可怕的是借钱投了没有效益的项目，"四万亿"和"四万亿2.0"的项目有没有效益？我说的不是使用价值，而是项目能不能产生足够的财务回报，偿还银行贷款的本息，看看高铁、城市地铁、机场、光伏、钢铁、有色金属、海运，没有理由感到乐观。也许有人说，公共项目不以财务盈利为目标，好吧，那你必须使用财政资金而不是银行贷款。银行贷款来自老百姓的储蓄，怎么能赖账不还呢？！

即使政府负债已经很高，30万亿元或者高达 GDP 的100%——50万亿元，我也不认为中国会出现欧洲那样的债务危机，因为各级政府有很多资产，可以变卖资产还债，这与欧洲各国不同。但要注意，经济下行时的资产价格比不得繁荣期，打对折、腰斩很正常，变卖资产会比较困难，而且这些年国进民退，民间敢不敢买也是个问题。

清理坏账之后，第二步才是金融的市场化改革。近年来逐渐扩大债券市场的方向是正确的，提高直接融资的比重。但是这里有一个问题，现在只提扩大直接融资，不讲强化预算约束，一旦出现违约，又是政府兜底，这样的债券市场是没有用的。政府兜底破坏了市场的定价机制和惩罚机制，必须要让投资者为它的错误决策付出代价，必须要用破产惩罚债务人，市场的风险约束机制才能充分发挥作用。要允许债务违约，严禁政府兜底，特别是为国企兜底，否则扩大债券市场也没用。

关于证券市场，应当继续上一届证监会主席所推进的市场化改革方向，减少审批。上届主席就任伊始就放出一句话：首次公开募股（IPO）能不能不审呢？当然不必审！但后来就没有下文了。要放松对证券市场的管制，监管以信息披露为核心，而不是具体的管理。新主席说要保持政策的连续性，令人感到鼓舞。

对于 PE（私人股权投资）、VC（风险投资）基金，同样也要减少管制。实际上，PE 不需要监管，PE 是私对私的事，你管得着吗？管的目的说穿了就是为了雁过拔毛，为寻租创造机会。银行也是同样，民营银行你管那么多干什么？他自己掏钱办银行，风险意识比你强多了。

顶层少管、少设计，因为顶层设计往往不靠谱。中国的经济改革从来不是靠顶层设计，而是由基层创新开始的，顶层放开就行了。小岗村的农民、民营企业家是中国改革的主力军，中央把基层的制度创新合法化，作为政策来推广。政府官员闷在办公室设计方案，拿到市场上一定碰壁，因为政府官员不在市场上操作，很多情况预料不到，看上去一个考虑周全的方案，到现实中南辕北辙。改革的思路要调整一下，从顶层设计逐渐地转向更多地依靠基层创新，基层创新和顶层的总结与推广相结合。

最后谈谈货币政策。世界各国的政策实践表明，央行越独立，货币政策越有效，也就是控制通胀越有效，央行的独立性和通胀率高度负相关。政府永远追求 GDP 高增长，高增长才能高就业，才能得到选票或者民众支持。央行如果不独立，政府就要让它发钞票，刺激增长，结果当然是高通胀。这不是什么新主张，而是国际上的共识，本届政府应该认真考虑，提高央行的独立性。

我们的央行是内阁的组成部分，直接听命于总理，这样的构架下，央行无法执行独立货币政策。能不能考虑让央行向全国人大报告？对全国人大负责？其实不仅仅是央行，金融监管部门也应该是独立的，而不是政府的一部分，把一行三会统统划到人大去。监管机构从属于政府，会成为政府执行政策的工具，而不能把精力集中到市场规则的制定和市场秩序的维护上来。前面提到的金融倒退，政府、金融和企业越走越近，就和我们的监管体制有直接关系。

在金融改革中，重塑微观机制比宏观层面上的调整更重要，厘清政府和企业的关系、政府和金融的关系、金融和社会稳定的关系，做到这几个方面的分离是金融改革的前提。最近习近平总书记讲到政企分离、政府和金融分离，下一步要研究怎样落实。

医疗行业中的市场与政府

乍听到"医疗的市场化改革过了头"的说法，不免诧异。将老百姓的看病难归咎于市场，提出重回政府主导的道路，更是令人费解。市场配置资源的效率比政府高，这是一条经济学的基本原理，我国近三十年的市场化改革成就也令人信服地证明了这一点。如果市场可以很好地解决柴米油盐的供给问题，不知为何到医疗行业中就不灵了，阿司匹林和大米究竟有什么不同，非要政府来主导？

食品与医疗均为关系民生的大事，从数量上看，食品的重要性远大于医疗。2006年食品占城镇家庭开支的36%，药品及医疗服务只占7%。医疗和食品都有很强的需求刚性，价格高也罢低也罢，饭总是要吃的，有了病也总得看。需求刚性决定了消费者在市场上处于弱势地位，鲜有讨价还价的能力，只能被动地接受供应商的"敲诈"。食品和医疗对产品／服务可靠性和安全性的要求也相当高，都是人命关天，马虎不得。柴米油盐的供给可以并且已经市场化了，为什么医疗仍要靠政府？

经济学原理告诉我们，政府和市场的分界由产品与行业的经济性质决定，仅在自然垄断、公共品、"外部效应"和信息不对称等少数市场失效的地方，才有政府干预的空间。食品和所有这些市场失效都不搭界，因此政府基本不管，而医疗必须至少符合这些条件中的一个，政府才有可能（但不是必然）比市场更有效。至于报刊文章常用的"公益性"一词，因无严格的经济学定义，不能作为政府介入的理由，更不能用这个含义不清的说法证明政府比市场有效。

显而易见，医疗不存在自然垄断的问题。医疗也不是公共品。公共品的特征是非排除性（Non-exclusive-ness），即由于法律的、技术的或经济的原因，无法将未付费的使用者排除在外。城市里的街道是公共品，因为市政当局不能禁止没交养路费的市民在街上行走。医疗则不同，除了重大事故和急诊，医院完全可以拒绝给未付款的患者看病，尽管这样做或许是不道德的。

和医疗相类似的是基础教育，不同的是后者为一项公民权利。从法律上讲，任何学校都不得将未交学费的小学生或初中生拒之门外，接受九年义务教育是他们的权利，国家以财政资金保障了这项权利。基础教育具有非排除性因此是公共品，而医疗像食品一样，是典型的私人品。如果将来我国宪法规定基本的医疗为公民权利，那时医疗就变成了公共品，即使未交费公民也有权享受的产品和服务。然而在今天，只要医疗仍属于私人品，市场就是比政府更有效的资源配置机制。

医疗和食品的不同之处在于"外部效应"，医疗的社会收益可以大于个人收益。治愈一个非典病人，患者的个人收益是避免了痛苦和病假导致的工资损失，而社会的收益不仅包括了患者的个人收益，并且还因他的康复减少了传染源，防止了疾病在社会上的大面积扩散。在完全市场化的环境中，医院的收入只反映了个人收益，医院的收入偏低，医院仅有治疗而无防止传染的财力，仅有治疗而无防止传染的积极性，医疗防治的供给低于社会最优水平，这时需要政府介入。

必须强调的是，需要政府干预绝不意味着政府主导。在论证了政府干预必要性的同时，"外部效应"也严格界定了政府干预的范围。一般的头痛脑热、外科、心脑血管疾病甚至癌症都没有什么"外部效应"，市场能够提供足够的药品和服务，无需政府插手。实践中，世界各国政府和国际卫生组织仅在控制流行性疾病传播等方面发挥了主导作用，原因就在于这类疾病巨大的"外部效应"。

造成市场失效的最后一个因素是信息不对称，制药商比消费者更了解药物的效力和成本，医生比病人更清楚手术的实际费用。食品市场上虽然也存在着信息不对称，但程度有所不同，把握大米的质量比理解药品的化学方程式要容易得多，米店和消费者之间的信息不对称问题因此没有医疗那样严重。信息不对称会被供应商利用以抬高价格，高价令市场萎缩，例如病人宁可寻找偏方或者求神拜佛，也不去医院看病，市场不能提供足够的药品和医疗服务，市场失效了。

在这里特别需要区分信息不对称和价格管制下的医疗费用上升，切不可把两者混为一谈。政府规定的药费和医疗费率有可能低于市场均衡价格，然而经济规律是管不住的，它一定会顽强地表现自己，以各种各样的形式绕过或突破价格管制。常为人们所诟病的医生拿红包现象，如同计划经济年代广泛存在的黑市一样，在大多数情况下，就是市场对于价格和工资管制的否定。这样的费用增加和信息不对称下的价格虚高在性质上完全不同，与大夫的医德也没有多大关系。

信息不对称为政府干预留出了空间，同时也将政府的职能限制在信息严重不对称的领域中。对于常用和常见药，消费者已掌握了足够的信息，政府若进行干预，除了打乱市场的正常运行，难有其他作用。从这点上看，阿司匹林和柴米油盐确实没有什么不同，政府不去主导食品的生产，也没有必要主导阿司匹林等常用药的供应。公众不很了解的新药，才是政府关注的重点。

即便对于新药，政府干预也并非天然有效的解决方案，因为政府同样面临信息不对称的问题。新药可以由政府机构主持验证，也可以交给信誉卓著的民间协会或者医院，经临床试用后，再向社会推荐。到底是民间的市场化方案还是政府干预，要看谁的信息成本更小，不存在市场失效时政府就必然有效的定律。民间机构的优势在于专业人才和专业知识，对新药的了解一般要超过非专业的政府公务员，能够更有效地克服信息不对称。第二，民间机构必须面对市场竞争，而政府就没有这个压力。市场的惩罚迫使民间机构认真负责地进行新药的测试，任何有意或无意的误导公众都有可能给它们造成无法弥补的商业损失。

即使在信息不对称的情况下政府有理由进行干预，"主导"也不是惟一的方式。既然市场失效是由信息不对称引起的，立法机构可以规定强制性信息披露的要求，由政府监督执行，就像食品出厂必须标明成分和有效期一样，或者像上市公司的季报和年报制度一样。因为信息不对称，政府就要自己管医院、管大夫、管工资、管价格，其逻辑等同于政府自己经营食品厂，或者政府自己经营上市公司。

证券市场上的信息不对称丝毫不亚于医疗行业，既然以强制性信息披露为核心的监管被证明是保护广大投资者的有效措施，为什么医疗就一定要政府主导呢？

小结上述的讨论可知，政府的职能仅限于具有显著"外部效应"或者信息严重不对称的个别场合。对于"外部效应"，政府可提供财政补贴，而立法和监管则是克服信息不对称的有效手段，"政府主导"的说法缺乏经济学理论的依据，市场能够比政府更好地解决药品和医疗服务的供应问题。这一结论的政策含义是不言而喻的：医疗改革的方向不是重回政府主导的体制，而是解除对市场准入、工资和价格的管制，让市场充分发挥配置资源的作用。

解除管制后，短期内价格可能会上升，但正是高价所带来的利润吸引更多的资金和人才进入医疗行业，结果是供给增加，价格回落。我国经济改革的历史反复证明了市场消除短缺的神奇力量，例如1978年开始的农业改革，将柴米油盐的凭票限量供应送进了博物馆。1980年代后期，国家解除了对主要生产资料的计划管制，市场上一度出现钢材、水泥等产品的短缺，价格上涨，"倒爷"盛行。当时我们并没有因为企业买钢难的问题重回政府主导的老路，而是坚持改革，坚持市场导向，很快就实现了主要生产资料的供需平衡。

温故而知新，当前社会上的"看病难""买房难"等问题，和过去的"买肉难""买钢难"的性质相同，都是由供给不足引起，对策应当是开放市场，尽快增加供给。如果一味用行政手段打压价格，只能阻止更多社会资源的进入，反而抑制了供给。另一方面，人为设定的低价又刺激了需求，供需失衡进一步恶化，消费者将不得不面对更大的价格上涨压力。

无可否认，在废除了完全由政府统筹的医疗体制后，低收入阶层的确碰到了看病买药的困难，正像废除了政府分配公房的制度后，房价超出了他们所能承受的程度一样。这一部分人的医疗、住房、教育等问题，才是真正需要政府主导予以解决的。实际上，政府在市场经济中的主要职能之一，就是提供这些市场无法提供的基本社会保障，例如基本医疗保险、廉租房或者像香港那样的政府公屋，以及由财政资金支持的义务教育。

必须强调的是，市场无法提供基本的社会保障并不意味着市场失效。市场的作用是配置资源，其效率主要体现在经济领域中；而基本社会保障的实质是收入的再分配，属于社会目标的范畴。医疗体制改革的复杂性，在于它经济和社会的双重属性，在于增加医疗供给和为低收入阶层提供医疗服务双重任务的交织。这两类任务密切相关，却又性质不同，不可混为一谈。经济问题以市场化解决方案为主，而社会责任应主要由政府承担。市场能够有效地增加医疗的社会总供给，但不能由此延伸为低收入阶层的医疗服务也交给市场。同理，基本的医疗服务靠政府，但不能由此得出政府主导整个医疗行业的结论。

为了推进医疗体制改革，需要进行深入的理论与实证研究。在既无严格经济学理论的论证，又无事实与数据支持的情况下，匆匆忙忙地设计各种各样的方案，不仅有失学者的严谨，而且有可能伤害对于学者来说是最为宝贵的独立性。方案若成为部门利益的载体，而不是公众利益的保障，方案就失去了意义，相信无论公众或政府，都不愿看到这样的改革设计。

企业：转型与创新

互联网是转型利器而非神器

大约从2014年开始，企业对互联网的态度发生了戏剧性的转变，从冷漠、轻视到恐慌性的盲目崇拜。刚开始觉得互联网没有什么了不起，一种新的沟通工具而已，后来发现互联网有如此广泛的应用，这项新技术的冲击已到了传统企业难以应付的地步，于是从一个极端走向另一极端，跪倒网下，顶礼膜拜，放弃独立的思考和分析，慌忙接受所谓"互联网思维"。

自工业革命以来，新技术不断涌现，从蒸汽机开始，直到今天的互联网，未曾见哪一项新技术形成了什么"思维"。蒸汽技术的发明具有划时代的意义，人类第一次掌握了非自然的动力，依靠蒸汽的力量，进入了机器生产的现代工业文明。可是我们听说过蒸汽机思维吗？蒸汽机之后的伟大技术创新是电力，我们也没有听说过电力思维。接下去是一连串令人目不暇接的新技术，内燃机、电子、生物、电脑、移动通信、数字技术……同样不见任何"思维"，就连最具思维能力的电脑，也没有衍生出"电脑思维"。为什么惟有互联网成了一种思维方式？

"互联网思维"是国内特有的说法，国外没有这个词组，试想一下"互联网思维"的英文应该怎么说呢？ Internet Thinking ？

听起来怪怪的。国人的创新往往始于模仿，名词的制造却是独家原发。造名词的或者自己不知所云，或者故弄玄虚，听众如坠云雾之中。我们这里有一个简单而有效的识别方法，如果碰到某个新名词，你找不到对应的英文，大可怀疑它的真实性和有用性。若干年前有个词非常流行——"虚拟经济"，虚拟经济的英文怎么讲？查不到，这是国人生造出来的。有些人喜欢造别人听不懂的词，你越是听不懂，越显得他高深，越容易在市场上获得广告效果。

互联网是帮助传统企业转型的利器，而不是神器。现在媒体上把互联网神化了，好像企业只要一挂上这个神器，就能顺风顺水再增长十年。哪有那么神啊？为了破除这个神话，我在网上搜了一下"互联网思维"的条目，一项一项进行分析，想看看到底有什么新鲜之处。结果令人失望，所谓互联网思维，要么是我们熟知的商业常识，并非互联网所特有，本身不错但被推至极端而成为误导性口号；要么观点本身就是错的，违反经济学原理。

"单品海量"和"多品微量"

互联网思维有一个提法叫作"单品海量"。这个说法本身并不错，其实就是经济学中讲的规模经济效应。规模经济效应由成本结构决定，固定成本的比重越大，随着产量的增加，分摊到单个产品上的固定成本越低，单个产品的成本也就越低。互联网有非常强的规模经济效应，设想一个网站建设需要投入2千万元，一旦建成就不用再花什么钱，平台上有10万个客户或100万个客户，网站的维护成本都差不多，但收益却大不相同。10万个客户如果每人每年带来200元的收入，维护费用忽略不计，网站一年就能收回投资。如果有100万客户的话，一年收入200×100万元=2亿元，扣掉前期投资2千万元，利润高达1.8亿元！所以互联网公司一定要做规模、做海量，原因就在于网站建设投资属于固定成本，建成后运营成本不随客户数量的增加而增加。

如果认为世界上只有单品海量这一种商业模式，其他行业应用互联网也以单品海量为前提，那就大错特错了，起码还有另外一种商业模式叫"多品微量"。举例来讲，内衣可以做大、中、小三个标准号，虽然不是单品，已足够简单，足以在每个号上形成大批量，而批量越大生产成本就越低。外面穿的西服、西裤就不能只搞三个标准号了，型号太少无法适应各种身材的需要。穿在里面的内衣大点小点好凑合，外衣尺寸差一点，看上去就很别扭，所以西服的规格分得比较细，最好是个性化定制，量体裁衣。服装业既有大批量生产的工厂，也有专做单件定制西服的裁缝店，裁缝店的生意也不错啊。

个性化需求和批量化生产永远是一对矛盾，量化生产虽然成本低、价格低，但品种少，不能很好地满足消费者需求。个性化定制的客户体验好，但制造成本和价格高。企业只能在两者之间寻求某种平衡，而不是极端化的单品海量。多品微量同样可以是成功的商业模式，只要客户满意，愿意支付高价格，手工的裁缝店不愁没有订单。有意思的是一种新的商业模式，利用互联网、信息化技术，在流水线上生产非常个性化的产品，谁说互联网一定要单品海量？

"极致品质"，极致成本

互联网思维的另一个说法是"产品做到极致""客户体验做到极致"，在消费者是上帝的市场经济中，这话听起来不会错，但它确实是错的，产品品质做到极致无异于自杀行为。品质应该做到成本和效益的平衡点上，因为品质越高，改进越困难，做到99%了，想做完剩下的1%，成本有可能比前面的99%还高。基本的经济学原理告诉我们成本曲线是 U- 型的，越到后面上升越快。"极致论"的错误在于忽略了改善品质的成本，极致品质意味着极致成本，极致成本要求极致的价格，价格最终要由消费者承担，相信他们喜欢高性价比，但未必欢迎极致的品质或极致的体验。

除了成本和收益的平衡，另一条判断标准是品质比竞争对手高半格。品质比竞争对手高，你就可以吸引客户，只高半格则为客户控制了成本。

极致品质、极致体验可以是诱人的营销广告，消费者对假冒伪劣、粗制滥造的产品深恶痛绝，但他们同时也是理性的，当他们意识到品质和价格的关系，"极致"的宣传能有多少效果就很难讲了，搞不好适得其反。

"羊毛出在猪身上"早已有之

互联网思维拥趸者津津乐道的另一条叫"羊毛出在猪身上"，意思是在网上卖产品比如手机、电源插板等等可以不赚钱，采取低价、低毛利策略吸引客流，再从满足客户的其他需求例如金融来赚钱。这样的商业模式早已有之，并不是互联网时代的新特点，也不是互联网所特有的。

零售业的沃尔玛早就懂得这个道理，它声称自己的价格是最低的，消费者如果在其他店里看到更低的价格，沃尔玛愿意立即降价。在消费者身上沃尔玛赚不到钱，它的羊毛从哪里来呢？拥有世界上最多的商店和客户，沃尔玛的采购订单也是世界上最大的，供应商要想进入沃尔玛的采购目录，必须提供最优惠的价格。供应商对沃尔玛又爱又恨，爱的是订单量，没有任何一个零售商能采购这么大的批量；恨的是沃尔玛霸道，给我最低价格，否则免谈。沃尔玛赚的是供应商的钱，羊毛出在猪身上。

从"羊毛出在猪身上"继续延伸，就得到"平台战略"或者"生态圈"。在网上搞个平台，免费登录，甚至补贴用户，只要聚集的人足够多，网络公司就可以在平台上放款、卖理财等金融产品，P2P 应运而生（详见本书《互联网金融：提高效率而非改变规律》）。如果卖盒饭、奶粉、保姆服务，这就是 O2O（"电商"一词已不够时髦）。网络公司可以既不做盒饭也不管送饭，邀请餐馆在它的平台上卖货，由第三方快递公司配送，平台从餐馆收一笔费用，而不是直接赚消费者的钱。

平台不是钱能烧出来的

平台不就是百货公司吗？百货公司自己不生产商品，博采众家，拿到一个楼里卖，形成了生态圈。生态圈越大，销售业绩越好，这与互联网生态圈没有本质的区别。百货公司虽然经常打折促销，主要是为了处理存货，减少资金占用和财务成本，而不是单纯靠低价维护生态圈。商店的准确定位、店面的布置和陈列、符合潮流的商品选取、业务人员的介绍与导购，都是一家成功商店必须关注的因素。以为创业就是烧钱补贴，忽悠到尽可能多的客户，用户数达到一定规模，生态圈就算建成，剩下的事就是数钱了，市场告诉这些天真（或者假装天真）的创业者，世界上没有那么简单的事。

苹果公司的确有令人艳羡的生态圈，但那不是钱烧出来的。在一马平川的地上丢一堆草，可以吸引一大群羊，草吃完了，羊群立即散去。必须修起栅栏，才能保住生态圈。苹果的生态圈一靠最好的硬件，iMac、iPod、iPhone、iPad；二靠 IOS 操作系统。为了留住客户，苹果必须不断地推出新产品，更新升级 IOS，如果哪一天它的手机被三星、华为超越，或者 IOS 被谷歌的安卓超越，客户就要流失。消费时代的客户没有忠诚度，他们只忠诚于性价比。

平台和生态圈都不是企业追求的终极目标。与其说平台是吸引和保留客户的法宝，不如说是服务客户的必备；与其说生态圈是公司最宝贵的资产，不如说是为客户创造价值的自然结果。

"互联网 +" 还是 "+ 互联网"？

经政府的提倡和媒体的宣传，"互联网 +" 已成为当下的一个流行口号。互联网技术的作用不可否认，但如何利用这个新技术，却没有一定之规。互联网公司可以走到线下来，这是 "互联网 +"，传统企业也可以上线，这是 "+ 互联网"。到底怎么去做，取决于哪一种方式效率更高。

亚马逊做电商，在线下搞仓储中心、配送车队；沃尔玛做 "+ 互联网"，由传统零售业上线做电商。两条路都可以走通，亚马逊不一定能打败沃尔玛，虽然增长速度快，亚马逊的电商长期不盈利，最近它对电商的投入不像以前那么多了，业务重心似乎转向了云计算。贸然猜测，亚马逊也许发现在传统零售业打不过沃尔玛，干脆切换到更有优势的领域，云计算的利润率也比零售高得多。沃尔玛一直在积极研究和推动电商，多年经营形成的庞大供应链、遍布线下的商店作为体验点和提货点，这些是沃尔玛战胜纯电商的有利条件。当然，传统零售商也有它的挑战，如何将电商整合进现有系统，如何协调电商和店商的文化冲突，都是亟待解决的问题。

常言说"猫有猫道，鼠有鼠道"，两道都能生存和发展，没有某道通吃的逻辑。怕就怕猫行鼠道或者鼠行猫道，不能根据自己的特点专守一道，做猫不会捕鼠，做鼠不会打洞，那可就麻烦了。零售业最可能的格局是电商与店商并存，相对简单、标准化、客户体验要求低的商品网上卖；商品维度较多、品质难以判断、客户体验要求较高的，仍然以传统的线下渠道为主。

金融业同样的道理，有人说将来会出现互联网银行，而且网上银行的资产超过现有银行资产总量。我觉得这是一个梦，不知道什么样的梦，讲这个话的人没有深入研究过金融业，或者没有用自己的脑子去思考问题，跟着一阵风吹了一个大牛。互联网可以加金融，例如阿里巴巴的蚂蚁金服；金融业可以"+互联网"，例如平安保险的陆金所，例如商业银行早就都上网了。"互联网+"还是"+互联网"，现在看可能"+互联网"的优势更大一些。所以永远不要跟风，坚持独立思考，利用新技术创新，而不是创新名词。

创新就是要创造价值

企业不是要赚钱的吗？创造价值和赚钱有什么关系？简单讲创造价值必然赚钱，而没有价值创造的赚钱不能持久。

创造价值有两条标准。第一，你向市场提供了新的产品和服务，比如说智能手机，前所未有的新产品，被市场广泛接受，你就创造了价值。微信是以前没有的社交通信方式，你创造出来就是价值。第二，以更低的成本提供已有的产品和服务，这也是创造价值。

举例而言，为什么大部分的 P2P 会失败？因为它们没有创造价值，虽然短期内可以赚钱。P2P 的平台虽然把借方和贷方连接起来，不能说完全没价值，但价值不大。金融中介的作用是收集和分析信息，帮助贷方准确评估借方的信用，降低风险也就是违约率，保证资金的安全和收益。P2P 没做这项最重要的金融工作，没有创造价值，它们凭什么赚钱呢？

"启蒙就是有勇气运用你自己的理性"

不要被"互联网+"的浪潮冲走，运用自己的理性分析问题，找到自己企业的转型创新之道。康德关于启蒙讲过一句著名的话，"启蒙就是有勇气运用你自己的理性"。每一个人都有理性分析的能力，但经常因为各种各样的原因失去了运用理性的勇气，因此需要启蒙。

当然，人的理性是有限的，人的行为动机既有理性也有感性，创新往往凭着一股激情而非清醒的计算。我必须承认，学者的理性思维习惯使他们难以成为创新者。另一方面，学者的职责就是倡导理性分析，总结归纳前人的经验，避免盲从，避免明显的错误和不必要的成本。

互联网金融：提高效率而非改变规律

最近倒闭了一大批 P2P 公司，粗略分析一下，其中大部分是互联网出身，没有金融的从业经验，不了解金融的本质和金融的规律。人们看到互联网这个新技术的效率如此之高，误认为它可以改写经济规律，创造出一种全新的商业模式，而且这种商业模式可以违反过去的常识。世上本无"互联网思维"，媒体说得多了，就有人相信了，凭着热情和背后的资金支持冲进金融业。

近几年我一再强调一个观点，互联网的确是一个有效的工具，但工具不可能改写经济规律。互联网可以在一个行业创造出新的商业模式，新模式的成功一定是顺从而不是颠覆了行业的基本的规律，成功的前提是创新者深刻理解行业的本质，解决了行业的根本性问题。

从经济学上讲，金融的根本问题是如何以低成本降低或克服信息的不对称。资金提供者和资金使用者之间的信息不对称是金融风险的源头，金融机构只有控制了风险才能为资金提供者创造价值，只有为客户创造了价值，金融机构才能持续地赚钱，才有存在的合理性。我们说的资金提供者指的是把钱存在银行的老百姓、在资本市场上买股票的股民、买基金的基民，还有买债券的"债民"。金融机构作为中介，汇集老百姓暂时不用的钱，为他们找到合适的项目，以贷款、股票、债券、信托等形式，把这些钱交给企业、政府机构和缺钱的个人使用。

让别人用你的钱有风险，风险在于资金的使用者有可能欺诈或决策失误。企业圈了一大把钱，过几天董事长、总经理失联了，这是一个很大的风险。即使企业是诚信的，仍然存在投资项目或经营失败的风险。储蓄者、股民缺乏判断这两类风险的能力，需要金融机构帮助他们把关，而要想识别企业风险的高低，金融机构必须收集信息，进行深入的分析，排除玩资本游戏的骗子，确保投资项目或企业的收益足以补偿风险。金融机构无法保证它筛选和推荐的项目个个成功，只要预期收益和资金提供者愿意承担的风险相匹配就可以了。

做了这些常识性的铺垫后，现在我们来解释为什们 P2P 公司倒闭了这么多，我曾经说过90%以上要倒掉，因为它们仅仅把资金的需求和供给方拉到一起，而没有解决金融的根本问题即双方的信息不对称问题，所以不能帮助储蓄者降低信贷的风险，不能帮助股民、基民降低买卖股票和基金的风险。一句话，绝大多数 P2P 不创造价值，把借贷活动从线下搬到网上，炒股票从交易室看屏变为卧室看屏，丝毫没有改变金融的性质，没有为客户提供任何增值服务。不创造价值的公司无论有多少用户，无论融到了多少风投的钱，无论估值有多高，早晚都会垮掉。公司的现金流和价值创造密切相关（详见本书《应对漫长的经济冬天》），那些倒闭的 P2P 几乎都不能产生净现金流，不得不依赖外部融资，一旦风投对互联网公司的前景转向悲观，P2P 的末日就来临了，很多 O2O 也是同样的命运。

风险控制不仅是为客户创造价值的根本，而且也是金融机构自身生存与发展的关键。金融业永远要把风控放在第一位，说风控至上都不过分，资产规模最多排第二，这种经营目标的优先顺序是由金融业的性质决定的。

金融业的特点是高杠杆，自有资本金较少。以银行业为例，根据监管的要求，它的资本充足率过去是8%，2008年金融危机之后提高到11%，为了解释的方便，我们就算10% 吧。这意味着银行放出去10万元的贷款，1万元是银行股东自己的钱，9万元是老百姓的储蓄。如果因为审查不慎，这10万元贷款变成了坏账，银行不能赖掉老百姓的储蓄，必须自掏腰包填补9万元的窟窿。从哪里找这9万元呢？只能从银行的利润中扣。设想银行的息差（毛利润率）是3%，要做300万元的贷款业务才能赚出9万的毛利。假如每笔贷款都是10万元，出一单坏账就等于30笔的业务都白做了，可以想象损失有多大。

所以我们说风险控制是金融业的生命线，倒闭的那些 P2P 要么不理解风控的重要性，要么不知道怎么做风控。

为了控制风险，金融机构想出了各种各样的办法，抵押品是其中最为常见的。企业想借钱，把厂房、设备等固定资产押给银行，如果贷款违约还不了钱，银行就把这些固定资产在市场上卖掉抵债。银行手里捏着企业的资产，不仅有了一个事故保险，万一发生违约，起码可以收回一部分现金，而且也对企业的道德风险有事先控制的作用。

"道德风险"是个金融的专业名词，经常被误解、误读为违规违法的犯罪活动，实际上这个词和道德没有太大的关系，指的是企业用借来的钱不心疼。比方说一个1000万元的投资项目，企业自己出200万元，从银行借800万元，这时我们说杠杆率是4倍，杠杆越高，企业控制项目风险的意识越弱。如果投资失败，企业可以用破产的方式赖掉银行的贷款，自己只损失200万元。如果都用自己的钱投资，项目失败时，企业要损失1000万元，因此会格外注意控制风险。通俗一点讲，"道德风险"就是用别人的钱赌博不怕输。

道德风险的原因是犯罪或犯错成本太低，金融机构于是要求企业和个人提供抵押品，例如土地、房产、机器设备等不动产，看上去是为了在发生违约时，银行能拍卖抵押品，收回一部分现金，其实更重要的是增加债务人的违约成本，迫使他们在决策前严格评估投资项目的风险。抵押品的处置要走清算程序，涉及多方的权利，会有不少令银行头痛的法律问题，变现并不容易，所以抵押品的主要作用是增加债务人的违约损失，降低道德风险。

我国中小企业融资难，就难在没有抵押品，能作抵押品的资产或者不够，或者市场价值低，他有两台设备，但都是专用的，银行要这些设备没什么用，当企业债务违约时，拿到市场上拍卖，无人问津，因为是专用设备，运气好卖出去了也不知能卖多少钱。中小企业的固定资产对银行没有太大的意义，但没有抵押品，怎么控制企业的道德风险呢？这是对包括P2P在内的小微金融的最大挑战。

中小企业拿不出抵押品，金融机构只好老老实实地回到金融的本源即信息上，你要实地调查，了解他的经营情况，收入多少、成本多少、过去是否借过钱、按时还了没有，你甚至要走街串巷，查电表、水表，了解他的生活开支。收集到足够的信息，你还要核实、分析，搞清楚他的还款能力，最后再决定贷给他多少钱以及贷款利率是多少。在这个过程中，有很多细致、琐碎的工作，只有做到位了，银行才能控制好风险，为资金提供者也就是储蓄者创造价值，只有创造价值，才能在市场上生存。P2P 公司要问问自己：我降低借贷风险了吗？我为客户创造价值了吗？如果没有，

在美国互联网金融被称为"Fintech"，翻译成"金融技术"，利用技术手段提高金融的效率，我认为这个定义是比较准确的。互联网金融不是一个新的行业或者新的业态，互联网没有创造出一个新的行业，也没有令传统的金融学定律和经济学定律失效，仅仅是在金融业使用互联网技术而已。

相对于前一段时间政府大力提倡的"互联网+"，我一直在讲的概念是"+互联网"，不是互联网公司+金融，而是金融+互联网技术。要牢牢地立足于金融的本质，解决金融的最根本问题，利用互联网这一高效的工具，降低信息的不对称。现在一些大型互联网公司设立了金融事业部，但还没有看到一个成功的或成熟的模式，还都在摸索。这不能怪他们，做互联网出身，没有金融从业经验，不懂得金融的属性，总是用互联网行业中的通行办法做金融，不碰壁才怪。

要利用互联网解决金融的根本的问题，从底层资产开始控制风险。目前我们看到的互联网金融公司，很多不具备风控能力，另外一些在玩概率的游戏。平台上有各种资产，已知每种资产违约的概率，算算需要多少准备金来覆盖坏账，根据准备金的要求再倒推应该收债务人多高的利率。这是简单的概率计算，互联网金融公司在

这样做的时候，并没有降低资产本身的风险，因为没有减少借方和贷方之间的信息不对称。互联网金融公司真正需要做的，是判断到平台上来借钱的企业和个人的风险，帮助平台上的理财人也就是资金提供者控制好风险。

阿里巴巴、腾讯这样的公司有一定的条件做金融业务，不是因为它们有所谓的"生态圈"或者大流量，仅仅因为它们有电商交易的数据和社交数据，从对这些数据的分析中，可以判断商家和个人的信用风险。但我们必须指出，网上的交易数据和社交数据的"含金量"相当低，单凭网上数据往往不足以准确评估债务人的风险，比较理想的是同时收集线下和线上的数据，以线下为主，线上为辅。线下数据的收集虽然费事，成本高，但含金量也高。至于那些没有数据的公司，真不知道它们怎么做金融业务，更不知道为什么还有人给这些公司投资。

谈线下数据就回到了传统金融机构。传统金融业的问题是成本高，银行、保险公司盖了大楼，雇了很多人，应当利用互联网和数据技术把成本降下来，比如远程信息采集技术和信用风险的大数据分析。我们这里说的大数据不是互联网大数据的概念，线下其实不需要大数据，中数据、小数据就可以了，积累数据，对企业进行动态的跟踪分析。

金融业应用互联网的潜力很大，关键看怎么去做，能不能找到一套行之有效的方法，降低信息获取和分析的成本，以较低的成本判断借贷人的信用状况，控制信贷的质量，为借和贷的双方创造价值。互联网不可能改写金融的规律，但可以提高金融的效率。

经济下行中的企业创新

中国经济发展到今天，不靠创新已经没有出路，创新的任务比以往任何时候都更为紧迫。近期各方面的指标都清楚地表明，经济正在滑入衰退。经历了多年的高速增长后，经济内部所积累的结构性问题已经捂不住了，一定要以某种方式表现出来，宏观层面上表现为增长速度放慢；微观层面上，企业经营越来越困难。

衰退的根本原因是过去透支了今天的经济景气。2008年国际金融危机的冲击之下，经济增长出现断崖式的下跌，虽然是外部因素引起的，但也反映了中国经济的脆弱性。如果我们利用2008年的时机，在经济下滑的过程中，咬紧牙关，忍受痛苦，进行结构调整和产业升级换代，就不会有今天的困境。但是我们推出了"四万亿"的刺激计划，浪费了一次衰退，浪费了一次极好的调整机会。

今天结构调整的困难比2008年还要大。执行"四万亿"的政策，使本来就相当严重的结构失衡进一步恶化。传统制造业部门在2008年之前产能已经过剩，产品、技术落后，急需更新换代。政府的巨量投资，又使这些落后的产能、落后的技术和产品得以苟延残喘，甚至产量继续增加。

前不久参加钢铁业协会的年会，他们说现在全国钢铁的生产能力大概在11亿-12亿吨,而全国的消费只有6亿-7亿吨,产能过剩30%-40%,供大于求,钢铁产品价格不断下跌,造成了企业的亏损。

要想扭转局面,当务之急是减少和消除过剩产能。由于过剩产能来自信贷支持的过度投资,企业的债务水平在2008年后迅速上升,去产能和去杠杆因此必须同时进行,这与2008年金融危机之后欧美经济所面临的挑战完全相同。欧美发生金融危机的原因是过度借债,杠杆率过高,把家庭和金融机构压垮了。美国的去杠杆从2008年开始,到2014年才基本结束,欧洲至今未采取有效措施,所以它的经济表现明显落后美国。

去产能、去杠杆要多长时间?需要做具体的数量分析。产能过剩程度各个行业不一样,据说水泥行业的闲置生产能力在60%以上。至于债务,除了企业,地方政府和大大小小的融资平台也积累了不少,有媒体报道说高达二三十万亿元,一些地方已经发生偿还的困难。由于数量巨大,去产能、去杠杆的过程可能会相当长,到底多长我们无法准确预测,3年到5年恐怕总是要的吧?这期间的经济增长速度将会在低位徘徊。

宏观经济形势严峻,目前企业的首要任务不是发展、做大,而是活着,活下去就好办。经济下行有弊也有利,我个人喜欢熊市,不喜牛市,巴菲特也喜欢熊市。熊市中价值显现,方显出好企业的英雄本色;牛市中的资产价值都被高估,泡沫里鱼目混珠。经济下行和结构调整的过程中会出现很多商业机会,我们在这个时候谈购并和创新,原因就在这里。

购并与行业重组的时机已经到来,以我们前面讲过的钢铁行业为例，一批中小型钢铁公司将要倒闭，这对财务健全、产品有竞争力的企业是扩大市场份额的好机会。现在企业购并的障碍在地方政府，地方政府想的是税收和就业，用各种各样的办法挽救濒临死亡的企业。其实经济就像人类，生老病死是自然现象，该死的不让死，能活的也活不好。濒临倒闭的企业就像失血过多的病人，会不惜一切代价地补充血液也就是获取现金收入，它把价格压得非常低，低到好企业也活不下去的地步。地方政府一干预，好企业就不敢收购了，知道政府提出的前提条件是不许裁员，但这怎么可能呢？购并一个低效的企业，当然要降低成本，裁减冗员。如果不存在行政干预的话，现在购并有很多机会，优秀企业通过购并提高市场集中度，由此获得某种程度的定价能力，提高产品价格，改善利润率，实现经营状况的好转。

再比如零售业，中国一年的零售额是20多万亿元，而不算京东，最大的国有零售企业年销售额1000多亿元，但是不赚钱，民营的赚钱，最大的也不过500亿元。美国最大的零售商沃尔玛的年销售额是4800亿美元，3万多亿人民币。我们的传统零售业过于分散，效率太低，这个问题在经济高速增长时无法解决，因为经济高增长，消费旺盛，开个店就赚钱，中型、小型的零售企业也赚钱，经济一慢下来，效率的问题就暴露了。

为什么京东做电商在几年的时间里就成长为中国的第一大零售商，亚马逊干了这么多年，规模只是沃尔玛的五分之一？因为中国传统零售商的效率太低。我在这里说的是自营零售，而不是淘宝、天猫那样的销售平台。京东是幸运的，没有一个沃尔玛那样的传统零售商压着它，但即便京东这个全国第一也不过1200亿人民币的销售额，和中国20万亿元的消费零售额相比，微不足道。零售业一定会进行整合，钢铁、水泥行业都会进行整合，效率低的企业在经济下行中倒掉，市场份额向优势企业集中。行业集中度的提高是世界性趋势，20世纪汽车工业刚起步时，美国有200多家汽车公司，中小型企业既没有规模经济效益，也没有足够的资源投入研发。在市场力量的驱动下，这200多家公司在几十年间只剩下3家。中国工业的发展会走同样的道路，由分散趋向集中。

经过行业整合，企业大型化，这就有了第二个机会：研发、产品和技术升级换代。技术升级的目标不一定是工业4.0，我看过奔驰和宝马的生产线，自动化程度很高，车间里面没有几个工人，焊接、涂胶用机器人，工位和工位之间的搬运都是机械手，也还没有达到工业4.0智能化的标准，顶多3.0、3.5，已经够用了。采用新技术的目的是提高效率，不要把目的和手段颠倒了，不必一味追求听起来高大上的"互联网思维"、工业4.0。

中欧商学院的一个校友做缝纫机制造，整个行业2015上半年的销售额大约跌了20%，利润下降60%，但他的企业销售额和去年基本持平，利润减少不到10%。他为什么可以取得高于行业平均的成绩？无非是把电脑装到了缝纫机上，提高缝纫机的自动化程度。这家企业早就着手产品的升级，他说不做不行了，传统的缝纫操作工越来越难招，设想一下工人手里捏着布，眼睛盯着针，一天紧紧张张8小时，现在谁愿意干这样的活儿？劳动力市场的形势迫使他提高缝纫机的自动化程度，你只比竞争对手领先半步，就可以在市场上脱颖而出。不需要什么高技术，中技术甚至低技术就可以，一点一滴地改进，积累起来就是突破。一家民营企业在钢价这么低的情况下还有利润，我问企业老总为什么，他说他利用自己钢厂的余热和余汽发电，满足了80%的需求，既降低了能源成本，又保护了环境。所以经济下行并不可怕，倒逼企业研发，改进产品和技术。

第三个机会是创业，特别是应用互联网技术的创业。但创业不是人人都能做的，创业不是大众之事，而是小众之事。互联网在中国之所以搞得轰轰烈烈，以至于大市值互联网公司有一半在中国，这里有两个原因。第一是中国的传统行业效率低，给互联网公司留出了很大的生存空间。第二个原因是政府管制相对较少，市场进入自由。管制是创新的大敌。美国最近有一项影响很大的创新，大家都知道的页岩气开采技术，大幅度降低天然气的开采成本和价格，带动全球的油价一路下跌。中国页岩气储量在世界数一数二，我们为什么没有技术突破？油气行业国企垄断，你进不去，他自己又没有积极性去干。

传统行业一样有创业机会，不一定非做"互联网＋"，传统行业加互联网也可以。到底是"互联网＋"还是"＋互联网"，没有一定之规，要做具体分析，哪一个有效就走哪一条路，并不存在"互联网通吃"的大趋势，我们可以找到很多的案例，说明"＋互联网"比"互联网＋"更有效。

互联网是一个很有效的工具，但并非在所有环节上都有效。关于互联网的作用，创业者要有自己的独立思考。互联网是一种更为快捷的传递信息的手段，有助于降低和消除信息的不对称。信息的不对称会产生交易成本，所以互联网的作用是提高信息的传播速度和传播量，降低信息不对称，从而降低交易成本。互联网的应用因此主要是在交易环节而不是在生产环节。至于生产环节效率的提高，我们仍然要靠传统的研发，在这个领域中，互联网帮不了你什么忙。目前我们所看到的，互联网用的最多的是营销，减少交易中介，缩短交易链条，降低交易成本。新产品和新技术的开发和研究，还得走传统的老路子。有人说，互联网时代有大数据，可以改变生产，可以改变传统的产品研发和设计。我们现在看到的大数据其实不怎么大，离真正产生效益还远着呢！想要很好地利用这些数据，还有很多的基础工作要做。

对于眼下十分流行的互联网金融，也不能寄予过高期望，例如股权融资的众筹方式，可以大胆尝试，但预期不能太高，因为常识告诉我们，股权投资风险很高，是具有专业知识和资金实力的小众的产品，大众无法承担。

互联网公司可以做金融业务，例如蚂蚁金服；传统的金融业也可以上网，做"+互联网"，比如陆金所。我认为传统金融做加互联网更有优势，传统金融机构对金融本质的理解更为深刻，有更多的实际操作经验。当然，互联网公司可能不同意我的观点，他们说互联网最大的优势就是大数据。我不否认，你可以在大数据中发掘、做信用分析，但是从这些交易数据到准确的信用评级，道路还很长。阿里巴巴在淘宝、天猫上确实积累了不少数据，利用这些数据能做多少贷款业务？阿里金融今天的贷款余额是300多亿元吧，和全国七八十万亿元的信贷资产相比，九牛一毛。互联网金融做不大是有道理的，网上大数据的有效信息含量太低，就好像低品位的矿石，要用多少吨的贫矿才能炼出一吨铁？要用多少大数据才能放出一笔贷款？更不要说那些没有数据的P2P公司了。

既不要排斥、轻视互联网，也不必恐慌、崇拜，冷静地沉下心来分析自己行业的业务特征，哪些适合网上做，哪些适合线下做，分析我的优势到底在什么地方？要不要上网，怎么上网？一句话，独立思考，未经自己思考确认的说法，无论多么权威、多么流行，一律不相信！

经济下行期间，不仅新的商业机会多，而且政府的改革措施也比经济上行时到位。最近政府取消了一些审批权，上市的审批制改为注册制，都是进步。我对资本市场向来评价不高，但充分肯定新三板，这是第一个没有审批制的交易场所，什么样的企业都可以上，只要有人愿意买。市场交易就是周瑜打黄盖，愿打愿挨，你管那么多干什么？费力不讨好，监管部门唯一要做的就是保证足够的信息披露，让投资者自己判断公司的状况。

创新与企业家精神

来自德鲁克的忠告

现在很多企业关心同时也感到困惑的一个问题就是创新。创新，不仅仅是中国经济也是企业渡过目前 L- 型难关的最关键一环。但是对于创新的理解各有不同，有人说不创新是等死，创新是找死；有人说创新要有高科技，我们不懂高科技怎么创新？对于创新，存在着各种各样的理解和认识。

创新何需高科技

在这里给大家介绍一本老书，彼得·德鲁克写的《创新和企业家精神》，他的这本书里系统地讲述了什么是创新、创新的重要性以及如何进行创新，书中最大的亮点就是打破了一个神话——只有高科技才能创新的神话，德鲁克列举了多个案例，说明高科技才能创新的观点并不符合实际。

德鲁克首先描述了一个大趋势，20世纪七八十年代美国经济从管理型经济彻底转变为企业家经济，表现为系统化、精细化管理的大型企业在经济中的重要性逐渐降低，财富500强企业创造的就业实际上是下降的，中小企业成为创造就业的主力，中型成长型企业的销售和利润的增速为财富500强的3倍。

在美国的中小成长型企业中，一半以上从事传统制造业，而不是高科技公司。1980年代最具成长性的公司中只有四分之一属于高科技，四分之三是服务业和传统制造业。所以德鲁克说：创新一定要高科技的观念实际上是错误的，它无法解释市场上发生的现象。高科技企业的常见模式是闪耀登场，快速扩张，突然跌落，直至消失得无影无踪，在创新成功的概率及持久性方面，还不如传统行业。

我这里有一个传统行业创新的例子——沃尔玛，它的创始人山姆·沃尔顿在零售业干了很长时间，深知零售业不可能搞差异化竞争，起码很难差异化，你卖的苹果、白菜和他卖的没什么两样，只能靠价格竞争。价格受到成本制约，山姆进一步分析，发现成本费用中的大头是租金，其次是人力。

在沃尔玛的商业模式出现之前，零售业的主流业态是百货商店，西尔斯曾经是美国市值最大的公司，后来沃尔玛成为了一哥。百货店开在城市里的繁华商业区，店面租金很贵，山姆想能不能把商店搬到郊区去，那里的租金便宜。汽车没有普及之前，在郊区开店并不可行，"二战"之后汽车在美国普及了，山姆的模式创新具备了成功的客观条件。1962年山姆在阿肯色州开办了第一家平价商店，消费者周末开车到郊区采购，一次买足，一个礼拜再不用进商店。销售价格低，客户盈门，没有什么高科技，山姆的创新大获成功。于是他开始扩张建连锁店，所到之处消费者喜形于色，商家哀鸿遍野，传统的百货店、夫妻店倒下一片，用时髦的词讲，这就叫颠覆式创新吧。我在美国读书时，报纸上看到过一条消息，南部一个州的零售业主呼吁政府立法，禁止沃尔玛来开店，视沃尔玛为洪水猛兽。

沃尔玛的店越开越多，采购批量越来越大，从中又衍生出一个新的利润点：以批量作为谈判筹码，压低供应商的价格。前一段时间"互联网思维"流行，一个说法是"羊毛出在猪身上"，其实这根本不是什么新东西，沃尔玛早就实践过了。零售商不能赚消费者的钱，因为你的货品和其他店没有什么区别，你一提价，消费者就跑了，你必须采取低价策略，让消费者满意。沃尔玛在哪里赚钱呢？压低进货价格，赚供应商的钱。沃尔玛的采购价格永远是市场上最低的，而且极其霸道：明年供应商降价5%，不降就别出采购名单。谁也不敢得罪它，因为沃尔玛有最大的采购批量，凭借批量在市场上取得了超强的谈判能力和定价能力。

除了商店开在郊外，沃尔玛开放货架，让消费者自己去找他需要的东西，减少店员的雇用，降低了人力资源成本。哪有什么高科技？没有高科技而做成了世界上最大的零售商。做大之后沃尔玛采用了先进的技术，那时还没有互联网，沃尔玛利用卫星通信把全世界的沃尔玛商店、办公室和仓库连在了一起，建立了除美国政府之外的最大通信网。

沃尔玛1972年在纽交所上市，在之后的25年中，它的市值翻了4900倍，这是今天的科技公司都难以做到的成绩。

德鲁克在他的书里讲了集装箱的故事，这项创新同样没有什么科技含量，却彻底改变了世界的海运业。1950年代，战后西方经济进入恢复期，国际贸易的迅猛增长导致世界各大港口拥挤不堪，运送货物的时间越来越长，岸上堆积的货物越来越多。怎么办？刚开始人们想到的是建造速度更快、装载量更大的轮船来节省燃料、人力以及路途上的时间。结果，港口的拥挤状况进一步恶化，因为船的数量多且体积大，装卸的货物比以前更多。

像所有的创新一样，经过试错，人们发现解决方案是把装货、装船在时间和空间上分开，于是产生了集装箱。集装箱在到达港口之前已完成装货，到了港口吊装上船，不仅解决了港口的拥堵问题，而且使得运输成本下降了60%，轮船在港口的停留时间也减少了3/4。

传统行业创新的案例不在少数，所以我们要破除一种迷信，以为只有高科技才能创新。NO！低科技也能创新，传统行业也能创新，而且我认为传统行业中的创新机会要多于高科技行业。国内现在三大互联网平台已经形成，云计算、人工智能不是一般企业能做的，那么你做什么呢？传统行业中能做的事情其实很多，想要创新，多看看市场，多看看自己的行业，从自己的实际出发。

工业 4.0 还是 2.0

在过去两二年里，我走访了一些企业，感觉制造业转型升级不一定需要高科技，中科技甚至低科技就能解决问题，改进的空间很大，有些企业不要说工业4.0，现在连2.0还没有做到。

工业技术的版本各有各的定义，大同小异，我倾向于认为2.0是自动化与标准化时代。我参观过一家自行车厂，它的喷漆生产线居然是工人戴着口罩、帽子，拿着喷枪在开放的车间里工作。不要说对工人身体的伤害、对周边居民的空气污染，在这样的开放环境中，粉尘、湿度、温度都很难控制，喷漆质量自然达不到要求。这家企业面临的挑战是尽快实现工业2.0，而不是大数据、云计算。

现在有个流行说法叫"弯道超车"，我不太赞成。常识告诉我们，直道上可以加速，弯道加速当心翻车，离心力会把你甩出跑道。工业技术的各个发展阶段是不可跨越的，超不了车，工业2.0构成工业3.0的基础，工业3.0的自然延伸就是4.0。如果说工业2.0是标准化、自动化，3.0是信息化，4.0就是智能化。工业2.0为信息化做了一些准备工作，但都是单一流程的自动化，各个流程彼此隔绝，没有打通。工业3.0的目标是打通制造、成本、库存、财务、人力资源、客户服务等流程，消灭信息孤岛，实现各个流程的互联，以及数据、信息在各个节点间的快速流动。简而言之，工业3.0的信息化要求把过去传统大企业常用的树型管理结构改造为网络型的。

传统的大企业实行分级管理，有它的优势，也存在很多问题。树型结构垂直一条线（图一），生产、财务、人力等职能各自为政，线与线之间、节点与节点之间没有沟通。生产线上的节点B要和财务线上的C对话，必须层层上报，经过总经理A下到C，一路扯皮、推诿，因为生产线和财务线有各自不同的KPI考核指标。B、C、D可称为"信息孤岛"。在网状型结构中（图二），B跳上一条横向的快车道（如虚直线所示），很快到达C，甚至可以直接联系C（虚弧线）。将树形图中的节点连接起来，形成网络，消除信息孤岛，提高系统的反应速度和执行效率，这就是工业3.0和信息化的含义。

有了工业3.0，4.0就是水到渠成的事，让图2中的网络节点具有

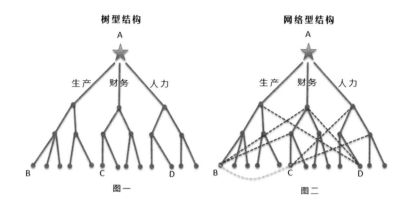

树型结构   网络型结构

图一   图二

智能，即反馈、学习、自我调整的功能，工业4.0就做成了。

工业4.0听起来很美好，但是且慢，有必要吗？在我看来，大多数中国制造企业不需要4.0，甚至先进的工业国家也不需要。德国最先提出工业4.0的口号，我到德国看过奔驰公司，在它的生产线和总装线上没看到，而且我认为4.0也没有必要。我问德国的大公司高管，你们搞工业4.0的成本是多少？资本开支增加多少？投资回报 ROI 是多少？没有人说的出来。

汽车的流水生产线做到工业3.0已经足够了，一块金属板进入车间，机械手（恐怕还不是机器人）把它放在冲床上，压制成型，另一个机械手又把成型的零件传递到下一个工序……，最多就工业3.0吧。没必要每一块铁皮、每个螺栓上安装一个传感器，再加个智能模组，做成物联网，让每个零件彼此以及和中央控制系统对话。有必要吗？4.0是要花钱的，这个投资能有收益吗？

德国的一些中型企业反而在信息化方面做得相当到位，我见过一家为中小企业提供加工刀具的公司，它建了一个信息化的刀具管

企业：转型与创新

理库，客户订购的车刀、铣刀、钻头都摆在库里，每一把刀具上都有个条形码，机器自动分拣，放进盒子在流水线上高速运行，备齐后打包发货。只有一些比较特殊的刀具需要人工分拣。哪个企业什么时候订的什么刀具，数量和交货时间都在系统里，系统连接客户订货，公司内部的生产、采购、仓库和发货，虽然还有人工干预，信息化已经基本到位，够用了，不需要物联网、智能化，不需要工业4.0。

企业创新，技术本身不是目的，而是提高效率的手段，效率最终反映在财务指标上，而终极的财务指标就是利润。如果工业4.0不能增加利润，要它做什么？德鲁克在他的书里反复强调一个观点，创新未必需要高科技，传统行业照样可以创新，照样可以提高效率。

从交易型到创新型企业家

德鲁克接着问：什么是企业家？他引用了法国经济学家萨伊的定义："企业家是敢于承担风险和责任，开创并领导了一项事业的人。"我认为这个定义是准确的，虽然表达得还不够精练。我想强调，企业家承担的不是一般的风险，而是前人和同行未曾承担过的风险，"开创并领导一项事业"意味企业家做的是前人和同行没有做过的事，如果做同行和前人做过的事，这是职业经理人，而不是企业家。承担这种独特的风险，并对后果负责的人才能称作企业家。

我把企业家分成三类：第一类是交易型企业家，他的特点是发现和捕捉市场机会，尤其当市场中出现新的需求时，他会想方设法满足这些需求，在实现自身价值也就是赚到了钱的同时，也为社会创造了价值。在创造社会价值时，交易型企业家不必满怀社会责任感，我非常喜欢弗里德曼的一句话："企业最大的社会责任就是为股东赚钱"，赚钱是天经地义的，无意之中为社会做了贡献，这也是亚当·斯密的思想。

第二类是管理型企业家，中欧商学院主要培养这类企业家，他们不是一般的职业经理人，不是循规蹈矩、执行命令的管理者，而要在管理的过程中创新。

第三类叫作创新型企业家，例如比尔·盖茨、扎克伯格，今天用到"企业家"这三个字通常就指这类企业家，但这并不意味前两类的企业家没有存在的必要和价值。创新型企业家如果没有管理型企业家一起合作的话，他的创新往往会失败。比如爱迪生，既是发明家也是创新型企业家，但他不擅长管理，必须找到一个团队，才能帮他把创新企业经营下去。德鲁克一再强调团队的重要性，今天看来毫不过分。

在中国目前的情况下，第一类企业家的机会越来越少，尽管过去三十多年中，成功的企业家大多数是交易型的，他们对中国市场经济的发展起到了很大的推动作用。然而必须看到，随着中国经济的发展和市场的成熟，留给这类企业家的时间和空间都不多了，这也是近年来我不愿讲宏观经济的原因，宏观经济就是讲给交易型企业家听的。我不反对交易型企业家从宏观政策的变化中捕捉交易机会，我想指出的是，这类交易机会越来越少，在一个成熟的经济体中则几乎消失。改革开放初期，中国是一个短缺经济，企业不必为市场需求发愁，只要产品生产出来马上就能卖出去，交易型企业家生逢其时，如鱼得水，把中国人的聪明才智发挥得淋漓尽致，用一句不大好听的北京话讲，"不就是一帮倒爷儿吗？"其实倒买倒卖也创造价值，因为倒爷儿把需求和供给连接起来了。

当下的中国经济不再供应短缺，变成过剩经济了。在供给过剩的环境中，企业转型很困难，企业家很难从交易型转变为创新型，甚至很难转变为管理型的，他们还在习惯性地问："股市年底多少点？房价还能再涨吗？政府政策会有什么机会？"还在做交易套利的打算，而不是创新型企业家的思维。

德鲁克说：企业家精神不仅是经济和技术的，也是文化的和心理的。我非常认同，从交易到创新的转变，障碍主要是思维方式、文化上和心理上的。

方法论：直觉 + 系统思维 + 专注

创新经常来自敏锐的直觉，德鲁克以麦当劳为例，这又是一个和高科技没有任何关系的创新。麦当劳的创始人原来是冰激淋机的推销员克罗克，他发现加州一家汉堡店向他订购机器的数量长时间地超过其他零售商。调查之后才知道这家汉堡店生意特别好，店主搞了一项革新，把原来在一个工位上完成的汉堡包制作分解成流水线作业，类似福特的汽车生产流水线，速度快，客户等待时间短，生意兴隆，购买的冰激淋机自然也多。克罗克觉得这是一个了不起的发明，于是买下了这家汉堡店，并按照这个店的模式复制、扩张，由此诞生了麦当劳。虽然到今天都没有什么高科技，麦当劳不仅创造了一个快餐业，而且改变了人类的生活方式，好坏暂且不论。

法国人对麦当劳就不以为然，有些人感到愤怒，说这东西是食品还是喂猪？法式大餐是什么样的情调和体验？怎么能容忍麦当劳这样的工业品来亵渎？但事实证明，麦当劳在法国卖得也不错。

创新的机会各行各业、市场的各个角落都有，问题是机会到你面前时，有没有能力把机会变成现实，变成能够盈利的产品。克罗克的直觉显然高出那个快餐生产线的发明人，看到这项一点也不高的新技术的巨大潜力。但是德鲁克认为，仅有直觉是不够的。企业家要进行系统的逻辑分析，想象和勾勒出未来大致的商业模式，并且要组建一个管理团队，扩大规模，不断复制已成功的商业模式，才能从直觉走向遍布全球的快餐王国。

直觉和系统管理能力不是天生的，而是来自经验积累，德鲁克因此一而再、再而三地强调专注，强调技术和市场知识。只有避免多元化，在一个行业甚至一个细分市场长期耕耘，才能形成积累，才能抓住创新的机会。麦当劳的创始人熟悉食品行业；山姆·沃尔顿在零售业干了多年。没有行业和企业的经验，就不会有识别机会的敏锐眼光，也不可能把一项创新做成世界级的大公司。

所以我们不必妄自菲薄，不要觉得我所在的这个传统行业没希望，我一定要去做高科技，跨界做金融或者房地产，看着人家赚钱容易。曾经赚过很多钱的美国金融业，今天在收缩，华尔街在裁员，你还想去做金融吗？德鲁克讲：创新不需要伟大，需要简单、小规模、专注和专业化。

攻关式创新 vs 随机性创新

德鲁克认为，如果创新型企业家和管理型企业家紧密合作，可以有计划地对创新进行系统的研究和管理，提高创新成功的概率。德鲁克非常重视基于知识的创新，系统化地掌握和运用知识就成为创新的前提。德鲁克的方法虽然十分重要，却未必能适用于所有的创新。

创新活动可分成两类：一类是攻关式创新，另一类为随机性创新。攻关式创新有着明确的目标，但在很多情况下，特别是互联网、移动技术的时代，很多创新都是随机的，事先并不知道这项创新能实现什么目标，带来什么效益。德鲁克在他的著作中反复论证系统研究和思考的重要性，保证创新的技术是可行的，成本是可控的，价格是市场可接受的。系统方法的有效性毋庸置疑，但这样的方法仅适合攻关式创新，对随机性创新就很难说了。

没有区分攻关式创新和随机性创新，这是德鲁克这本书的一个缺陷。或许因为他本人是研究管理学的，研究的对象是确定性的事物；或许因为他所处的时代和我们不同。相对于传统工业技术，今天的互联网和移动技术更加不确定，更难以预测，迭代升级也更快。

德鲁克用柯达胶卷的案例说明什么是攻关式创新。在摄影技术发展为流行消费的道路上，笨重的相机曾经是一大障碍，主要因为感光片是用玻璃做的，玻璃既重又容易碎，相机不得不做得又大又重，影响了摄影的普及。感光片显然是产业发展的瓶颈，乔治·伊士曼进行了有针对性的研究，于1883年发明了重量轻、便于携带的纤维素胶卷，相机也随之缩小，很快成为大众消费品。柯达公司感光材料的销售额由此占据了世界第一的位置，直到数码技术取代了胶卷。对于这类目标比较明确的攻关性创新，德鲁克的系统研究和系统管理方法是比较有效的，随机性创新则另当别论。

随机性创新的特点就是事先根本不知道未来的技术是什么，能有什么样的结果，怎样规划系统的研发呢？就拿微信来讲，腾讯当时集中财力、人力进行攻关的是腾讯微博，但在新浪微博占据了市场制高点的情况下，不管腾讯怎么努力，都没法在竞争中获胜。记得当时和腾讯微博的负责人交流，我说你们不应完全模仿新浪微博，差异化才有希望，要做和新浪微博不一样的产品才能在市场上打开局面。

2010年，张小龙给马化腾发去一封电邮，建议做移动社交软件，马化腾回复同意，微信就这么诞生了。马化腾说，现在回过头来看，惊出一身冷汗，如果没有微信，不知腾讯今天会是什么样子。这就是随机性创新，无法用德鲁克所推荐的方法来提高成功的概率。当然，微信后来的版本升级带有攻关创新的性质，可以采用德鲁克的方法。

在随机性创新方面能做什么呢？由于事先不知道会是什么样的创新，只能走一步看一步，所以叫作"随机"。尽管是随机事件，带有相当大的自发性和偶然性，但企业也不是无所作为，完全放任自流。企业可以做的是营造和保持一个开放的环境，鼓励独立的和自由的思考，建立创新的文化，让各种各样创新的主意、设想无障碍地涌现，为创新的尝试及时、恰当地配置资源。如果说德鲁克的系统开发方法可以提高创新成功概率的话，开放、自由的文化则是增加创新出现的概率；前者关注创新的"质量"，后者则靠创新的数量取胜。鼓励大家都去试，谁知将来哪一项会中头彩，反正尝试的次数越多，中彩的可能性越大。

即便对于随机性创新，德鲁克的忠告也并非没有帮助，它时刻提醒我们，不要忘记商业的常识，归根结底，创新也是个商业活动，不过形式特殊一些而已。不久前还风云一时的"互联网思维"就在常识上栽了跟头。创业公司谈的都是技术、流量、用户数，很少有人问成本是否可控，什么时候赚钱以及从哪里赚钱，好像互联网公司从来不想赚钱的事，似乎赔得越多越高明，这就违反了商业的基本常识。不需要高深的理论和复杂的思维来证明，不赚钱的生意都是耍流氓，就这么简单。有的公司说，要想赚钱是分分钟的事，实际上却是年年不赚钱，弄到没有外部融资就活不下去的地步。

亚马逊那么多年不赚钱，最近终于有利润了，但利润来自云计算，而不是主营业务电商。现在亚马逊的定位和市场估值已发生变化，它不再是一家电商公司，而是云计算的技术提供商。我们要问国内电商同样的问题，你什么时候赚钱？不赚钱规模做得再大，有什么意义呢？投资者为什么要持续给你融资，买你的股票呢？

荒郊孤狼 vs 风口群猪

德鲁克在这本书里一有机会就讲专注，我十分赞同，当下国内企业尤其需要专注。德鲁克分析美国汽车业的变化，说明专注和企业成败的关系。20世纪初期，汽车还是美国上流社会的奢侈品，一般人家负担不起。亨利·福特看到汽车销量在美国每三年翻一番，认为汽车是一个能带来巨大利润的新机会，开始琢磨如何让汽车走入寻常百姓家。福特意识到，把奢侈品变为大众消费的关键在于降低价格，于是他采用流水生产线，降低生产成本五分之四，重塑了整个汽车产业。

福特聚焦大众市场获得成功，通用跟福特错位竞争，其创始人杜兰特认为，汽车会成为社会各个阶层、各个行业必不可少的交通和运输工具，通用的定位就是通用，卡车、轿车什么都造，什么都卖，如果自己造不了卡车就收购一家制造商，通过收购与兼并健全产品线。

福特价格便宜，通用各类车都能生产，沃尔沃另辟蹊径，它的卖点是坚固耐用和安全。我在美国新英格兰地区教书时，发现那里的沃尔沃车明显比其他地区多。新英格兰地区冬天下雪，为了防止道路结冰打滑，下雪时人们就往街上撒盐，盐水翻溅到车的底盘上，使得底盘很快锈蚀。1985年我刚到美国时买了辆二手车，车况和发动机都不错，但是在驾驶室下面有一个大窟窿，就是盐水腐蚀出来的。因为这个窟窿，车主400美元就把车卖给我。车开得挺好，但低头就能看到飞驰掠过的路面，心里不免恐慌，最后还是找一块木板盖上。沃尔沃在新英格兰地区打广告，说它的底盘永不锈蚀，而且坚固得像辆坦克，撞车事故中都是别的车翻掉。沃尔沃为它的专注也付出了代价，车子重、油耗高。但是市场就是这样，青菜、萝卜各有所爱，守住你的细分市场，突出你的特色，一定会有收益。

宝马、沃尔沃在20世纪六七十年代都是默默无闻的小字辈，在竞争如此激烈的市场中能够生存到今天，实属不易。美国汽车业高峰的时候有200家厂商，现在仅剩两家，一家是福特，另一家就是通用。200多家都被淘汰了，剩下的凭什么生存？就凭专注，盯住细分市场，坚持自己的特色并且做到最好。宝马的定位是"年轻的成功人士的座驾"，开辆宝马，里面坐的人不仅成功，而且年轻，你买不买？保时捷盯着跑车做，大众市场每年卖几百万辆跟我没有关系，我只做跑车，世界上最棒的跑车。

坚持差异化，坚持自己的特点，别每天老想着怎么成为风口上的"猪"，风口上的"猪"太多、太拥挤，给你留下的空间很小。大家都做同样的事，那不是创新，创新是荒郊野地里的"孤狼"。

衰退中的乐观创新者

我们知道中国经济进入了 L- 型的轨道，中国的大多数企业也将经历 L- 型的过渡。下行之后要在谷底停留多长时间，我不知道，三年、五年的思想准备总是要的吧。在谷底不要单纯地熬，你也许可以熬过去，但当漫长的衰退结束时，你会发现和新的机会失之交臂。在 L- 型的长尾巴中，要提高自己独立思考的能力，分析企业面临的问题，想象经过这一轮寒冬，行业未来会是什么样子？我的机会可能在什么地方？少看些报纸，少读微信推送，多读些书，看看其他的企业在做什么，海外的企业在做什么，未来产品、技术的发展方向是什么，在守住自己现金流的前提下，尝试做一些创新。

宏观经济形势越差，我反而越乐观，只有在经济不好时，企业才有压力转型升级，才会下决心告别传统经营模式，探讨、摸索新技术和新产品的开发。让我们一起思考、行动，在悲观的氛围中做个乐观的创新者。

第四辑

学理：常识与洞见

在常识的基础上重构宏观经济学

在多年的研究和教学中我感觉到，目前经济学界不缺理论也不缺数据，缺的是常识；政策制定部门也不缺建议和谋士，缺的同样是常识。学界和政策制定部门缺少哪些常识呢？我想列出这样几项。

常识一：中央银行印钞票不能创造价值。印钞票仅仅转移价值，仅仅是价值在债权人和债务人之间的转移，仅仅是价值在政府和私人部门之间的转移。如果印钞票能解决经济问题，这个世界上根本不会有经济问题，因为印钞票是最简单的、成本几乎等于零的一项政策措施。

常识二：财政部门不创造价值。财政的收入来自于企业和个人，财税政策仅仅是财富的重新分配，是财富在父辈和子孙之间的重新分配，是财富在国有和民营部门之间的重新分配。如果财政靠借债增加支出，这就是典型的财富的代际转移支付，而债务积累的后果，我们都知道，很可能是希腊那样的财务和金融危机。如果财政支出的增加是靠税收，那么就是当代人之间的转移支付，对宏观总需求的数量没有影响。

常识三：中央计划配置资源的效率不可能比市场高，这里讲的中央计划包括各式各样的规划。尽管市场不完美，尽管市场配置资源不是帕累托最优的，中央计划配置资源的效率也不可能比市场高。如果中央计划配置资源的效率比市场高，我们就没有必要在1978年启动经济改革。中央计划之所以配置资源的效率没有市场高，因为政府官员既没有足够的激励，也没有足够的信息，使他们能够制定比市场自发配置更加高明的方案。这个常识在30多年前，我们在开始市场化改革的时候就一再强调，但今天似乎已被人们忘记了。

随着社会分工和协作的日趋复杂，随着经济规模的越来越大，随着创新越来越成为经济增长的主要动力，我们从理论和实证上都可以证明，基于市场的分散决策是不可避免的，而且基于市场的分散决策在大多数情况下，比中央计划的效果会更好。

常识四：由于货币政策不创造价值，由于财政政策不创造价值，由于中央计划配置资源的效率比市场低，所以经济的增长是不可能依靠宏观政策来实现的。经济增长的定义就是价值的创造，既然政府不能创造价值，那么政府也不可能促进经济的增长，经济增长的源泉只有两个，增加资源投入或者提高资源使用的效率。在增加资源投入方面，麻省理工学院的索洛教授早就证明，单纯依靠资源投入的增长是不可持续的，可持续增长的唯一道路就是提高资源使用的效率，而提高效率的最重要手段是创新。宏观政策的作用，充其量只能使短期 GDP 接近潜在 GDP，而且是以价格信号的扭曲和资源行政配置的低效为代价所实现的短期目标。宏观政策对于潜在 GDP，要么没有影响，要么更糟，可能会伤害经济长期的增长潜力。在这里我想澄清一个概念，我们通常所讲的经济增长，不是统计局那个 GDP 数字，我们讲的经济增长是潜在 GDP 的增长。这个概念在学校和社会上被搞乱了，在政策制定部门更是含混不清。

我们如果能建立起上述几项常识，再回过头来看主流的宏观经济学，发现主流的宏观经济学有意无意在忽视和否定常识，用经不起推敲的假设和逻辑代替常识，在政府热心倡导下，主流的宏观经济学将人们的注意力从最重要的宏观问题，也就是长期增长，转移到经济的短期稳定，将经济增长主要驱动力从企业和个人的创新转移到了政府官员的规划。为了扭转这个倾向，有必要在常识的基础上重构宏观经济学。重构的第一步是提出正确的问题，一个正确的问题比十个正确的答案都重要。宏观经济学研究什么？研究经济增长的源泉，要将宏观经济研究的重点，从短期波动和反周期政策坚决地转移到经济的长期增长上来。

即便对于短期的经济问题的研究，对于政策研究，我们也必须看到主流宏观经济学的致命局限性。主流宏观经济学在没有周期理论的情况下，提出了反周期的货币政策和财政政策；在没有政府理论的情况下，提出了政府干预的主张。这些理论上的先天不足，使宏观政策在现实执行中走向了预期目标的反面。

为什么讲主流宏观经济学提出了没有周期理论的反周期政策？因为在凯恩斯主义的长期影响下，我们已经形成了固定的思维，碰到经济过热就紧缩，碰到衰退就刺激，这些经典的政策已经成为人们坚信不疑的金科玉律，甚至变成神经质的条件反射，以至于人们不再追问，为什么经济会过热？为什么经济会出现衰退？

如果深入研究一下经济波动的原因，如果经济的波动是由于新技术的产生而造成的，我们就会发现，有无必要进行宏观调控都成了很大的问题，反周期政策很有可能从根子上就是错误的。例如在19世纪、20世纪之交，世界上出现了一项新技术，那项新技术带给人类生活和生产的冲击丝毫不亚于今天的互联网，那就是铁路。当铁路作为新技术出现时，引发了一波投资的高潮，西方主要市场经济国家进入了繁荣期，用我们今天的话来讲就是经济过热了。这时我们要问，伴随新技术而来的投资高峰使经济过热时，中央银行应该采取什么政策？难道中央银行应该像今天教科书的标准答案所说的那样，提高利率，收紧银根吗？我们仔细想一想，这样的政策是不是合理？为什么要在一项新技术推广普及因而经济繁荣的时候采取紧缩政策呢？为什么要增加企业的融资成本来抑制投资呢？为什么要阻止新技术的推广和普及呢？对于教科书上似乎是普遍真理的说法和社会上的固化思维，我们要怀疑，提出挑战。

　　当全国性的铁路网已基本铺设完毕时，投资下降、经济进入衰退，这时政府又该采取什么政策呢？按照今天固化的思维，当然是央行减息，放松银根，刺激投资。但是在下一轮的新技术出现之前，到哪里去投资呢？铁路建设已经都完成了，新的技术还没有出现，电力电网是十几年以后的事，宏观调控调什么呢？我们现在会不假思索地说：既然经济进入衰退，当然应该减息、降准，但是实体经济处于两个技术高峰之间的低谷，缺乏投资机会，央行放出货币只能流入资产市场，推动资产泡沫的膨胀，就像今天我们在国内所看到的那样。在没有周期理论的支持下，传统的凯恩斯主义对策不仅无法稳定经济，反而会制造新的经济波动，这就是多余货币所造成的资产泡沫，以及资产泡沫破灭后的经济衰退，2008年全球金融危机不就是这样产生的吗？

这是我们对于凯恩斯主义宏观经济学的一个批评，它设计了反周期的政策，却没有一个周期理论作为基础，这个学说的另一个问题是提出了没有政府理论的政府干预。凯恩斯主义经济学认为市场天生是不稳定的，因为在私人部门中，企业家具有非理性的"动物精神"，在快速的创新和市场竞争淘汰面前，他们对未来又是异常乐观而过度投资，有时悲观失望而无所作为，经济于是便随着他们的"动物精神"而发生波动。凯恩斯敏锐并正确地观察到了预期的重要性，这是他对经济学的一大贡献。20世纪，经济学上有理性预期学派，预期进入经济学分析中是凯恩斯的贡献。遗憾的是，凯恩斯给出了正确的诊断，却开出了错误的药方，他的药方是政府干预，用政府干预抵消民间"动物精神"所带来的后果。然而凯恩斯忘记了，如果决定投资的企业家有动物精神，那么制定干预政策的官员也有动物精神怎么办？动物精神对冲动物精神是负负得正吗？还是两害叠加，经济波动更大？所以我们对主流宏观经济学的第二个批评就归结为没有政府理论的政府干预，这个由凯恩斯发展起来的理论体系起码是不完整的，如果再严格一点讲，是内部逻辑不一致的，而逻辑的不一致是学术的大忌。

人们或许会说，制定干预政策的官员是理性的，或者不是完全理性，但要比民间理性。那么你必须告诉我，为什么政府官员是理性的，而民间的企业家就充满了动物精神？我们需要理论和事实证明这一点。你不能假设，不能为了稳定经济，假设一个理性的和无所不能的政府，政府不仅希望而且能够稳定经济。你必须在理论上和实证上证明，这样一个政府的存在。实证上我们看到的是20世纪的"大跃进"。我们看到2009年的"四万亿"又是什么精神？如果政府官员也有动物精神，那么我们怎么能够相信凯恩斯主义的说法，由具有动物精神的政府官员来纠正市场中具有动物精神的企业所造成的错误，这在逻辑上显然是自相矛盾的。

主流宏观经济学体系的局限性和内在的自相矛盾还不限于这几点，在这个体系中，复杂的生产过程被简化为生产函数，激烈的市场竞争过程被简化为死气沉沉的瓦尔拉斯均衡。在这个体系中，时间消失了，经济活动中非常重要的时间因素消失了，所有的经济活动包括政府的干预都是瞬间完成的。时间消失了，创新消失了，制度消失了，常识也消失了，只需一位无所不能的仁慈牧羊人，手抓一把青草，引导着为食而亡的羊群走向美好幸福的未来。这就是主流的宏观经济学为我们描述的一幅图景。

宏观经济学需要重构，重构的基础是常识，而不是先入为主的假设。常识来自于对经济活动的观察，来自于对经济活动参与者行为的观察。任何学科都需要假设，但假设要符合常识，不能为了体系的完整而任意假设，更不能做出自相矛盾的假设。重构宏观经济学的起点是现实经济，现实经济活动的各种参与者：政府官员、企业家、老百姓、消费者等等，对于他们行为的观察，对于生产和市场交易的观察，是我们研究的起点。

中国的改革开放已经进行了30多年，这30多年的经验为经济学的研究提供了丰富的材料，我们应该在学习和批判国际现有的经济学理论基础上，充分地利用中国经济实践为我们提供的材料，重构宏观经济学，为经济学的发展做出我们应有的贡献。

从秦到清不是封建社会

这是中国历史研究中的最大"冤假错案"。从秦始皇到清宣统，明明两千年的专制王朝，硬被张冠李戴地定性为封建社会，致使天下以讹传讹，谬误流行至今。适时纠正这一错误，准确判断这两千年的性质，不仅有助于理解中国社会的发展何以长期停滞不前，而且可以为研究传统社会向现代社会的转型，提供一个新的思路。

何谓封建？由《大英百科全书》可知，封建主义（Feudalism）一词最早出现在17世纪，用于描述中世纪的西欧社会。在各种著作和研究中，这个词的含义不尽相同，最宽泛的定义涵盖了西欧中世纪全部的经济、法律、政治和社会关系，而最狭义的用法仅指具有贵族身份的封君（Lords）和封臣（Vassals）之间的契约关系。

定义无论宽窄，封君和封臣的契约关系为封建社会所特有，画龙点睛地道出了封建社会的实质。封君赐予封臣一份领地或采邑，为封臣提供保护；作为交换，封臣宣誓对领主的忠诚，以及承诺进贡、劳役和兵役等义务。封臣在自己的领地上享有较为完整的治理权或统治权，主要包括司法、财政和军权。土地与治理权是否结合在一起，封臣是否拥有治理权，这是区分封建社会与其他社会形态的关键。

在中文文献中，"封建"一词经常被简化地拆解为封土建国或封

205

爵建藩，建国或建藩准确地说明了封建社会的实质——政权的逐级承包。西欧历史上大致有国王－诸侯－骑士的三级承包，日本为幕府－大名－武士，而中国的西周则是周天子－诸侯－大夫的三个等级。下级封臣均拥有治理权，诸侯、大夫等封臣不仅形同而且基本上就是自己领地上的国王。

公元前221年，秦统一中国，始皇采纳丞相李斯的建议，"废封建，立郡县"，由皇帝直接派出郡守，通过从中央到地方的官僚网系，统治幅员辽阔的大帝国。虽然郡守、县令在辖区内拥有巨大的权力，他们与昔日之诸侯不可同日而语，两者的根本区别在于权力的来源，以及由来源决定的权力性质。

官员经皇帝授权进行统治，而诸侯则以承担义务换取治理权，前者为上下级的单向命令关系，而后者为双向的契约关系。封建社会中的国王得到封臣的忠诚和义务承诺的同时，必须尊重和保护封臣的权利，如果国王破坏契约，侵犯封臣的权利，封臣可以用包括军事在内的各种手段反抗。专制主义的皇帝则待官员如奴隶，所谓"君令臣死，臣不得不死"，官员不但没有自主的治理权，甚至丧失了生命的权利。简言之，官员的权力是皇帝给的，封臣的权力来自契约保障的权利。

至于历代皇朝所封的王、侯，除了少数几个朝代的初期如西汉、西晋和明朝，大多数仅有爵位和收入，而无实际的地方治理权，与封臣享有的权利相比，不啻天壤之别，史家称为虚封而非实封，虚就虚在只封爵而不建国。汉高祖刘邦实封同姓九国，结果吴王刘濞造反，汉景帝平乱撤藩，此后所封诸王又回复到虚位上。如此只封不建，岂可称为封建社会?

从秦到清的两千间，中国政体的主要形态是中央集权的皇朝专制，经济上以家庭为单位的小农经济为主体，与西欧封建社会的采邑或庄园经济又有着本质的不同。在庄园中耕作的农民只有土地的使用权，而无所有权。农民接受庄园主的保护，对庄园主承担忠诚、劳役等义务，一如封臣之对于封君。中国的自耕农则拥有土地和人身自由，不必依附别人，除了向国家纳税（包括徭役），再无其他义务。

从秦到清不是封建社会，学术界早已有共识，现举数例如下，有兴趣的读者可参考冯天瑜教授所著《封建考论》（武汉大学出版社，2005）。周谷城提出，从周武王灭商到秦统一，中国的政治是封建制度，之后变为统治于一尊的郡县制（《中国社会之结构》，1930）。瞿同祖研究了封建社会的土地、宗法、阶级和政治制度（《中国封建社会》，1936），认为周武王在全国建立了系统的封建组织，而秦统一天下，结束了封建社会。钱穆在《国史大纲》（1939）的引论中说："以政制言，中国自秦以下，即为中央统一之局，其下郡、县相递辖，更无世袭之封君，此不足以言'封建'。"西汉诸王仅衣租食税而已，封邑内的治理，仍由国家委派官吏主持。钱穆又指出，秦以后的土地可自由买卖，地主和农民为经济契约关系，不似封建社会中地主即封君，佃户为依附封君的农奴。梁漱溟也以人身依附关系作为封建制的特征（《中国文化要义》，1949），在他看来，封建制仅存于周朝，秦汉之后，进入地主 – 自耕农经济和官僚政治。胡适称殷商西周为封建时代，秦汉以下为专制一尊主义时代（《中国哲学史大纲》，1926）。

否定秦至清的封建说，这些学者也指出了产生这一谬误的根源。从方法论上讲，不顾中国的具体情况，生搬硬套西欧社会发展阶段论的一家之言，结论不是产生于研究之后，而是先有原始社会－奴隶社会－封建社会－资本主义－社会主义的五阶段模式，再削足适履，裁量修改中国历史，以便与预定模式相契合。国情的特殊性湮没在对普遍规律的信仰之中，对社会的复杂演进过程的研究退化为简单公式的机械套用。

冯天瑜教授的专著显示，秦至清封建说的首倡者为陈独秀。陈氏于明治末年多次游学日本，适逢日本思想界批判封建遗毒。陈深受影响，将清廷比作德川幕府，为保守、落后、愚昧和反动势力的总代表。明治维新推翻幕府，铲除封建制度，陈认为欲使中国现代化，也必须打倒满清，于是提出反封建的口号。清廷的确已成中国发展之障碍，但并非因为封建制，而是压抑和窒息社会活力的集权专制。

郭沫若为主张封建说的另一人，郭氏着重从经济的角度论证，中国社会的发展亦遵循"五阶段"模式，商周为奴隶制，秦汉之后则是封建制（《中国古代社会研究》，1930）。

从学术界公认的定义可知，既然封建指封土建国，或政权的逐级承包，封建社会必然是政治分权，不可能与中央集权并存。至于主要矛盾说，暂且不论在人类社会的每一发展阶段上，社会演进是否皆由两大阶级的斗争推动，世界各国封建社会的历史表明，国王和诸侯以及诸侯和诸侯之间的矛盾往往主导了社会发展的方向，农民的作用则极少见诸史册。

以英国为例，自诺曼征服（1066年）全面建立封建制后，王室、教会和贵族间的冲突主导了历史的进程，对英国历史有着重大影响的《大宪章》（1215年），就是国王和贵族斗争的结果，双方达成妥协，以法律的形式确定了贵族的权利和义务。英国封建制的衰落与瓦解是个漫长的渐进过程，与王权和法律的扩张、经济的发展、人口的变动、农民的反抗等多种因素有关，并非主要因农民斗争而崩溃。我国春秋战国时期，王室衰微，群雄并起，激烈的军事与政治竞争迫使秦国进行改革，率先废除封建制，建立中央集权的郡县制，再经秦始皇的兼并战争，推广到全国。可见封建制之消亡，并非农民和地主的斗争所致。倒是秦统一之后，皇朝的更迭大多通过农民起义完成，农民和官僚地主之间的冲突，反有可能构成集权专制社会的主要矛盾，这正说明了秦汉以降，中国不是封建社会。

应当指出的是，马克思本人并不赞同社会发展遵循普遍规律的命题，反对将西欧模式普世化，认为前资本主义的社会形态可以是多样的，例如亚细亚生产方式、斯拉夫形态的所有制、东方专制主义等，资本主义不一定非要从封建社会脱胎而来（详见冯天瑜，2005）。马克思还批评了"封建"概念的任意延伸和滥用，强调封土封臣、人身依附（包括封臣对封君的依附和农民对领主的依附）作为封建社会的特征，并且明确表示，君主专制和封建主义是不相容的，君主专制产生于封建制衰落之时，没有巩固而是摧毁了封建社会。秦始皇废封建、立郡县，就是集权专制与封建制度不可并存的明证。

围绕着中国社会性质的判断，学界曾有中国历史分期的论战，

209

学理：常识与洞见

从"五四"运动开始，至今仍未形成共识。尽管参与者众，那场论战的学术价值并不高。在社会发展"五形态"的同一前提下，争论集中于封建社会的起始点，始于春秋，还是战国，抑或秦、西汉……直到魏晋南北朝，每朝都有一派。无论起点在哪里，各派均以满清为封建社会的终止点。这是因为在"五形态论"的框架下，封建社会只能在清朝结束，如果划断在其他朝代比如宋元，则明清就是资本主义，无法自圆其说。起点百家争鸣，终点高度一致，这论战不显得有些怪诞吗？思维定式之害，于此可见一斑。

就学术而论，可视"五形态论"为探讨西欧文明演化规律的尝试之一，它既不是唯一的，也谈不上"放之四海而皆准"。社会学的奠基人韦伯就另建体系，将西欧的历史分为古代社会、传统社会和现代社会三个阶段。英国历史学家汤因比认为，单一的直线式社会演进模式与历史不符，主张从多线式的和多模式的动态相互作用中理解历史。在"宏观历史"研究中，马克思以经济为主线，在韦伯那里是观念，而汤因比的《历史研究》则以宗教提纲挈领。角度不尽相同，各有自己的道理，复杂的人类文明历史，恐怕也只有从多方面综合考察，才可窥得真相的一二。

从秦到清不是封建社会，这两千年的社会性质是什么？虽然各家众说纷纭，共同的一点是专制主义。如果此说成立，中国近代史的研究就要换个思路，资本主义生产方式未在中国出现，原因不在封建剥削和压迫，而是集权专制。市场经济所要求的权利、契约和法治意识在封建社会中并不缺乏，却遭到集权主义的压制和破坏，"资本主义萌芽"在明清之际的夭折可能不是由于封建社会太长了，而是因为封建社会太短了。

　　中国封建社会过早地结束于秦统一之时，六百多年之后，日尔曼人方在西欧揭开封建社会的序幕。难怪梁漱溟说，中华文明是一个早熟的文明。

凯恩斯经济学及其批判

今天要讲的内容分为三个部分。第一，本来意义上的凯恩斯经济学，凯恩斯经济学的理论和结论，以及这些结论的依据是什么；第二，对本来意义上的凯恩斯经济学的批判，凯恩斯在哪些问题的确搞错了，错在什么地方；第三，被后人误解的、不是凯恩斯本意的凯恩斯经济学，以及被误解的凯恩斯经济学错在什么地方。

本来意义上的凯恩斯经济学

凯恩斯经济学诞生于20世纪三十年代，是对那个年代席卷全球的经济大萧条的反思。当时占据主流地位的古典经济学受到大萧条的猛烈冲击，它既无法解释长期存在的失业现象，也无法解释经济衰退为何持续了如此长的时间。面对古典经济学的危机，凯恩斯试图另辟道路，从一个全新的视角理解居高不下的失业率，找出经济萧条的根本原因。

凯恩斯需要回答两个问题，一是经济为什么会陷入萧条？二是一旦进入萧条，为什么市场不能自动调整，回到繁荣状态？凯恩斯利用国民经济核算的一个恒等式：总产出 GDP 等于总收入 Y，说明萧条是如何产生的。为了叙述的简单，忽略国际贸易和政府购买，产出可被分解为两部分，消费品 C 和投资品 I，用公式表达 Y=C+I，或者 Y-C=I。等式左边的收入减掉消费等于储蓄 S，于是就有 S=I。

凯恩斯说，问题就出在这个等式上。给定社会总储蓄 S，投资 I 并不能自动等于 S，当 I<S 时，一部分储蓄资金没有得到利用，资源闲置，总产出小于潜在 GDP，而潜在 GDP 的定义就是所有资源得到充分利用时的产出。在古典经济学里，I=S 不是问题，如果不等，比如 I<S，资金过剩，资金的价格——利率就要下降。低利率一方面刺激投资，因为企业的融资成本降低了；另一方面抑制储蓄，因为储蓄的收益减少了。利率调节 I 和 S，直到两者相等。

凯恩斯反驳说，利率不能保证 I=S，因为投资对利率不敏感，企业在制定投资计划时，除了资金成本还要考虑其他因素，特别是投资能否盈利，也就是投资形成的产能将来有没有市场需求对应，如果预期需求疲软，当下的利率再低，企业也不愿投资，预期对投资的影响远远超过利率。凯恩斯在经济分析中第一个引入了预期，这是他的一大贡献。20世纪70年代理性预期学派兴起，几个领军人物例如卢卡斯、萨金特后来都得了诺贝尔奖，应该感谢源头的凯恩斯。对预期的重视让凯恩斯把利率搁在一边，利率在他的理论体系中对经济活动几乎没有任何作用。

由于企业对未来过度悲观，投资小于储蓄，造成经济的衰退；当预期转为乐观时，经济就趋向繁荣。人们自然会问：预期又是如何形成的呢？在这一点上，凯恩斯接受了奥地利学派代表人物熊彼得的观点，认为创新使企业的生产技术和市场环境处于不断的变化之中，为了跟上潮流或者避免被淘汰，企业家一定要及时调整他们

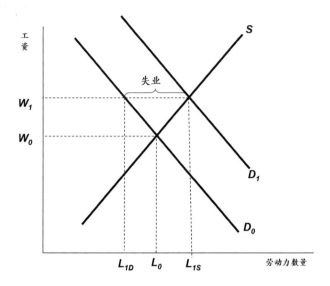

图一：新古典和凯恩斯的事业理论

的预期。再往下问，具体而言，企业家是怎样调整预期的呢？为什么在基本经济条件没有发生重大变化时，市场也会暴涨暴跌呢？例如1929年引发"大萧条"的纽约股市崩盘，事先并没有什么征兆。凯恩斯在这里不得不借助心理学，称不明原因的企业家情绪波动为"动物精神"，预期由动物精神支配，人类理性对此无可奉告。请大家注意，"动物精神"不完全是凯恩斯的机智托辞，事实可能就是如此，连企业家自己也说不清楚，他为什么对未来感到悲观或乐观。"动物精神"究竟从哪里来的并不重要，重要的是这个心理活动破坏了利率自动平衡投资和储蓄的机制，使得 I<S 从而产出低于潜在 GDP。凯恩斯用心理预期解释了萧条的产生，但故事并未到此结束。

产出下降减少了对劳动力的需求，如图一所示，劳动需求曲线

D_1向左移动到D_0，S为劳动力供给曲线，如果工资W_1不变，劳动力的供应L_{1S}大于劳动力需求L_{1D}，将出现失业。在古典经济学看来，失业不是问题，劳动力供大于求的形势会压低现有工资W_1，工资的下降一方面减少劳动力的供给，另一方面增加企业雇人的需求，供需缺口随着工资的下降而减少。当工资最终降到W_0时，劳动的供给等于需求，劳动力市场处于充分就业的均衡状态。如此看来，劳动力市场具有自我调整或自我纠正（Self-correction）的能力。在W_0的工资水平上如果还存在失业的话，肯定是因为有人嫌工资低，自愿选择失业，用经济学的术语讲，"均衡状态下不存在非自愿失业"。

凯恩斯认为，古典经济学假设的工资自由调整并不成立。如果由于某种原因，工资保持不变，比如说停留在图一中W_1的位置上，失业将长期存在。然而凯恩斯本人没有说明，为什么在劳动力供大于求时，工资不能向下调整，也就是工资为什么具有"刚性"或者"粘性"。三四十年后，新凯恩斯主义者提出了各种各样的理论解释"工资刚性"，后来又发展出"价格刚性"和"利率刚性"的理论。

令古典经济学难堪的两个问题就这样得到了解答，经济萧条的原因是"有效需求"不足，企业家的动物精神导致I<S，投资需求过低；而经济一旦陷入萧条就很难自己走出来，因为工资或价格刚性使市场的自我调节机制"失灵"，萧条和失业成为长期现象，如同1930年代西方世界所发生的那样。动物精神和工资、价格刚性是凯恩斯经济学的两个关键假设，和古典经济学的投资等于储蓄以及充分弹性的工资相比，应该说更贴近现实。看看当下热闹非凡的互联网投资，就知道"动物精神"不是学者虚构的名词。创业者和投资

人不关心公司如何赚钱，都热衷于美妙的故事，描绘宏大远景，两个大学毕业生加上一个天花乱坠的商业计划书，又一个十亿美元级的公司即将诞生！难以理解的是还真有人给钱。现实中的投资决策经常被说不清的信念、模模糊糊的憧憬所支配，凯恩斯敏锐地观察到了这个现象，大概和他自己的股票投资经历有关吧。

找到病根，药方就有了：政府花钱，增加有效需求，将经济拉出萧条。凯恩斯突破了古典经济学的传统，由此赋予了政府前所未有的经济职能：保证充分就业和稳定经济的运行。古典经济学的体系中虽然也有政府，但政府的职能在市场之外，如同亚当·斯密所给出的三项，第一是界定和保护私人产权，第二个是国防，第三个提供公共产品和公共服务。如果将国防、保护私人产权的法治也看成公共服务的话，政府的职能只有一个，提供公共产品和公共服务。

凯恩斯不仅主张政府干预经济，而且还认为，政府干预不会给社会造成额外的负担，不必为执行扩张性的财政政策而增加税收，政策的成本是自我支付的，或者说政策所需的资金是自动到手的。增加财政开支而不必增加税收？天下有这样的好事？凯恩斯的秘诀就是乘数。

乘数是新增 GDP 和新增财政开支之比，如果增加 1 元钱的政府开支，GDP 增加 4 元钱，乘数等于 4。凯恩斯接着给我们算账，政府增加 500 亿开支，完全是赤字开支，不加税，能带来多少 GDP？$500 \times 4 = 2000$ 亿元。如果税率是 20%，财政当年新增税收 2000 亿元 $\times 20\% = 400$ 亿元，政府的账本上实际只有 100 亿元的赤字，"白赚"了 400 亿元的 GDP！如果乘数等于 5 呢？大家很快就算出来了，赤字为零，积极的财政政策是没有成本的，政策刺激了经济，GDP提高，税基扩大，即使税率不变，新增税收仍可弥补一部分甚至全部的赤字。

乘数效应的逻辑是财政开支带动民间开支，政府花500亿元买高铁机车，机车厂收到政府支付的500亿元后，拿出200亿元购买钢材，钢铁厂再花100亿元买铁矿石，依次递推下去形成长长的开支链，这个链条上产生的需求总量数倍于政府当初花的那500亿元，乘数效应即由此而来。

如果乘数等于1呢？政府今年发500亿元的10年期国债，筹集资金投资高铁，当年新增GDP也是500亿元，我们当代人毫无疑问是受益者。政府税收增加500×20%＝100亿元，可用于兑付国债，但还有400亿元的债务要偿还。10年后400亿元的国债到期，在忽略利息和其他条件都不变的情况下，政府必须增加400亿元的税收用于国债的兑付。10年之后我可能已经退休了，这400亿元的税负落在年轻一代人身上，对他们来说是个额外的负担，因为10年前政府为了我这一代人的经济增长而超支了500亿元。

可见当乘数等于1时，财政政策的实质很大程度上是财富的代际转移，当代人向子孙后代借钱花。这里马上冒出一个伦理问题，我们有权这样做吗？这一代人和下一代人的地位不对等，下一代没有声音，没有代表，甚至还没有出生，我们就向他们借钱了，这公平吗？暂且不论是否公平和公正，凯恩斯主义者要想证明其理论的实际意义，必须先证实乘数大于1，如果等于1甚至小于1，那不就是寅吃卯粮甚至还有可能亏损吗？很不幸，世界各国的实证研究表明，财政政策的乘数大致等于1，至于为什么，我们在下面会讲到。

凯恩斯很少谈货币政策，他认为货币政策无效，经济萧条时存在"流动性陷阱"，货币扩张对利率的作用不明显，而且利率对投资也没有多大影响。这时的投资取决于企业的预期，而萧条使民间对经济前景感到悲观，唯一的希望就在政府。政府应果断地增加财政开支，拉动有效需求，促进经济增长。

对凯恩斯经济学的批判

如前所述，凯恩斯理论的逻辑原点是"动物精神"，心理预期驱动投资决策的确是经济中的普遍现象，但从这里推导不出政府干预经济的结论，无论动物精神源自创新的高度不确定性，还是企业家的纯心理活动。

凯恩斯将企业家的动物精神归因于创新的高度不确定性，以及由此而来的生产技术和市场需求的不可预测性，就经济稳定而言，创新是"坏"的。与此相反，熊彼得认为创新是经济增长的终极源泉，经济周期波动是伴随创新的自然现象。技术驱动的经济周期被称为康特拉季耶夫周期，以纪念首先研究这个课题的前苏联的经济学家，又名"长波理论"。沿着熊彼得的逻辑推演，经济波动是"好"的，表明经济因创新而充满活力，此时是否需要政府调控和抑制，起码是值得怀疑的。

以19、20世纪之交的铁路为例，这项创新大幅度降低了运输成本，过去依赖蒸汽动力的工业化生产不再局限于煤矿、铁矿等资源的产出地，或者像美国五大湖周边那样方便的水运区，新兴产业和企业随铁路扩散，市场迅速扩大，世界主要的市场经济国家都经历了一轮铁路投资的高峰，经济步入繁荣。铁路投资的高涨带来 GDP 增长，物价也不可避免地上升，凯恩斯主义者这时会说：经济过热，需要进行宏观调控，收紧银根（虽然凯恩斯本人并不喜欢货币政策），减少政府开支，增加税收。这一套对策现在已经成了教科书的标准答案，我教这一套东西也教了十几年，但是越教发现问题越多。政策为什么要和企业过不去，加息提高它的资金成本，加税减少它的投资收益呢？为什么要阻碍新技术的推广和普及呢？

当全国性的铁路网基本铺设完毕后，下一轮的新技术还没有出现，投资下降，GDP 增速放缓，经济滑入衰退，标准的凯恩斯主义政策又来了：央行放松银根，财政减税，增加支出。刺激性政策的用意何在？鼓励企业投资吗？往哪里投？铁路都建好了，电力和电网还在试验阶段，下一轮投资机会要等几年、十几年才能看到。结果资金没进实体经济，大部分去了资产市场，炒股票，炒房子。这样的事在世界近代史上多次发生，不也正在中国发生吗？企业不差钱，差的是投资机会，印那么多钞票有什么用呢？

我们不知道凯恩斯为什么没有注意到技术创新对人类生产方式和生活方式的深远影响，而仅仅将创新作为其理论体系的"第一推动"，也许因为"大萧条"看上去不大像康特拉季耶夫周期，也许因为急于找到摆脱"大萧条"的出路，无暇深入研究萧条的性质。康特拉季耶夫本人、熊彼得、诺奖得主库茨涅茨等人尝试用统计学方法识别经济周期，但都不大成功。凯恩斯的追随者们干脆不问波动的原因，将特定时期的政策普遍化和常规化，经济下行就松宽刺激，过热就紧缩降温，执行没有周期理论支持的反周期政策，这是本来意义上的凯恩斯经济学的一个失误。如果因新技术投资经济"过热"，不一定非要采取紧缩政策，保持现状甚至减息更有利于经济的发展。经济"衰退"可以但不一定需要刺激，也许维持利率不变甚至加息才是最优政策。道理不难理解，难在打破长期灌输形成的固有思维模式，宏观调控天经地义，对经济波动的"削峰填谷"已成条件反射或宗教信仰。

当下的中国经济提供了另一凯恩斯经济学的反例，在严重过剩的产能压力下，价格不断下降，企业的利润越来越薄，经营困难以至停产倒闭。中央银行这时应该降低利率和准备金率吗？货币松宽的用意是鼓励企业投资，形成更多的产能吗？逻辑上自相矛盾。

除了没有周期理论的反周期政策，凯恩斯主义经济学的第二个失误是没有政府理论的政府干预，同样导致其理论体系的逻辑不一致。企业家因为有"动物精神"，对经济前景不看好，减少投资致使经济衰退，凯恩斯建议政府增加开支，创造需求。问题是政府由人组成，政府官员也有动物精神怎么办？他们的动物精神经过官僚体系激励机制的放大，可能给经济造成更大的冲击。2001年到2006年美联储无视学者的警告，迟迟不加息，房地产泡沫越吹越大，终于因泡沫破灭在2008年爆发席卷全球的金融危机，这又是什么精神？

在2009年金融危机的恐慌气氛中，政策制定者匆匆推出了"四万亿"刺激计划，短时间内大幅增加财政开支和货币供应。中国经济虽然快速反弹，仅过了两个季度便又掉头向下，只留下今天困扰我们的大量过剩产能、过高负债和银行的不良资产。"四万亿"搞过了头现在已成普遍共识，我们想问，这是不是动物精神的体现？

两位诺贝尔获奖者阿卡罗夫和希勒教授写过一本书，书名就叫《动物精神》，写这本书的时候希勒还没获奖，他们说2008年金融危机的起因是投资者在动物精神驱动下过度投机。这个因素当然不能完全否认，我们承认人类还没有彻底脱离动物界，问题在于两位教授提出的对策是政府加强监管。这本书的中译本出版时，希勒教授来中国参加发行庆祝活动，在上海签名送了我一本。我对他说：你讲的动物精神可能存在，但你的政策结论我不敢苟同，靠政府干预市场，对冲投资者和华尔街的动物精神，如果政府官员也有动物精神呢？负负能得正吗？还是两个动物精神叠加结果更糟糕？希勒教授没有正面回答，只说"这是一个好问题"。

和企业家不同，政府官员不必承担其动物精神的市场后果，美联储至今也没有因政策失误被问责，权力和责任的不对称使官员的动物精神更具破坏性。但在新古典经济学的世界中，政府官员不仅神奇地避免了人所共有的动物精神，具有充分的理性，而且运用其理性最大化社会公众的利益。为什么消费者和企业家都谋求自己的利益，而官员被假设为一心为公呢？诺奖得主乔治·斯蒂格勒、詹姆斯·布坎南等人放弃了这个缺乏实证支持的假设，将新古典经济学的上帝般仁慈的官员还原为凡夫俗子，建立了公共选择（Public Choice）理论，得出很多有意思的结果，例如即使当新古典意义上的"市场失灵"时，政府干预未必是最佳对策，因为自身利益最大化的官员可能滥用权力，给公众利益造成更大的损失。

第三，凯恩斯主义的政策建议基于前后矛盾的假设。根据凯恩

学理：常识与洞见

斯的分析，经济萧条的原因是民间对未来的预期过于悲观，消费和投资意愿不高。用公式表达，消费 C=a+bY，这里 a 是一个常数，代表维持生存的基本消费；b 是边际消费倾向，即新增收入中用于消费的比例；Y 是收入。消费意愿不足就是 b 值较小，凯恩斯自己对 b 的估计介于0.6到0.8之间。如果我们取最高值0.8，经过简单的代数运算，得到乘数 =1/（1-b）=5，如同前面讲过的，这意味着1元钱财政开支的增加可以带来5元钱的新增 GDP，b 值越大，乘数效应越大，财政政策越有效。但另一方面，b 值越大，消费意愿越高，经济衰退的可能性越小，采用扩张性财政政策的必要性越低。

凯恩斯似乎没有意识到，在诊断经济衰退的原因时，他需要一个较小的 b，在论证财政政策的必要性和有效性时，又用了一个较大的 b。如果固定 b 值就会产生一个悖论：要么经济繁荣，政府不必干预；要么陷入衰退，但财政政策无效。当然，我们可以设想，一开始较小的 b 值引起经济衰退，在政府干预的过程中，消费者和企业家逐渐变得乐观起来，提高边际消费倾向 b，乘数上升，使得财政政策越来越有效。换言之，政策直接创造需求的作用是次要的，主旨在于改变人们的预期，提振对未来的信心。这样的机制是否存在？刺激政策要强到什么程度才能扭转悲观的预期？这些问题有待进一步的理论和实证研究给出回答。从2009年的"四万亿"和2012年的"四万亿2.0"的执行效果看，扩张性政策的作用很快递减，仅仅持续了两三个季度，政策显然没有改变市场的预期，当政府开支的力度减弱时，经济随之重回下行通道。

被误解的凯恩斯经济学及其批判

凯恩斯经济学在很多地方被误解，国内使用频率最高的两个宏观经济用词"拉动内需"和"刺激增长"都与此相关。凯恩斯自始至终讲的都是"有效需求"（Effective Demand），即有收入支持或者有支付能力的需求，而不是纯粹基于欲望的需求，这也是他为什么如此关注财政政策乘数的原因。如果政府靠借债增加500亿开支能带来比500亿更大的收入增加，比如说700亿元，从理论上讲，其中500亿元用来偿还政府债务，剩下200亿元的可创造下一轮的有效需求。如果乘数等于1，500亿元的政府开支只能增加500亿元的GDP，就像我们前面讲过的，这样的财政政策相当于寅吃卯粮的财富代际转移，没有太大的意义。

后人抽掉"有效"两字，只剩下"需求"。日本经济为何长期萎靡不振？需求不足。中国经济增长速度为什么放慢了？需求不足。似乎这个世界上所有经济问题的根源都是一个——需求不足。实际上，需求哪里有不足的道理，乞丐的食品需求超大，无家可归者的房屋需求极高，缺的是钱，不足的是有收入支持的需求即凯恩斯讲的有效需求。若想提高有效需求，必先增加收入。

有效的消费需求来自工资收入，工资取决于劳动生产率也就是企业的效率。企业在供给侧，所以供给决定需求，与凯恩斯主义的需求决定供给正好相反。有效投资需求来自企业的利润，投资需求不足反映了企业效率低下，或者经济处于技术创新期的低潮。货币与信贷松宽只能在短期和"边际上"刺激投资，代价是企业的经营风险随着负债率的增加而上升。什么是"边际投资"？需要离开宏观经济学的总量分析，进入企业研究其投资行为，我们不在这里展开，仅指出凯恩斯经济学的另一局限——宏观政策缺乏微观理论的支持。

至于政府的有效需求，道理和消费者及企业相同，必须先有财政收入，才能扩大支出。钱从哪里来？凯恩斯主义者当然会倡导政府发债，但债务终究是要偿还的，世界上所有的政府和民众都喜欢借钱而不想还债，债务经过一届又一届政府的积累，历史上多次引发拉美的财政、金融和货币危机，在希腊等欧洲国家为债务危机聚集了足够的炸药，只等2008年从华尔街迸出的那个火星。凯恩斯主义者有意无意地忽略"有效"两字，却牢牢记住了开山始祖的名言"从长期来看，我们都会死掉"。短期是最有意义的，凯恩斯经济学只关注短期，这一学派既没有兴趣也不可能研究长期经济增长，而它的信奉者们误以为扩张性的宏观政策是保增长的特效灵药。

凯恩斯根本就没有讲经济增长，他的宏观政策旨在让 GDP 尽可能接近潜在 GDP。如图二所示，中间这条实线是 GDP 的长期趋势线，也叫潜在 GDP，定义为资源得到充分利用时的产出，围绕着长期趋势上下波动的是每年实际生产的 GDP。凯恩斯提出政策建议，目的不是促进经济增长，而是经济的稳定运行，使每年的 GDP 尽可能接近长期趋势线，实现资本、劳动的充分就业。产出过低就推出扩张性政策，将 Y1 提高到 Y2，高了就采取紧缩政策，把 Y3 降到 Y4。经济增长指的是潜在 GDP 的增长，即这条趋势线斜率的增加（如图二中的间断粗线所示）。凯恩斯研究的是在技术不变从而效率不变的条件下，如何提高资源的利用率；而经济增长的含义是在资源已得到充分利用的情况下，如何提高资源使用的效率。

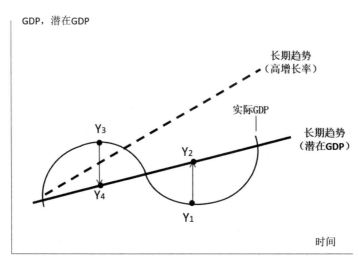

GDP，潜在GDP

长期趋势
（高增长率）

实际GDP

长期趋势
（潜在GDP）

Y₃

Y₂

Y₄

Y₁

时间

图二

今天的政策制定者甚至一些学者误把凯恩斯主义政策当成促进经济增长的手段，长期地和常规化地进行财政与货币刺激，最终导致财政与金融危机，不能不说是代价沉重的对学术思想的误解。希腊等欧洲国家的债务危机虽然起因不是保持经济增长，而是维持超越经济发展水平的福利开支，那些地方的民众和政府相信的"债务无害论"与凯恩斯主义者的说教不无关系。中国2009年的"四万亿"则是明显的错用兴奋剂，眼下的产能过剩、地方政府债务、潜在的银行坏账都是这一类政策的直接后果。日本的安倍经济学号称有三支箭，前两支很快射出，政府开支、超发货币令日元贬值，第三支箭——结构改革却迟迟不见踪影。兴奋剂药效递减，如今只有麻醉的作用，日本经济经过短暂的喘息，重新回到萎靡疲软状态。

麻醉了几十年，世人也该清醒了吧？

后记

我们不能因凯恩斯经济学存在的问题和后人的误解而否认凯恩斯在经济理论上的贡献，他提出的革命性概念如"价格刚性"、"市场失灵"和"动物精神"激励了一代又一代的经济学家，深入研究市场经济的本质，在非对称信息、非完美竞争市场、心理学和经济学的融合等方面取得了丰硕的成果。虽然凯恩斯是当之无愧的宏观经济学之父，在经济学说史上，他的名字将来很可能会更多地出现在微观领域中。

（2015年8月1日在北京清华科技园人文经济讲座第四期的发言）

奥地利学派的当代意义

今天和大家交流奥地利学派对三个重要问题的研究：市场竞争、创新和经济周期波动。在这三个方面，奥地利学派都有着比主流的新古典经济学更为深刻的见解，其思想的深刻性来自对市场的直接观察，以及——说来具有讽刺意味——没有使用数学工具。如同下面谈到的，不依靠数学模型和数据支持，既是这个学派的福也是它的祸。

奥地利学派拒绝使用数学工具，等于拒绝进入当今主流经济学的话语体系，不愿意也无法同其他流派交流，这个学派信奉者关起门来自说自话，结果被边缘化了，不仅自身的发展陷入停滞，也失去了对经济学的影响，不能不说是学术界的一大损失。如果想恢复往日的地位，奥地利学派需要向米尔顿·弗里德曼学习。弗里德曼晚期的经济学思想非常接近奥地利学派，比如他提出的"自然失业率"概念，源头实际上是奥地利学派的"自然利息率"，弗里德曼用主流的语言和并不复杂的数学公式讲清楚了原理，"自然失业率"被学界广泛地接受而成为了主流。设想如果"自然利息率"是大家认同的概念，今天还会有中央银行的货币滥发吗？

我和同事在做数学模型，用主流经济学的语言表达奥地利学派

学理：常识与洞见

的思想。相比文字，数学的表达更为准确，逻辑也更为严谨。我们构建了一个米塞斯－哈耶克经济周期数学模型，模型体现了生产需要时间的"哈耶克三角"和威克塞尔的"专用性资本"，将模型的模拟结果和主流的DSGE（动态随机一般均衡）模型进行对比，说明米塞斯－哈耶克模型能够更好地解释现实经济现象，能够提供一个更好的政策分析框架。国际上有些学者也在试图将奥地利学派数学化，目前只有一些零星的文章发表，看来还没有得到很大的响应。

作为过程的竞争

首先要讲的是奥地利学派对市场竞争的深刻理解，竞争的本质是什么？市场的效率从何而来？新古典的完全竞争如同哈耶克所批判的是完全没有竞争，大学里一直在教、一直在学的那个完全竞争模型是纯粹的数学游戏，没有什么实际意义。主流经济学意识到这个问题，推出了较为符合市场现实的非完全竞争范式，例如垄断竞争（Monopolistic Competition）、寡头竞争（Oligopoly）、非完美信息下的竞争等等。不管非完美竞争模型看上去多么"仿真"，在精神上和市场竞争仍然格格不入，正如奥地利学派所揭示的，竞争是个动态过程，而不是一个静止状态。新古典经济学做了很多改进，但始终在静止状态中做文章，中国话叫"螺蛳壳里做道场"，它虽然也有所谓的动态分析，但那只是两个静态均衡之间的比较（Comparative Statics），和现实世界中观察到的市场竞争与奥地利学派研究的竞争有着根本的区别。

新古典经济学关心的是两个均衡的比较，当经济的外部条件或内部参数如时间偏好和技术发生变化时，模型从旧的均衡移动到新的均衡，新的均衡有什么性质？新旧均衡有什不同？至于经济如何从原来的静态均衡过渡到新的静态均衡，新古典经济学完全忽略这个过渡过程，认为是没有意义的。实际上，市场竞争最精彩的从而最有意义的正是从一个均衡到另一个均衡的过渡过程。新古典经济学只关心起点和终点，借用凯恩斯的名言，"从长期来看，我们都会死掉"，起点是诞生，终点是死亡。研究出生的状态和死亡的状态不能说没有意义，终点的死亡是永恒的，具有数学的美，可能还有某种哲学意味，更有意义的是我们从出生到死亡的生命过程，经济学应该更多地研究过程而不是静止状态。

只有将竞争视为过程，才能理解市场的效率，特别是它的信息效率。经济学的各个流派都承认价格信号对于配置资源的重要性，但很少有人思考为什么价格如此重要。芝加哥学派提出了"有效市场假说"：在有效市场上，价格反映了市场参与者得到的所有信息。你不必再去寻找其他的信息，因为所有的信息都包含在价格里了。那么问题来了，如果谁都不去搜集信息，价格怎么可能反映所有信息呢？市场怎么可能有效呢？芝加哥学派的这个理论是典型的对市场终点静止状态的描述，没有也不可能说明市场的信息效率是从哪里来的。价格是怎样反映信息的？或者按照事件发生的时间顺序讲，信息是如何融入价格的？我们必须在市场竞争的过程中而不是在终点寻找答案。

市场竞争的前提是超额利润，只有新古典完全竞争的平均利润（零经济利润）不足以激发竞争。想象你进入一个新古典的世界，你根本不用费神搞什么创新，模仿抄袭别人现有的产品和技术就可以了，"山寨"行为在这里不仅合法，而且是最高的道德，因为产品同质化是达到"帕累托最优境界"的一个条件。市场上现有的企业对你既不表示欢迎，也不感到紧张，根据新古典的假设，你的进入对它们的冲击小到可以忽略不计，它们没把你看成竞争对手，就像在小吃一条街上你再摆个烤羊肉串的地摊，谈不上什么竞争。当然，你也赚不到大钱，挣个行业平均利润，收回自己的劳动力成本而已。

我本人刚进入金融业时就碰到这个问题，不理解为什么公司雇这么多人研究股票。老板交代工作说你一定要跑在市场前面，你的预测一定要是对的，公司才能赚到钱。我不假思索，脱口而出："有效市场上股价不可预测"，这是诺贝尔奖得主发现的定律，被经验数据证明的，我们只能赚平均利润。老板瞪大眼睛看着我，以为雇错了人。

过了半年多，我才搞明白股票研究和有效市场的关系。证券公司都想获得超额利润，于是要求研究人员四下搜集信息，抢在其他券商前面得到这些信息，依此判断当前的股票价格是过高还是过低了，如果过低就买进，等这些信息在市场上传播开来，大家都买进时，股价上涨，我就卖出套利。券商之间的竞争实际是在信息上的竞争，先得到信息的就可能获得超额利润。

市场上最重要的信息源当然是上市公司，如果我长期跟踪研究公司比如说苹果，知道它要推出一款新手机，于是提前建仓买进苹果股票。股票购买推动苹果股价上涨，别人看到了就要猜背后的原因是什么，他们不一定清楚具体细节，但肯定将股价上涨解读为利好，我收集的信息和研究结果就这样起码是部分地进入了价格，价格的"有用"信息含量增加，市场的效率得到提高。可见有效市场不是自动实现的，在超额利润的吸引下，券商之间展开信息获取和分析的竞争，通过交易活动将这些信息源源不断地融入价格，在那个可望而永远不可及的终点上，价格才反映了所有的信息，市场才是"完全有效"的。信息融入价格是被动的和不自愿的，我不想把我的研究结果在第一时间告诉所有市场参与者，而是"垄断"也就是保密一段时间，信息是经过我不得不做的交易泄露到市场上的。

请大家注意，我们这里讲的垄断竞争和新古典的垄断竞争有本质的不同。奥地利学派的垄断是暂时的和"自我破坏"的，而且是市场效率所必需的；新古典的垄断是永久的和降低效率的。"自我破坏"这个词有双重含义，一是在适当的时候，垄断者会主动释放他的保密信息，二是追逐超额利润的竞争将打破垄断。在买了足够的苹果股票后，我希望向市场传递苹果新手机的信息，鼓励投资者买进，推高价格，我好乘机出货，这就是信息垄断的自我破坏。这个原理解释了为什么谷歌主动开放安卓系统的源代码，特斯拉愿意共享电动车的开发平台。至于第二类"自我破坏"，后面讲创新时再展开讨论。

到此为止，我们只讲了市场有效性故事的前半段——竞争如何提高价格的信息含量，还没有讲它的后半段——市场参与者如何从价格中提取对自己有用的信息。原因很简单，我们对后半段知之甚少。观察到苹果股价上涨，到底因为新款手机即将发售，还是它的支付业务很快将进入中国？这应该是一个多维的贝叶斯推论问题，可能由于涉及过于复杂的数学工具而不能进入主流经济学的视野。坦率地讲，奥地利学派对这后半段的研究也显得十分薄弱。我们并不了解市场参与者如何根据价格信号进行决策，当企业从多个渠道获取信息时，市场价格是否较其他信息例如股票交易量更为重要？为什么是这样？"正确"解读价格信号能获得超额利润吗？猜想中的回答是肯定的，否则企业或个人没有关注价格的积极性。

信息融入价格的过程以及从价格萃取信息的过程是理解市场效率的关键，描述动态过程的数学工具是微分或者差分方程。我们知道，微分方程很少有解析解，不得不依赖模型的数值模拟，而数值解又依赖模型参数的"有根据的假设"，这就使模拟结果看上去不那么客观和"科学"，难以达成一致意见。主流的新古典经济学受数学模型的限制，放弃了对竞争过程、创新过程的深入研究，不是因为这些问题不重要，而仅仅因为数学上不好处理，也是有难言之苦吧。奥地利学派摆脱了数学的约束，毕竟这个世界上能用数学表达和分析的问题少之又少，尤其是人文社会学科，哈耶克和熊彼得这些大家们用语言文字讲出了新古典经济学讲不出的道理，这是奥地利学派的成功之处，也正因为如此，它被越来越数学化的主流边缘化了。真是福祸相依啊！

市场竞争作为过程，奥地利学派的这个核心观点具有重要的当代意义。如果竞争的起点是超额利润的前景，而超额利润必然来自某种形式和某种程度的垄断，鼓励竞争的公共政策就不可能是反垄断。根据奥地利学派的逻辑，没有垄断就没有竞争，当今世界上的反垄断立法，若不做根本性的修改就应该完全取消！

对市场垄断的恐惧来自新古典经济学的说教和政治动机，其实没有那么可怕。如同前面讲到的，竞争过程中的局部和暂时的垄断具有"自我破坏"的性质，券商出于自身利益的最大化，会适时公布研究报告，放弃对信息的垄断，主动降低信息不对称。更重要的是，垄断厂商在赚取超额利润的同时，制造了自己的敌人，而且利润越厚，敌人越强，对其垄断地位的破坏力也越大。苹果曾经垄断了智能手机市场，但是好景不长，这块肥肉它没有办法独享，三星、华为、联想等公司很快杀了进来，吸引它们的正是苹果的垄断利润。在这种形势下，苹果必须用新一代的产品和技术，形成新的垄断以保障超额利润，然而这只不过吹响了下一轮创新竞赛的集结号。消费者或许付了高价，换来持续不断的升级产品，从苹果1.0到今天的7.0，是否也算价有所值呢？

由垄断与竞争的不可分割性决定，脱离竞争的收益而单纯讲垄断的危害是没有意义的，评估垄断的程度也不能看市场集中度或者大企业的市场占有率，而要看有无市场进入壁垒，以及进入壁垒的高低。显而易见，进入壁垒与行业特征、竞争格局、技术难易等多种因素有关，几乎无法制定全国统一的反垄断法规和反垄断标准。虽说如此，有一件事可以确定，那就是必须限制和取消行政垄断，市场进入的行政壁垒高到了窒息竞争的地步，无论新古典的竞争还是奥地利学派的竞争都不可能在行政垄断的大树下存活。

从新古典的静态垄断竞争（MonopolisticCompetition）转向奥地利学派的动态垄断 - 竞争过程（Monopoly-Competition Process），我们不仅更深入地理解了市场的静态资源配置效率，而

学理：常识与洞见

且找到了经济增长的最重要源泉——创新，如果像熊彼得那样仔细地定义增长，可以说创新是经济增长的唯一源泉。

作为增长唯一源泉的创新

我们都知道，诺贝尔奖得主罗伯特·索洛教授对当代经济增长理论做出了卓越的贡献，他的理论自然成为新古典经济学的一个支柱。遗憾的是新古典经济学没有再向前跨出一步，停留在它最擅长的终点状态描述上。这个理论说明了在没有技术进步的情况下，资本边际收益递减规律发生作用，投资和资本积累将无法再像过去那样驱动经济增长。索洛理论强调了技术进步也就是创新的重要性，但在新古典的框架下，技术进步是外生给定的，或者说得直白一些，不属于经济学的研究范围。

技术进步从哪里来？创新是怎样发生的？新古典经济学不能提供答案，奥地利学派也没有给出具有说服力的解释，只有熊彼得较为系统地讨论了创新。熟知新古典的话语体系，熊彼得准确地定义创新为"建立新的生产函数"即新的要素组合方式，而在主流的一般均衡模型中，生产函数是外生的和不变的，因而不可能用来研究技术进步这个现代经济增长的最重要课题。创新，包括了引进新产品和新技术、开辟新的市场、发现新的供应来源以及构建新的企业组织，从经济的内部（而不是外生的）、自发地不断破坏旧的结构和建立新的结构。熊彼得一再强调企业家在创新中的核心作用，企业家富有远见和敏锐眼光，敢于打破常规，是能够克服企业内部习惯性思维和引导社会需求的行动者。激励企业家的很少是物质享受，梦想找到一个私人王国、证明比别人优越的冲动、创造本身带来的快乐等心理和精神驱动似乎更为重要。

熊彼得的分析给我们留下了一个印象，理解企业家的行为与其诉诸经济学，不求助心理学。我曾经跟沃顿商学院研究创新的教授交流过，他研究企业家几十年，传统的定量分析能在多大程度上解释创新行为呢？他说只有5%，也就是95%的创新是无法解释的。如果商学院每天就研究这5%，值得吗？就凭这5%，商学院能培养出企业家吗？如果企业家基本上是天生的，商学院就要定位在职业经理人的培养上了。但是这样一来创新和经济增长岂不都要靠上帝的恩赐了么？人类能做些什么呢？技术进步在新古典经济学那里是外生的，奥地利学派认为是内生的，来自经济内部的企业家，但企业家的精神和能力又是天生的，表面上看转了一圈，又回到原地，其实不然。

企业家资源也许是上帝决定的自然禀赋，就像煤炭、石油的蕴藏一样，但资源的充分利用要求人为的制度条件。诺贝尔奖得主道格拉斯·诺斯认为，工业革命首先在英格兰出现，离不开那里的私有产权保护制度。有效的产权保护一方面增加了社会精英利用政治权力榨取经济利益的困难，迫使他们自己去经营企业；另一方面提高了企业家经营工商业的收益，刺激了资本积累和技术的研究与开发。熊彼得详细描述了企业家如何在资本主义制度环境中进行创新，哈耶克始终视私有产权为市场经济和个人自由的基石，奥地利学派和罗纳德·科斯、诺斯等人开创的新制度经济学在精神上高度相通，完全有可能相互交融，共同发展。

以奥地利学派的思想作为大的框架、新制度经济学的交易成本作为微观理论基础，我们可以设想一个多期、多方互动的博弈模型。初始状态（第0期）的制度决定市场参与者的激励和行为，给定生产函数，他们在第1期采取当期收益最大化的博弈策略也就是资源配置方案，决定多少资本和劳动用于研发创新，多少用于生产当期所需的资本品和消费品。创新成功的概率和研发投入正相关，成功的创新改变创新企业下一期即第2期的生产函数，并因此给它带来第2期的超额利润。创新失败的企业或利润降低，其中最差的被淘汰出局，不能进入下一期博弈，幸存者则"学习"了成功企业的经验，在第3期模仿成功企业的生产函数。每一期博弈结束时，市场参与者遵循某种程序商议是否需要修改制度也就是博弈规则，新制度决定他们下一期的激励和行为。

这个模型可以扩展为 N 期的迭代，迭代的过程将勾画出制度演化的轨迹。我们不知道模型的迭代能否收敛到新古典动态分析要求的稳定状态（Steady State），稳定状态即使存在的话，也将被不断出现的技术创新和制度变化所破坏，工业革命以来层出不穷的新技术和经常变化的市场规则不恰好验证了这一点吗？当然，我们这里勾勒的只是一个概念模型，目前几乎不可能有严格的数学证明。问题在于我们应该如何思考经济问题，从数学出发还是从现实经济出发？用数学作为工具之一表达经济和市场的逻辑，还是用数学模型来筛选经济问题，以坚持经济学的严谨和"科学性"？

奥地利学派文字叙述的概念虽然不够也不可能像数学那样精确，逻辑推演不够也不可能像数学那样严密，但熊彼得抓住了市场经济效率的主体，抓住了经济增长最重要的源泉，如果不是唯一源泉的话。市场经济的效率可以拆分为已有技术下的资源配置效率(Allocative Efficiency)以及技术决定的资源生产效率（Factor Productivity），主流的新古典经济学关注前者，比如怎样分配劳动力，而熊彼得聚焦后者，即如何提高劳动生产率。假如能够量化的话，资源配置效率应该仅占一小部分，资源的生产效率构成市场经济效率的主体。从工业革命时期的蒸汽机到今天的互联网，历史告诉我们，人类财富的积累、营养的增加、寿命的延长、生活的便利主要是拜技术创新之赐，而不是资源配置的静态效率。

熊彼得创新理论的当代意义不言而喻，促进经济增长的政策不是财政开支或者央行印钞票，而是创造良好的制度环境，让企业家充分发挥作用。产业政策不仅没有必要，而且很可能是有害的，因为产业政策的实质是政府官员而非企业家主导创新。且不论官员是否具备有熊彼得所说的企业家精神和企业家的能力，他们远离市场，缺乏经营工商企业的经验，既不能享受创新带来的超额利润，也不必对创新失败的后果负责，他们怎么可能比企业家更有效地进行研发和创新呢？实践中的产业政策扭曲价格信号，误导企业一窝蜂涌入政府扶持的行业，例如执行"四万亿"政策期间的光伏产业，结果产能很快过剩，价格暴跌，企业亏损累累。产业政策的另一弊端是创造了诸多的寻租机会，官商勾结，骗取国家财政补贴，新能源汽车行业就有过这方面的多个案例报道。

确立企业和企业家的主体地位，并不意味着政府在创新方面无所作为，政府应该资助暂时和也许永远不能产生商业收益的基础科学研究。熊彼得区分了发明和创新，定义发明为技术上的突破，而创新是技术的大规模商业应用，为政府和市场的分界提供了理论基础。简单地讲，政府可以关注和资助发明，而创新的主角毫无疑问是企业家。

在熊彼得看来，创新既是经济增长也是经济周期波动的根源。综合前人特别是康特拉基耶夫的研究，熊彼得建立了技术创新和经济景气循环之间的因果关系，这个"供给侧"的经济周期理论拒斥凯恩斯的宏观反周期政策，为什么要执行紧缩政策抑制新技术投资造成的繁荣呢？经济衰退可能仅仅是两个技术创新高潮之间的停歇，为什么要减息刺激需求特别是投资需求呢？没有新技术带来的新的投资机会，新增货币和信贷只能流向产品市场而加剧通货膨胀，或者流向资产市场制造泡沫，如同美联储2001年到2006年间超低利率导致的房地产泡沫，泡沫破灭的结果就是2008年的全球金融危机。米塞斯与哈耶克在20世纪三十年代论证过，货币进入经济各个部门的时间和速度不同，因而影响相对价格，相对价格的扭曲导致资源错配和经济从繁荣到衰退的波动。

结构化经济周期理论

米塞斯－哈耶克经济周期理论时是奥地利学派留下的另一宝贵遗产，我们最近做了粗线条的数学模型，模型反映了奥地利学派的两个核心观点：生产需要时间以及资本的专属性。这是一个两部门模型，消费品当期可以生产出来，资本品的生产当期不能完成，需要两期。根据奥地利学派的资本理论，我们放弃新古典经济学中财务资本 K 的概念，用具体的、物理的 K1 代表专门用于生产消费品的资本品，K2 是用于生产资本品的资本品，K1 和 K2 不能相互替代，烤面包（消费品）的炉子不能用来炼钢（资本品），反之亦然。

目前模型的计算机模拟结果还是比较令人鼓舞的，我们已经可以证明货币的非中性。在新古典的模型中，扩张性货币政策的作用完全体现在价格上，名义利率或者不变，或者和价格同幅度上升，真实利率（等于名义利率减去通胀率）保持不变从而投资需求不变。我们模型中的价格虽然也跟着货币扩张上涨，但资本品的供应由于生产周期较长而发生短缺，资本品价格上涨得更多，真实利率对于资本品部门而言是下降的。低利率拉动了投资需求，经济进入短期繁荣。

我们的模型也可演示政策刺激的经济景气的"自动反转"，即哈耶克所描述的从繁荣滑向衰退的必然过程。货币松宽推高了资本品的价格和利润率，吸引资源从消费品部门流向资本品的生产，资本品供应增加，价格下降，而消费品的产量减少，价格上升。当消费品价格足够高时，消费品部门的利润率超过资本品部门，驱动资源重新流回消费品部门。随着资本品 - 消费品相对价格的变化，资源在两个部门间不停地重新配置，但能够自由转换的只有劳动力，原先生产消费品的工人稍加训练即可生产资本品，而资本因为具有专用性——烤面包的炉子不能用来炼钢，或被闲置（过剩产能），或被废弃。当部分资本品退出生产时，经济衰退就到来了。

米塞斯 - 哈耶克经济模型中的货币政策引发了经济的波动，而不是像凯恩斯主义者设想的那样稳定经济，我们的模拟结果和弗里德曼代表的货币学派观点不谋而合，但经济波动的产生机制却和货币学派大相径庭。奥地利学派指出，中央银行的干预导致名义利率偏离"自然利息率"——令投资等于储蓄的利率，扭曲的资金价格意味着资源跨期和跨部门的错配，不仅造成经济的振荡，而且因资本的闲置或损失，经济陷入衰退。货币学派认为，低利率下的通货膨胀或迟或早迫使中央银行收紧银根，利率的上升将减少投资需求和产出。换言之，货币政策周期是经济周期波动的根源，要想稳定经济，必先稳定货币供应。弗里德曼于是提出著名的固定货币增长率规则，比如说每年3%，立法禁止中央银行任意调整。

奥地利学派在货币政策上走得更远，即使货币增长率固定，名义利率也可能与自然利息率相悖，引起上面讲的资源在两个部门间的再配置，以及繁荣和衰退的交替循环，最好的货币政策因此是没有货币政策例如某种形式的金本位制，上帝决定货币的数量，货币的供给和需求决定市场出清的自然利息率，自动实现投资和储蓄的相等。在奥地利学派看来，现有形态的中央银行几乎没有存在的必要，或者其职能仅为金融监管和金融救助而不再包括货币政策的制定。考虑到世界经济曾在金本位制下运行过很长时间，以及2000年代初期美联储超低的利率制造了房地产泡沫，成为2008年金融危机的重要诱因，奥地利学派改革甚至取消中央银行的建议并非惊世骇俗之言，而是有理论和实证的支持，起码不应被排除在替代现行货币体系的可选方案之外。

在目前的情况下，取消货币政策是极为困难的，除了公众期盼和依赖救世主的情结，一个现实的问题是当代民族国家之间的竞争。

某国的主权货币例如美元一旦成为国际准通货，可以给该国带来金融市场上的优势和国内货币政策的更大空间。奥地利学派设想的货币非国家化虽具有经济学的逻辑一致性，实现的障碍在政治而不在经济领域，相对而言，弗里德曼主张的立法规范货币发行的政治可行性更高一些。另一方面，技术的发展给奥地利学派货币理论的现实应用带来一线希望，像比特币（Bitcoin）那样的网上电子货币完全不依靠政府的信用，因而完全摆脱了政府的掌控，实际上没有任何人可以操纵比特币的流通数量。

我们讨论了奥地利学派关于市场竞争、创新和经济周期理论独到而深刻的见解，希望这个学派打破孤芳自赏的状态，接受主流经济学的语言，与主流经济学展开对话。同时希望主流经济学改变日益数学化的倾向，走进市场，走进企业，从现实而不是假设出发进行经济学的研究。

（在2016年奥地利学派经济学年会上的主旨讲话）

宽广的尺度，狭窄的视野

评《21世纪资本论》的研究方法

凭借书评而非书的内容，法国皮凯蒂的《21世纪资本论》(以下简称《21世纪》)迅速走红，经美国凯恩斯主义者的全力宣传，这部"史上最少被通读的畅销书"掀起一场不大不小的轰动。

收入分配[1]乃是经济学和社会学的永恒主题，就像文学中的爱情，或者哲学中的心和物。与文学和哲学不同，收入分配的话题热度呈现出模式化的周期波动。在泡沫膨胀的繁荣年代，人们忙着抢占风口，相信连猪都可以借力飞起来，无人关心分配问题。一旦潮水退去，发财的梦想随着泡沫破灭，裸泳者方在沙滩上大喊起来：是谁扒了我的裤子？！

1929年纽约股市崩盘，无数家庭的积蓄被一扫而光，美国人千夫所指的，自然是作恶多端的华尔街，"看那些没有良心的金融大亨！"惊恐的德国白领则将矛头对准政治上永远不会错的犹太奸商。

---

1. 收入和财富是两个相关而又不同的概念，前者为流量，后者为存量。在这篇文章中，除非特地说明，我们根据通常的行文习惯，不加区别地交替使用"收入分配"和"财富分配"这两个词。

2008年没有什么不同，金融危机中遭受重创的中产阶级再次占据道德高地，为自己过去的无知与疯狂寻找理性的辩解。总统和议员们假装义愤填膺，抚慰假装无辜受伤的子民，修改游戏规则，用税收的钞票换取他们的选票。

剧本和角色都没有变，只是换了舞台和演员，还有为他们敲边鼓的乐队。大戏的精彩不在动情的演出，而在戏说的科学画皮。

皮凯蒂拿出长达一个多世纪、涵盖几十个国家的数据，掷地有声地宣布：糟糕透了！过去三十年间，世界主要国家的收入分配持续恶化，资本收入占国民收入的比重越来越高，用钱赚钱，富者愈富，而劳动者收入的份额不断下降，贫者愈贫。作者接着用一个疑点重重的不等式外推，预言这种糟糕的趋势不会改变，因为在市场经济中，没有自然的力量和机制能够自动调节收入分配，除非政府采取坚决的措施，比如说皮凯蒂建议的资本税。坐等这个趋势发展下去，皮凯蒂引用前人的分析，暗示社会将陷入剧烈的动荡，例如马尔萨斯推断的瘟疫和战争，或者马克思所预言的阶级斗争和社会革命。这就是《21世纪》的逻辑梗概，余下的便都是数据，和那个划时代的前《资本论》相比，肤浅可爱得像卡通米老鼠。

到目前为止，国际上对《21世纪》的批评多集中在数据的可靠性和适用性上，无意中认可了其简单而武断的方法，本文的目的是要指出，方法论恰恰是该书问题的要害所在。社会稳定固然与收入分配密切相关，却并不是收入越平均，社会就越稳定，两者的关系取决于民众对正义与公平的理解。换言之，收入分配首先是个伦理学问题。第二，从经济学的角度考察，民众有可能容忍、接受甚至欢迎收入差距的增加，倘若如此可以提升个人福利水平的话。这种可能性之所以存在，因为收入差距一方面为社会精英提供了创造财富的激励，另一方面也使他们有可能积累资本，投入到创新等高风险的经济活动中，努力促进经济的增长。结果是可供分配的饼做大了，虽然普通民众个人的份额下降，但得到的绝对量增加，因而愿意支持这样的收入分配"恶化"。

在这篇文章中，我们从伦理学、经济学和社会学的三个维度讨论收入和财富分配。什么样的收入分配是正义的、正当的？这是伦理学试图回答的问题。经济学分析则聚焦收入分配和财富创造的关系，折射到伦理维度上，就是通常意义上的公平和效率之间的权衡。从社会学的角度考察，民众在公平和效率之间的权衡决定他们对收入差距的容忍度，当两者的互换程度较高时，均平主义者眼中的收入分配恶化不一定导致社会矛盾的激化。当我们把视野扩展到伦理学和经济学的维度，《21世纪》基于趋势外推的警世通言可能只是耸听危言，资本在可预见的将来会继续在道德的鞭笞下，扮演鞭笞者也不愿拒绝的创造财富的角色。

不均的社会就不稳吗？

尽管未必是出于皮凯蒂教授的原意，热情的读者仍把《21世纪》当作客观的、无可辩驳的"科学"证据，支持他们预设的一个伦理学命题：收入的平均分配是"善"，是正义的（Just）和可欲的（Desirable）；而收入的两极分化是不可饶恕的"恶"。这个看似不言自明的公理，实际上并不成立。

我们不妨做一个测试，在没有任何压力与胁迫的情况下，请说出你心目中的公平与正义。假定幸福感和绝对收入及相对收入正相关，所谓绝对收入就是货币与实物收入之和，相对收入是你的收入与社会平均之差。为什么相对收入影响你的幸福感呢？别人赚钱多少和你有什么关系？正如诺奖得主索洛教授所言："你吃的是你的工资，而不是你在国民收入分配中的份额。"[1] 当然有关系，因为人人都有嫉妒心。"嫉妒"两字听起来或许有些刺耳，其实是中性的，没有任何褒贬的含义。在言必称春秋大义的环境里，性欲都要用孝道包装，若嫌"嫉妒"难听，不妨换上带有"正能量"的"同情"。杜甫见"路有冻死骨"，意欲倾力相助，无奈囊中羞涩，不禁悲从中来，挥笔怒斥"朱门酒肉臭"。总而言之，收入越是低于社会平均，人就越痛苦。同理，高于社会平均的收入带来额外的兴奋和愉悦，我们称这种心理为"贪婪"。贪婪和嫉妒乃同一硬币的两个侧面，均为相对收入产生的心理满足，只不过符号一正一负而已。

无论源于嫉妒还是贪婪，生而有之的人性决定了相对收入和个人幸福感息息相关。在既无妒嫉也没有贪婪的桃花源社会中，人人安贫乐道，安富乐道，丝毫不在意他人收入的高低，也就不存在收入分配的问题了。

在确立了相对收入和幸福感的正相关后，我们从如下的自愿选择中推测你的公平观。设想方案 A：你的绝对收入10万元，相对收入等于零，即社会平均收入也是10万元，你的绝对收入正好等于社会平均。方案 B：绝对收入12万元，相对收入 −1万元，这时的社会

---

1. 索洛，2014，"托马斯·皮凯蒂是对的"，《比较》第73期。

平均收入为13万元，你的绝对收入比社会平均低1万元。均平主义者会选择 A，因为方案 B 的收入分配"恶化"了。但是理性的你有可能选择 B，牺牲一定的相对收入以换取更高的绝对收入是值得的，毕竟绝对收入决定你的消费水平和生活水平，而相对收入仅带来心理上的和精神上的幸福或痛苦。选择 B 的事实说明收入分配的"恶化"对你来说不一定是坏事，如果你在绝对收入上得到了足够的补偿。由此不难理解，为什么对于收入分配的怨恨一般在经济衰退期间爆发：绝对收入停滞不前，收入差距的增加令人感到格外地无法容忍。

假如你选择了 A，我们会解读为绝对收入还不够高，不足以弥补 −1 万元相对收入造成的精神损失，于是将方案 B 中的绝对收入增加到15万元。这时你还会选择 A 吗？究竟绝对收入高到多少你才接受 −1 万元的相对收入并不重要，重要的是绝对收入和相对收入之间是否存在补偿替代关系。如果认可这样的替代，你还会同意"公平"的含义就是收入的平均分配吗？

基于对现实世界中人类行为的观察，我们相信这样的替代关系确实存在。在计划体制下，前东德的收入分配较为平均，东德人为什么要冒着生命危险，翻越柏林墙，逃往收入差距大的西德？用我们的语言讲，绝对收入和绝对生活水平比均平与否更为重要。同样地，人们通过合法与非法的管道，从改革开放前相对均平的大陆，跑到两极分化严重的香港。类似的现象今天依然存在，从古巴潜入美国，都是为了更高的绝对收入而离开收入差距较小的社会。

如果以收入的平均分配为代价实现绝对收入的提高，并且绝对收入产生的幸福超过相对收入带来的痛苦，这样的收入差距非但不应谴责，反而要作为"善"予以保护和鼓励。如果公众也持有同样的公平正义观，对收入差距有较高的容忍度，《21世纪》的主要结论就不成立了——收入分配"恶化"的趋势未必导致马尔萨斯推论的战争或者马克思预言的无产阶级革命，不管这趋势从数据上看如何地不可避免。收入分配是否危及社会稳定取决于社会伦理以及公众的理性程度，即他们能否和在多大程度上认识到财富创造和财富分配之间的关系。

天真理想主义者也许会问，何不设计一种完美的社会模式，让财富在韩国的市场经济中充分涌现，再按照朝鲜的计划经济规则进行分配，"取其精华，去其糟粕"，实现效率与均平的兼顾。遗憾的是，在这个世界上，精华与糟粕往往同生共灭，去其糟粕，精华也就不存在了。中国和前苏联、东欧的计划经济历史都证明，收入平均分配阻碍经济的发展，致使国民的生活水平长期落后于贫富分化明显的市场经济国家。

为什么要"让一部分人先富起来"

为了发展经济，必须"让一部分人先富起来"，因为只有让他拥有和享受财富，他才愿意"苦其心智，劳其筋骨"，尽其所能地创造财富。财富连同社会地位以及弗洛伊德的"性"，是人类行为的根本驱动力。均平主义者大概可以承认这一点，但仍会怀疑"让一部分人先富起来"的政策，为什么不是"让所有人同时富起来"呢？答案既简单又复杂。

简单的回答是，大家同样富等于大家同样穷，财富一旦平均分配，就失去了激励的作用，尤其对于社会精英，他们的目标不是优秀，而是杰出，也就是相对于芸芸众生的优秀。设想在政治领域中，如果人人都是国王，无异于人人都是草民，那样的话，谁还愿意赌上身家性命去争夺天下？富可敌国的工商巨子仍在孜孜不倦地赚钱，驱动力已从自己致富转变为比别人更富，也就是更高的相对收入，即最容易激起大众仇恨的贪婪。

复杂的回答涉及现代市场经济的本质。马克思和恩格斯早就注意到，"资产阶级在它的不到一百年的阶级统治中所创造的生产力，比过去一切世代创造的全部生产力还要多，还要大"（马克思、恩格斯《共产党宣言》）。进入二十世纪，现代市场经济创造财富的速度更快，规模更大，远远超出了马克思一百多年以前的估计。由于财富的持久高速增长，用摄入热量和营养、寿命、生活便利以及生活享受的多样性衡量，当代中产阶级的绝对生活水准超过了传统社会中的帝王，尽管少数亿万富翁的财富超过了古代的帝国。

前所未有的财富涌现，其源泉只有一个，那就是持续不断的创新。从蒸汽机、铁路、电力、内燃机、无线电到电脑、遗传工程、移动通信和互联网，令人头晕目眩的创新与前工业社会形成巨大的反差，古代虽然也有发明与创新，例如风车与水车，创新只在经济中起到局部性的辅助作用；或者虽有青铜器和铁器那样的革命性和全局性的技术突破，但在每一次重大突破后，都陷入了漫长的沉寂和停滞。人类的铁器时代持续了二千年，直到十八世纪才翻开化石燃料和机械动力的新篇章。前工业社会的创新是无意识和无组织的，仅靠长时间的摸索和积累，间断性的创新成果要么很快被新增人口所消耗，要么成为更有效的掠夺而不是创造财富的工具。与其使用铁制农具辛苦垦殖，不如化犁为剑，抢劫和战争的收获远比农耕丰厚。

皮凯蒂没有注意到，现代持续的生产性创新需要两个前提：私有产权制度以及竞争性市场。私有产权的有效保护一方面增加了利用政治和军事手段掠夺致富的成本，阻塞了抢劫之路，为了实现个人的目标，社会精英不得不转而从事财富创造的活动。另一方面，私有产权也使这些精英能够获得他们创造财富的大部分，由此而产生经营商业和企业的强大正向激励。罗马帝国之所以没有广泛利用风力和水力，因为军事征服提供了成本更低的奴隶劳动力。古代社会的激励机制造就了凯撒那样的伟大君王，即合法的劫掠者；而罗盘和火药的中国发明人却湮没无闻。与古代的先行者相比，瓦特就幸运多了，他在专利的保护下，于1775年注册成立公司，大批量生产蒸汽机。批量生产降低了单位成本，为蒸汽机的推广普及从而英国的工业革命做出重大的贡献，瓦特也因此名垂青史。诺奖得主诺斯总结那一段历史，认为私有产权制度是西欧在18世纪经济起飞，超越东方而成为世界之主导的关键因素。

现代社会的皇冠不再是暴力强权的囊中物，国王和将军让位于财富的创造者：发明家、工程师、企业家，还有那些贪婪的资本家[1]。

---

1. 在这里，"企业家"一词指乔布斯那样的企业创始人和经营者，他们的主要工作是创新；作为"资本家"的代表，VC、PE和华尔街用财务资本协助企业家实现创新的设想。

提高经济效率和丰富人们生活的技术创新造就了工业革命以来的富豪，建造铁路让范德比尔德扬名立万，爱默生和 J.P. 摩根在电力行业发了大财，杜邦建立了他的化工帝国，钢铁大王卡内基、石油业的洛克菲勒、普及汽车的福特、微软的盖茨、移动通信时代的乔布斯、互联网公司创始人扎克伯格……。如果这些企业家的"先富起来"使统计数字上的收入差距增加，这是值得庆幸的呢，还是应该受到谴责？

为保证创新的持续性，自由竞争必不可少。创新落后的企业将在竞争中被无情地淘汰，即使创新成功的企业也不敢掉以轻心。诺基亚和摩托罗拉曾经是传统手机市场上的巨无霸，在苹果智能手机的冲击下，业务迅速萎缩，不是破产，就是沦为被收购对象。创新成为企业生死攸关的大事，企业必须尽一切所能，抢先推出新产品和新技术，形成局部和暂时的垄断（是的，垄断！哺育创新的垄断），赚取高额利润，为下一轮研发和创新积累充裕的资本。竞争的需要以及技术的规模经济效益使创新时代的企业规模越来越大，市场集中度越来越高，反映到收入分配的层面上，财富的集中度也相应提高。

创新不仅影响了收入分配的格局，而且改变了收入分配的性质。在农业社会中，生产效率停滞不前，收入总量不变，地主和农民之间的利益分配为零和博弈，地主的收益就是农民的损失。创新提高了经济的效率，增加了可供分配的财富，现代市场经济中资本和劳动的利益博弈因此是正和或者双赢的。乔布斯不必靠剥削公司的员工而身家亿万，员工愿意在苹果工作，他们以公司为骄傲并可以得到比其他就业机会更高的薪酬。

但是，苹果的员工为什么没有像乔布斯那样富有呢？毕竟他们也参与了公司的技术创新和产品开发。员工的确是价值创造不可或缺的要素，但他们的贡献远在乔布斯之下。2008年初，乔布斯癌症扩散的消息传出，在之后的一个月中，苹果公司的股价大跌，市值减少40%也就是500多亿美元。依照市场"客观、公正的"评价推算，乔布斯的价值贡献起码为500亿美元。如果一个工程师或者工人离职，苹果的股价会有多大的变动？大概会微小到可以忽略不计。这是鼓吹市场万能论吗？就人类社会的很多问题而言，例如嫉妒与贪婪，市场是低能的，甚至是无能的，市场最有效的是定价，包括为乔布斯和苹果员工的人力资本定价。市场定价谈不上绝对准确和公平，却是迄今为止人类所发明的方法中最准确和最公平的，因为在规范的资本市场上，苹果公司的价格是所有投资者自由表达的综合，是包括乔布斯在内的任何个人所无法影响和操纵的。

对于私人产权制度在市场上形成的收入分配，难道不可以通过政府干预来调节吗？当然可以，但公众必须明白，任何再分配方案例如皮凯蒂的资本税，都不可避免地伤害创新的激励，特别是当人们走向极端而否定私有产权时，创新将被完全扼杀。在谋求更为均等的收入分配时，公众需要权衡绝对收入和相对收入：牺牲相对收入，让乔布斯们先富起来，以此鼓励创新，从而提高自己的绝对收入？还是牺牲绝对收入，宁可自己穷一些，也不让少数人暴富？这就又回到第一节讨论的伦理学维度，一个被《21世纪》的数据遮蔽和掩埋的维度。

资本，什么资本

《21世纪》方法论上的可商榷之处不限于分析框架，在陈旧的资本定义下，其数据分析给出了扭曲的收入分配图景。该书的"资本"统计口径为企业与个人的固定资产（排除房产）加上财务资产，没有仔细甄别企业家创新成功所获得的财富，而这部分财富来自特殊的人力资本，从本质上讲属于劳动收入，故应记在"工资"而不是"资本"栏下。虽然乔布斯的财富构成以股权为主，但他成为苹果公司的大股东，不是因为前期的财务或金融资本投入，而是他特有的企业家人力资本，这类股权收益的性质更接近劳动收入而不是传统意义上的资本增值。考虑到不同性质的资本，我们可以重新解释《21世纪》的一个核心论据（见原书图1.2）：西欧"二战"后资本积累的加速是创新活动不断升级的结果，非但没有什么可忧虑和谴责的，反而应该感到欣慰和鼓舞。

皮凯蒂教授采用传统的狭义工资收入数据，低估了劳动者收入在国民收入中的比重，从而低估了人力资本在价值创造中的作用，得出"资本税"这样的抑制和惩罚创新的政策建议。

乔布斯的人力资本和苹果员工的人力资本有着本质的差别，对这两类人力资本的回报方式因此也截然不同。乔布斯以他的创新能力和商业经营能力成为苹果公司的股东，承担创新失败的风险，对他的回报是"剩余收入"，即公司收入扣除包括员工薪酬在内的所有成本，大致相当于利润。苹果的员工没有创新的贡献，也不承担任何风险，他们得到固定的工资和基于业绩的年终奖金。

按照人力资本对价值创造的贡献分配收入是否公平？上帝决定

的企业家人力资本分布是不均匀的,"人,生而平等",指的是权利和机会而非人力资本的均等。比天生禀赋差异更为令人沮丧的事实是:人力资本无法自愿转让,也不可强迫转移。打土豪分田地无济于事,你分不走乔布斯的聪明才智,而分掉他的财富又会打击他冒险创新的积极性。两难悖论面前,公众必须做出选择:你愿意生活在没有乔布斯、没有新技术的均平世界上?还是满足于和他的财富相比微不足道的工资,但也温饱无忧还可使用苹果手机?我们无意在这里宣扬英雄史观,只想强调企业家人力资本的宝贵,和一般的劳动力相比,这类人力资本有着更大的、正的"外部效应"。如果你也认为有乔布斯的世界更美好,接受了——虽然不无遗憾——这样的贫富分化,《21世纪》六百多页的大部头岂不成了杞人忧天之作?

一个公平的社会既不是人力资本的均匀分布,也不是收入的平均分配,而是尽可能地创造条件,让每一个具有乔布斯那样潜质的人,成就苹果公司那样的辉煌。

创新的人力资本是发展经济最稀缺和最宝贵的资源,继承的金钱和财产才是"腐朽"的、"寄生"的和"负有原罪",才有资格作为憎恨和惩罚的对象。《21世纪》本来可以着重分析遗产的分布和积累趋势,对资本不加区别的厌恶阻止了更有意义的深入研究。全书仅在第11章讨论了遗产问题,即使那里的数据似乎也并未对该书的论点提供有力的支持。二十世纪初,英、法、德三国每年的新继承遗产相当于国民收入的20%,经过两次世界大战,降到1960年代的5%左右,然后稳步上升到2010年的约15%(原书图11.12)。"二战"之后遗产的增加没有什么特别之处,创造财富的活动在和平时期逐渐恢复，留给后代的自然水涨船高。

皮凯蒂教授原本可以在"资本"栏下，分出两个子科目：创新成功所积累的资本，以及富二代继承得来的遗产。乔布斯和马云的亿万身家属于前者，洛克菲勒子孙的财产归入后者。政府可对遗产等形式的财富转移征收资本税，但应免除对前者即财富创造的税赋。《21世纪》若主张遗产税，而不是笼统的"资本税"，就比较符合经济学原理了。即便遗产税，也要考虑到对创新激励的影响。想象一下极端的场景，倘若征收100%的遗产税，即禁止财富的继承，将增强还是抑制创造财富的动力？将增强还是抑制工薪阶层的劳动积极性？你可以轻蔑地视"封妻荫子"为狭隘的自私心理，却仍要面对千百年来无法改变的人性现实。所有高税收的倡导者，无论政客、学者还是民众，似乎都一厢情愿地假设，税收对风险承担意愿和工作勤奋程度的影响可忽略不计。中国读者不妨问问自己，真的可以忽略不计吗？

数据趋势分析和趋势外推是《21世纪》的基本方法，该书的主要结论亦建立在如下的经验不等式上

$r > g$

其中 r 代表资本收益率，g 为经济也就是国民收入增长率。由于经济增长等于工资增长与资本收益增长的加权平均和，这个不等式意味着工资增长落后于资本收益的增长。皮凯蒂认为，资本主义经济中没有自然的力量可以进行自动调节，劳动将毫无希望地输掉与资本的收入分配博弈，除非政府征收资本税，减少 r，才能降低资本收益的份额，提高劳动者的收入比例。

翻开任何一本经济学的大学教科书，我们都可以发现"资本边际收益递减律"，即 r 随资本积累的规模不断下降，完全有可能低到小于 g 的地步。那么为何实际数据显示 r>g 呢？原因正在于创新和技术进步。创新突破了资本边际收益递减的魔咒，使经济有可能实现持续增长，这是支持《21世纪》的索洛教授的杰出理论贡献，他因这一贡献获得诺贝尔经济学奖。r>g 说明技术进步驱动经济增长，这有什么不好呢？如果资本回报率 r 不断下降，虽然收入分配得到均平主义意义上的改善，但创新乏力，经济增长单纯依靠资本和劳动的投入，我们反倒有充分的理由怀疑增长的可持续性了。

经济学应该研究什么

《21世纪》在前言中批评马克思"没有看到技术进步的巨大作用"，然而该书也秉持前现代的思维，以生产技术不变从而社会总收入不变为前提，从劳动和资本两大阶级对立的角度组织和分析数据，对世界的未来做出了马尔萨斯式的悲观预测。鉴于问题的严重性，皮凯蒂教授呼吁，"将收入分配作为经济学的中心课题"。当我们充分估计了技术进步的作用后，经济学的中心课题就变成了财富的创造。毕竟，财富只有先被创造出来，才谈得上如何分配，而且更多的财富可以缓解在分配过程中产生的社会各阶层之间的紧张。

我们不否认收入分配的重要性，而是强调分配对于财富创造的作用。即便孤立地研究纯粹的分配问题，正确的方法是从阶层、群体深入到个人。类似"最富有的10% 的人群拥有70% 的资本"这样的统计数字没有太大意义，也不应看到这10% 的人口拥有的财产在增加，就惊呼"富者越富"。我们更关心具体的家族或个人例如洛克菲勒的后代是否越来越富，乔布斯的子女是否也将加入亿万富翁的行列。换句话讲，我们更关心社会的开放性和流动性，认为《21世纪》聚焦的静态财富分布有可能将关于收入分配的讨论引入歧途。在上文提到的工商巨子中，大多数出身平民，这些人拥有70%的资本，不正是社会开放而有生气、人的才能得到充分发挥的表现吗？

为了提高社会流动性，让中产和低收入阶层有平等的机会跻身财富顶端的10%，我们建议的对策着眼于不平等的源头，而不是像《21世纪》那样仅针对结果的不平等。对于发展中国家和转型经济，格外重要的是建立民主和法治，从根本上铲除造成贫富严重分化的政治特权和经济特权，确保资源占有和市场进入的平等，以及在制定游戏规则和政策方面的平等参与权和发言权。这些旨在消除贫困、建设公正社会的措施，在近期一部精彩的著作《国家为什么会失败》中，被艾斯茅格鲁和罗宾逊教授归纳为"包容型制度"。该书的时间和空间跨度不亚于《21世纪》，基于广阔视野和深厚的理论功底，两位教授超越了简单的"劫富济贫"药方，引导读者从多个维度深入思考经济发展和社会正义的演进逻辑，无论学术价值或政策建议的切中时弊均非《21世纪》可比拟。

关于改善收入分配的公共政策，众所周知的有财政的教育开支，为低收入家庭子女提供奖学金；放松金融管制，允许和鼓励各种各样的天使、风投和股权基金开展业务，帮助年轻人创业等等。限于篇幅，不在这里一一列举。需要指出的是，理性的政策以理性的民众为基础，情绪化的非理性冲动往往导致民粹主义的双输政策。例如收入分配问题的泛道德化，用"剥削"和"欺诈"的指责代替认真的经济分析。在经济学中，"剥削"指游戏规则即制度的设立对资本有利而对劳动不利，而"欺诈"之所以可能是由于信息的不对称。解决方案因此不是"占领华尔街"或者限制公司高管工资，而是依法律程序修改监管规则，提高市场交易的透明度。

　　尽管存在诸多的研究方法论问题，皮凯蒂教授对现实经济问题的关怀和细心艰苦的数据整理工作仍值得尊敬，他提醒象牙塔中醉心数学和模型的主流学者们，放下手中的八股文章，睁开双眼观察社会，从市场和经济的实践出发进行理论研究。在我们看来，这才是《21世纪》的最大价值所在。

作为目的和手段的自由

　　世界从未像今天这样，如此需要重申自由的意义，如此需要强调对自由的保障。古代的奴隶被剥夺了自由，在强权的压迫下，忍受屈辱以求生存；今天的人们主动放弃自由，以换取精神主宰所承诺的安全与秩序。肉体的奴役是对赤裸裸的暴力无可奈何的服从，精神的奴役则源于盲目的自卑和自卑心理支配下的智识自戕。人类社会究竟是在进步、退化？还是变换形式的往复循环？古希腊人为个人与城邦的关系争论不休，在当代的语境中，古老的命题重新表述为市场与政府的分界，以及自由和管制的冲突。

　　2008年，全球爆发了前所未有的金融危机，沉重地打击了世人对自由的信心，曾经是严密而完整的市场逻辑体系，几乎一夜之间就被摧毁殆尽。卷入海啸漩涡中的人们丧失了正常的理智，纷纷抓住激流中的稻草，视政府为逃过世纪之劫的最后方舟。尽管以美联储为代表的各国中央银行确实做出了努力，通过超常规的货币投放，避免了流动性短缺，从而避免了世界金融体系的崩溃，然而越来越多的研究表明，全球金融危机的始作俑者正是格林斯潘领导下的美联储，我们岂可因其救火之功，而宽恕它的纵火之罪？如同弗里德曼在《自由选择》第3章所分析的，美联储对20世纪30年代"大萧条"

负有主要责任，弗里德曼用大量的数据和事实证明了这一点。进入21世纪，美联储的货币政策再次出现重大失误，而美国的凯恩斯主义知识精英和他们的政界朋友却竭力掩饰，利用危机中的恐慌情绪和思想混乱，攻击自由市场，将他们自己描绘成挽狂澜于既倒的救世主。

凯恩斯主义诞生于20世纪"大萧条"期间，这一学派的核心观点是"市场失灵"，或者更准确地讲，自由市场失灵。根据这一学派的说法，斯密所称赞的"看不见的手"会给这个世界带来混乱和灾难，而灾难的根源就是市场参与者的非理性冲动，凯恩斯称之为"动物精神"。既然市场失灵，就需要理性的力量来恢复秩序，如果不能防止灾难的发生，起码也可减少灾难的损失，这个理性力量就是政府，当然，必须是信奉凯恩斯主义的政府。这一学派主张政府动用财政和货币政策，以及监管和行政等微观干预手段，遵循"社会利益"最大化的原则，调节经济运行，指导和管理市场交易，克服市场失灵，甚至还应该劫富济贫，在实现资源更有效配置的同时，保证社会公平。

任何拯救都是有代价的，政府干预必然限制个人自由，皈依凯恩斯主义意味着用自由换取秩序和正义。这交易合算吗？事实证明，这不是等价交换，而更像不平等条约，公众交出部分自由，得到的却是更多的麻烦。姑且不论"大萧条"和全球金融危机到底是市场失灵还是政府失灵，看似高明的凯恩斯主义在理论上漏洞百出，在实践中与设计的目标南辕北辙，所谓治世良药给憧憬理想国的人们造成更多而不是更少的伤害，真正的受益者只有以救世主身份行事的政府。

　　凯恩斯主义在逻辑原点上就错了，世界上并不存在"社会利益"，因为世界上不存在抽象的、作为一个整体的、具有思维和感受能力的"社会"，就像不存在抽象的、作为一个整体的、具有思维和感受能力的"人民"或者"民族"。社会由张三、李四、王五等具体的个人组成，每个人都有自己的利益，他们的利益可能一致，也可能相互冲突。例如当中央银行为控制通货膨胀而加息时，存款利率上升，储蓄者支持，企业则因贷款成本上升而反对，而且高利率会引起股票价格下跌，股民因此遭受损失。又如政府管制产品价格，消费者欢迎，但公司利润下降，损害包括股民在内的企业所有者的利益。任何一项政策都会使一些人受益，另一些人受损，什么是"社会利益"？无法定义"社会利益"，如何制订"社会利益"最大化的政策？即使当人们的利益一致时，也是由于每个人的具体诉求相同，例如如财产和人身的安全，而不是因为他们的诉求符合某个绝对的和客观的"社会"标准。

　　在臆造了抽象的整体利益和抽象的利益主体后，要使悬在空中的抽象整体利益落地，变为可执行的具体政策，就必须找到"社会利益"的代表，社会没有思考和决策能力，社会的代表是具有能动性的个人。凯恩斯主义知识分子于是当仁不让地以社会的代表自居，宣布惟有他们把握了社会发展的方向，惟有他们可充分理解"社会利益"，惟有他们能够设计理想的经济政策和社会改造计划，执行他们治国平天下宏图大略的，就是政府和无所不在的官僚体系。经过如此的概念转换，个人组成的社会变成了精英主导的社会，个人自由与个人权利消融在"社会利益"中，变为多余的累赘。在更多的场合中，个人自由被视为"社会利益"最大化的障碍，遭到大众的唾弃和极权的压制。哈耶克尖锐地指出，强调集体利益的危险就在于它要求权力的高度集中，而权力行使者所铺就的是一条"通向奴役之路"。

凯恩斯主义的第二个根本性错误是假设了一个全能和仁慈的政府，"全能"的含义是无限的认知和执行能力，"仁慈"意味着以救民水火为己任。凯恩斯主义者将"市场失灵"归咎于人的"动物精神"，归咎于市场交易的外部性、市场上的自然垄断、信息不对称、交易成本等市场的"非完美"因素；当他们建议政府干预时，却有意无意地假设了政府官员的完全理性，政府干预没有外部性，政府不可能垄断，政府没有信息不对称的问题，政府的政策成本等于零，一句话，政府是完美的。在这个短短的序言里，我们无法一一解释这些经济学名词，读者只要对照关于市场和政府的不对等假设，就知道"市场失灵靠政府"的结论来自哪里了。完美的政府当然是我们这个不完美世界的拯救者，不需要什么理论，不需要数学推导，让我们在全能的人间上帝面前跪下祷告，让我们虔诚地假设……

然而现实中的政府官员和凡夫俗子一样，既有理性计算的能力，也不乏"动物精神"。2001年到2007年，美联储大量投放货币，制造了"二战"之后美国最大的资产泡沫，泡沫的破灭引发2008年的金融海啸，这又是人类理性还是"动物精神"？电信业被称为"自然垄断"，于是在某些国家只有政府经营的企业才能进入这个行业，电信服务的价格也由政府决定，结果是其消费者不得不支付比其他国家高得多的费率，远远高于私人公司提供电信服务的市场，如中国香港。市场上的"自然垄断"厂商唯利是图，政府垄断就可以保护公众免受垄断之害了吗？

凯恩斯经济学假定市场参与者是最大化个人利益的"理性经济人"，但在分析政府官员的行为时，却假设他们最大化"社会利益"。对于这个明显的逻辑不一致，凯恩斯主义者讳莫如深。为什么人和人就不一样呢？莫非官员是用特殊材料制成的？莫非他们从小接受和我们完全不同的教育？莫非政府的办公室有着神奇的魔力，进去的是饮食男女，出来的是智者圣贤？如果官员也和贩夫走卒一样，最大化他自己的而不是"社会利益"，凯恩斯经济学建立在沙滩上的理论大厦立即倾覆崩塌。

《自由选择》一书考察了现实世界中的政府，而不是凯恩斯主义者所设想的全能仁慈政府。在现实世界中，官员追求个人而非"社会利益"，他们必然会在制定和执行公共政策的过程中，利用手中的公共权力，公开或隐蔽地为自己谋求好处，例如不顾财政资源的限制，增加福利开支，合法地收买选民。另一类常见的交易是议员通过有利于某些工商集团的立法，以得到这些利益集团的政治捐款。在法治薄弱的新兴市场国家，政府高官的家族直接经营商业和企业，如印尼和菲律宾的领导人家族，这些家族获得了电信、石油等行业的垄断经营权，利润丰厚的政府合同落入他们以及与他们关系密切的承包商手中。中国铁道部前部长刘志军利用职权，批给商人丁书苗铁路建设和设备采购合同，丁则为刘维护政治和商业关系提供便利。至于官员借审批、监管、检查、收税之机，索贿、受贿的腐败比比皆是，几乎每天都可见诸于报端。

　　在政府官员最大化个人利益的现实情况下，研究市场与政府的分界，新古典经济学的分析框架不再适用，需要采用由布坎南（1986年诺贝尔经济学奖得主）、图洛克、奥尔森等人发展的"公共选择"理论，这也是《自由选择》一书的基本方法。公共选择学派并不因政客的利欲熏心而否定政府，而是强调对政府的监督与制约，只有在公众和媒体的强有力监督下，只有在制度的有效约束下，政府官员才可能按照公众的意愿制定和执行政策。

　　即使监督和制约保证了官员与公众目标的一致性，政府的效率仍有可能低于市场上的自发交易，这是因为官员既无激励，亦无信息办好公众委托的事务。官僚体系的特点是"不求有功，但求无过"，一些事情做对了，公众认为是应该的，不会有任何奖励；做错了则有可能发生公共舆论危机，并且授同僚以柄，在官场升迁的竞争中处于不利地位。收益和风险的不对称决定了官僚体系的行政效率低下，基于同样的道理，官僚体系管理下的国有企业也不可能有很高的经营效率。除了激励，信息是另一问题，官员没有足够的信息以完成公众赋予他们的任务。环境污染是经典的"外部效应"，企业排放污染，公众健康恶化，但企业个必为此支付成本，于是就过度生产和过度污染，市场不能引导企业实现"最优产出"，市场失灵了。对此，凯恩斯主义者为美国政府开出药方：为减排企业提供财政补贴。显而易见，补贴额应该等于减排成本，但政府并没有企业的成本信息，只能要求企业自报。结果可想而知，企业普遍虚假高报。后来美国环境总署采取另一方式，让企业在市场上交易"污染配额"，交易价格表明，实际减排成本仅为企业上报数的十分之一！读者也许会问，政府为什么不能查处虚报减排成本的企业呢？政府当然可以这样做，但监督检查也是有成本的，成本有可能高到不值得甚至无法负担的地步，而市场之所以有效，归根结底，就在于人们能够在市场上以更低的成本获取更为准确的信息。

强势大政府的兴起非但解决不了市场失灵的问题，而且限制个人自由，窒息了经济增长最强劲的发动机——个人的想象力和创造性。政府占用了本来可供民间使用的资源，压缩了个人发挥的空间；政府干预扭曲了民间的激励机制，社会停滞，企业和个人逐渐退化。处在政府保护下的企业丧失创新的动力，将资源用于游说和贿赂政府，以便继续享受排斥竞争的行政保护政策；个人则依赖政府的福利开支，不再努力学习和勤奋工作。《自由选择》一书描述了战后英国的萎靡不振，今天欧洲的债务危机和日本经济的持续萧条，又何尝不是政府职能扩大、民间创造力衰退所造成的苦果？

没有个人的创造就没有经济和文化的繁荣，从电灯、汽车到移动通信，从绘画、诗歌到交响乐，无一不是思想自由驰骋和灵感自由升华的结晶，无一不源于个人的自由梦想和自由发挥。爱迪生、福特和乔布斯，张大千、歌德和贝多芬，在自由创作的环境中，他们得以运用其天才，给我们留下了哲学、科学、艺术与财富，构成我们称之为文明的核心。墨守成规的官僚体系可以维持自由所需要的和平与秩序，充当自由的守夜人，却绝不可能替代自由的创造力。

弗里德曼夫妇引用生动的案例，说明自由选择和自由交易能够比政府更有效地提升公众的福利，从而印证了亚当·斯密的深刻见解：个人追求自己的利益，能够比刻意为社会着想更有效地促进社会（其他社会成员）的利益，用我们不很严格的话讲，利己是比刻意利他更有效的利他，这是《自由选择》的一个中心思想。但如果由此得出结论，自由仅为实现个人目标的一种手段，那就误解了两位作者的本意。在本书的引言中，作者摘录美国《独立宣言》，给出了这本书的另一中心思想，"人人生而平等，造物主赋予他们若干不可剥夺的权利，其中包括生命权、自由权和追求幸福的权利"。如果一个人追求自由和幸福，任何人不得以任何名义和任何方式禁止他这样做，自由就是他的人生目的。

确立自由作为目的有着重要的意义，所有与这个目的相悖的手段都不具备正当性，特别是那些以抽象集体的利益为名压制和牺牲个人自由的手段。现代人生而自由，这是不言自明的，不需要论证，就连集权专制者恐怕也不得不承认这一点，起码在公开场合也要表示出对个人自由的尊重，那些殿前伺候的大学士们只能从后门偷运进反个人自由的迷药。虽然甘愿饮药者不乏其人，仔细观察，大多因缺乏自信，或者妒嫉到宁可自残进宫，好借皇上的鸟铳，将头顶上自由飞翔的同类击落在地。

个人自由当然不是绝对的，当然可以加以限制，但必须是自愿的，或者说自由只能让渡而不可剥夺。人们也许会问，自残进宫的奴才难道不是让渡了他的自由吗？自由人和宫奴的根本区别在于，前者为了获得更大的自由而自我限制自由，后者则以自我奴役换取奴役他人的权力。自我限制的方式是制定法律和规则，法律看上去限制了个人的行动自由，但若没有法律就没有和平秩序，在暴力横

学理：常识与洞见

行和弱肉强食的世界里，哪里有个人自由可言？法律因此是平等的自由人之间形成的游戏规则，服从法律并非放弃自由，因为法律是他们自己制定的。为了维持和平秩序，自由人需要并服从政府的权威，这与匍匐在主子脚下的奴才有着本质的不同。自由人选择政府，在允许政府使用强制性手段的同时，严格地限定强制性手段的使用范围和使用程序，政府如同法律是保障自由的工具。对于现代人，最重要的自由即是制定法律和选择政府的自由，这一自由使他们能够享受经济、社会、文化、思想等方面的广泛自由。

正是在这个意义上，我们说，自由既是目的，又是手段。

资本主义：颂扬与怨恨中的飞跃

资本主义，一个充满争议的概念和现实。

尽管专著和论文已如汗牛充栋，人们对资本主义的定义、历史和未来，仍充满激情地交锋辩论，至今无法达成共识。柯卡教授的《资本主义简史》（以下简称《简史》）以不到10万字的篇幅，处理这样一个宏大的题目，不能不说是异常艰巨的自我挑战。所幸资本主义的现代竞争对手——社会主义，有着更多的定义、更多的版本，以及更令人注目的社会实践。

资本主义是人类经济史上的第二次大飞跃，第一次飞跃发生在约1万年前的两河流域，定居农业开启了人类文明。第二次飞跃出现在英格兰，以17世纪下半叶的工业革命为其标志。虽然资本主义来到这个世界上较工业革命早得多，但只有在工业革命之后，资本主义才渗透到经济的几乎所有领域中，成为普遍的和占据主导地位的经济形态。

农业孕育了人类文明，由于生产工具和技术发展的停滞不前，在持久的人口与生态环境压力下，可怜的农业剩余决定了社会经济与文化长期在低水平上徘徊，直到工业革命突破了阴暗的马尔萨斯诅咒。在日新月异的技术推动下，经济呈现出前所未有的指数增长

学理：常识与洞见

趋势，历经两百年至今，仍未出现步伐放慢的迹象。

《简史》引用经典作家的研究结果定义资本主义。在前所未有的技术和财富创造能力背后，马克思看到人类生而有之的贪婪本性。资本主义制度使致富的欲望和才干得以发挥到极致，利润驱使下的资本家压迫和剥削劳工阶层，资本主义因而被置于天然的道德洼地。德国社会学家韦伯坚持价值中性的分析，强调宗教改革对于资本主义的精神解放作用，摆脱了封建束缚的经济理性促进资本积累和资本主义生产方式的推广。熊彼得视创新为资本主义的最根本特征；而列宁和法国的经济史学家布罗代尔则认为，借助政治权力的垄断才是资本主义的真谛所在。每一位经典作家在他的浮雕作品上刻画出资本主义的一个侧面，读者需要也只有从这些不同的侧面才能把握资本主义的实质。

与道德含义上的分歧形成对照，学者们接近一致地将资本主义无休止的创新归因于私有产权的强大激励，以及私有产权为基础的自由市场经济的效率。在超额利润的诱惑下，资本主义变成了一架创新的永动机。超额利润的意义不再局限于个人和家族奢华生活的享受，而在于满足创新的巨大资金需求，承担创新的巨大风险。企业惟有持续不断地创新，才能在残酷的市场竞争中逃脱被淘汰的厄运，诚如熊彼得所论述的，创新不是一项可有可无的业务，而是关系到企业生死盛衰的头等大事。

从早期的远洋贸易、工业时代的铁路与石油，到科技时代的研究与开发，超额利润的获取充满了风险。投资和产品出售之间存在着时间差，冒险家无时不在高度不确定性的煎熬之中，如果远洋船只被暴风雨摧毁，倘若地下打不出石油，或者新产品不被市场接受，暴利预期等来的将是惨重的损失。高风险要有高回报补偿，与其他经济形态不同，资本主义的特点是纯粹为利润而非消费和物质财富的积累而经营，用钱生钱，钱不仅是手段，也成为了目的，"为伊消得人憔悴"，必要时甚至可以赌上身家性命。

超额利润来自垄断，熊彼得赞扬市场上的"自然"垄断，视其为创新必需的引擎和孵化器，布罗代尔则抨击官商勾结的人为垄断。发达市场经济的历史似乎支持了熊彼得的垄断必要论，而新兴市场经济国家的经历证明布罗代尔的担忧并未过时。

虽然私人产权和自由市场为资本主义所必需，这两个要素早已出现，为什么现代工商文明迟至十八世纪下半叶方在英格兰开花结果？根据韦伯的研究，经过十六世纪的宗教改革，资本主义的精髓——个人主义的经济理性逐渐在西欧成为主流，士农工商的社会层级逐渐瓦解，商人在松动和衰败的封建结构中崛起。诺贝尔经济学奖得主诺斯从另一角度进行了考察，在他看来，十七世纪的宪政革命创造了新的生态环境，在法治化的私人产权保护下，商人的理性经营指向了资本积累、技术与组织创新，即美国经济学家奥尔森所说的"创富型资本主义"。中国古代商人同样具有经济理性，盈利的冲动引导他们将资源投入到维护和发展与官府的关系之中，滋生"寻租或分利型资本主义"。无论创富还是分利，经济理性永远选择阻力和成本最小的道路，政治制度就成为十字路口上的资源流向的指挥灯。资本主义的大规模拓展离不开政治变革，诺斯的见解应该说较韦伯的更为深刻。

学理：常识与洞见

在开放的市场经济中，不仅商人做着资本主义的发财梦，底层人士也可以白手起家，通过自己的努力，上升到社会金字塔的顶端。尽管塔顶只能容纳少数人，通道始终对所有人敞开。如果商业资本主义和金融资本主义还依赖家族的遗产和荫庇的话，20世纪的工业大亨和当代的技术新贵很少出自商贾世家，他们自己的人力资本，也许还有运气，是决定事业成败的关键。石油巨头洛克菲勒从学徒干起，科技奇才乔布斯出生即遭遗弃，养父母是蓝领工人。不仅富贵可自寒门出，同样值得注意的是，资本家的后代往往风光不再，快速更新的技术令父辈的辉煌企业转眼间变为昨日黄花。

"富不过三代"是资本家的失败，却是资本主义的成功。产品、技能、知识、思想都可转化为资本，"不要说我们一无所有"，每个人都可以做自己的主人。创新和创业不问出身、人种、贫富、地位高下，只要具备增值潜力就可走上资本的神坛。"认钱不认人"的法则或许太过冷酷无情，但否定了封建世袭身份特权和官僚等级特权，难道不是另一种形式的公平吗？即便不符合人类梦想却永远无法达到的"绝对公平"，相对于其他形态，资本主义提供了最高水平的社会垂直流动性，下可上，上亦可下。社会出现阶层并不可怕，可怕的是阶层的固化。机会在任何社会都不可能完全均等，只要幸运之神青睐财富创造者，实现社会成员的多赢或共赢就有了可能。

共赢要求政治上的开放，毕竟资本家和他们的高薪团队是人口中的少数（精英在哪个社会中不是少数呢？），社会的多数不得不通过广泛的政治参与，按照程序修改游戏规则，抑制资本在收入分配与再分配上的影响力，保护和争取自己的利益。在美国，1873年、

1930年以及2008年的经济危机推动了有利于劳工的立法，迫使资本采取更为温和与收敛的方式。钟摆并不永远朝向一方，1970年代北美和西欧的滞胀又为宽容资本的新自由主义开辟了道路。经典作家们高度评价资本主义的创造力，却倾向于低估它的自我调节和自我纠正能力。社会流动性和开放性弱化了被预言要摧毁资本主义的阶级斗争；韦伯担心的官僚化管理的蔓延和由此而来的停滞仅限于公共部门；让熊彼得对未来感到悲观的创新力衰竭并没有发生。像一部左右摇晃的自行车，在反复的失衡和再平衡中，资本主义继续书写它虽不光彩却依然不失精彩的故事，眼下仍没有停笔的征兆。

专制政体尽管也允许甚至鼓励资本主义的发展，并且提供了一定的社会垂直流动性，但它的激励机制诱导社会精英从事分利而不是创富活动。经营权力者竭力攀爬官僚行政阶梯，官阶越高，寻租空间越大，到达顶峰就可建造以国家权力为支持的超级商业帝国。与公共部门类似，民间企业配置资源也优先考虑政府关系和依附权力的行政垄断项目，而不是技术创新和企业的高效率经营。

从诞生的那一天起，资本主义的成长就伴随着对它尖锐而严厉的批判。如果说第一次大飞跃在悠长的岁月中缓慢而自然地完成，第二次大飞跃则如疾风暴雨，仅用一两代人的时间就给古老的文明带来地覆天翻的变化，经济理性颠覆了传统社会的价值与道德。资本主义生产方式将人从家庭、村社、宗族等农业社会的共同体中剥离出来，将原本"作为目的的人"（康德）像物件般地抛到市场上，转化为经济理性的工具。他／她现在像一粒砂、一颗尘，孤立无援，只身游荡在陌生的现实中，面对难以预测的未来，失去原有共同体中的温暖和安全感。虽然他 / 她获得了空前的个人自由，代价却是空前的寂寞与失落。生计的困苦化作对资本贪婪的憎恨，精神的折磨激发了对价值和道德泯灭的愤怒指责。

资本家比前现代的封建地主或专制的大清皇帝更为贪婪吗？表面上看或许如此，论内在动因却难分伯仲。传统社会之所以披着一层"温情脉脉的面纱"（马克思），因为在庄园的小共同体内，主人若压榨过烈会引起农奴的怠工、逃亡甚至暴动。资本主义的雇佣关系使企业主可以轻易地解雇不满的工人，从市场上另行招聘替代的劳力。剥削手段的不同而非人性善恶决定剥削的程度，与其诉诸道德，不如从制度上加强劳工的市场谈判地位。

资本主义的确提出了与传统相异的道德标准——就像人类从狩猎时代进入农耕文明时那样。道德是历史的和不断变化的，新旧道德发生冲突不足为怪，真正难以回应的是资本主义对社会价值的冲击。是否存在绝对的和亘古不变的价值？资本主义的价值观与人类文明的绝对价值相互矛盾吗？资本主义必须以共同的价值为基础吗？资本主义的物质文明进步是否足以抵消人们在转型期付出的精神代价？学术界为这些问题而苦恼之时，当代资本主义国家的公众似乎已做好了权衡，他们希望改进而不是更换这个制度，特别是在它的替代方案——计划经济于20世纪晚期退出历史舞台之后。

在一些西方知识精英眼中，若想改进资本主义，抑制资本对自由的压迫，提高国家能力是必要的前提，柯卡教授在书中也分析了国家和资本主义的关系。资本和强制这两大现代社会的支配性力量固然可以相互制约，两者并不处在对等的位置上，资本是竞争性的，而国家强制力是天然的垄断。诚然，资本始终追求垄断地位以获得超额利润，但它只能满足于局部的和暂时的垄断，因为资本赖以生存的市场是开放的，随时有"野蛮人"闯进来分食利润。无论市场份额多大，现有的垄断性企业（例如苹果公司）必须开发出新的产品，形成新的、暂时的垄断，才能保住超额利润，正是资本的这种垄断－竞争机制产生了源源不断的创新。国家没有也不可能有竞争对手，独家垄断的强制力对个人的支配强度从而对自由的潜在伤害远超彼此竞争的资本。

《简史》中的国家像在国际学术界的很多地方一样，例如弗郎西斯·福山的流行作那里，被处理为一个空洞的幽灵，虽然没有一个生物学的大脑，却有思维和行动的能力，获得了起码是某种程度的自主性。借助这个幽灵，偏爱完美的学者重新设计资本主义，并臆想他们高瞻远瞩的方案将被平庸的公众怀着感恩的心情接受。坦率地讲，马克思主义的国家观比这些乌托邦更接近现实，国家绝非独立的终极行动人。具有思维和决策能力的博弈各方既争夺对国家机器的影响，通过法律和政策的制定保护各自的利益，也利用国家机器维护共同的利益，其中最重要的就是经济秩序和社会的稳定。

《简史》以极为精炼的语言，介绍了资本主义儿百年的发展历史、它对人类文明的贡献以及带来的苦难，相信这本大家写的小书将为读者提供考察资本主义的启发性视角，并有助于人们深入思考当今世界所面临的价值和道德问题。

制度体系的内在一致性

现代化转型的一个分析框架

引言与文献回顾

为什么要研究"制度体系的内在一致性"？这个问题是怎么产生的？学术文献上可以追溯到马克思。马克思将社会制度体系分为两部分，经济基础和上层建筑，上层建筑的涵盖面很广，包括政治、法律、社会组织、思想意识等等，非经济部分都归入了上层建筑。马克思虽然没有明确地采用"系统论"的名称，实际上隐含地把社会分成了经济和上层建筑两个子系统，考察了两个子系统如何相互适应，又如何发生冲突。子系统的结构和子系统之间运行的相互作用要求内在一致性，像医学上的器官移植一样，如果异体器官和接受植入的人体不相容，不仅器官无法存活，还有可能导致人体的死亡。

美国社会学家帕森斯完整地提出了系统分析框架，即结构－功能分析，他把社会视为子系统组成的有机体。人体这样的有机体由血液系统、神经系统、消化系统、呼吸系统等构成，子系统相对独立又密切关联，通过血管、神经连结为一个整体。帕森斯将社会划分为四个子系统：经济、政治、法律、社会组织，稍晚一些的时候，又加上了文化，认为文化是连接子系统的纽带，发挥着提领各个子系统的作用。社会有机体的思想和笛卡尔的机械唯物论形成对照，一辆汽车虽然也可以被分为发动机、传动、控制、悬挂等子系统，但完全是为了研究和描述的方便，子系统是被动的，没有任何独立性，也不可能对整体产生影响。

在制度分析的系统论方面，我国学者金观涛、刘青松做出了贡献，他们早在1980年就出版了《兴盛与危机》一书，将古代中国社会分为观念、政治和经济三个子系统，运用系统论的方法解释中国古代社会的超稳定现象。为什么中国社会从秦到清一直不断地循环，上下两千年几乎没有什么制度上的突破，在原有模板甚至原有水平上复制，这种超稳定结构的原因在哪里？金、刘两位认为，得益于儒家正统意识形态的维系，子系统之间的紧密耦合保障了统一皇朝的百年延续。但皇权－官僚专制制度不断创造和扩大"无组织力量"，即失地农民，无组织力量的发展最终演变为农民战争而摧毁皇朝。然而在每次王朝覆灭、旧系统瓦解后，正是在保守、僵化的儒家学说指引下，前朝的制度基因几乎原封不动地遗传给新政权，进入下一轮循环而鲜有制度创新。对比西欧，中国古代制度体系的特点就是它的不变性，秦汉、唐宋、明清，皇帝家族变换，制度与格局基本不变。

金观涛于2010年出版了《历史的巨镜》，沿用《兴盛与危机》的系统论方法，分析为什么西欧从传统社会进入了现代社会，从农业文明进入了工商文明，以及转型过程中观念、政治和经济的子系统是如何互动的。

在《变化社会中的政治秩序》一书中，美国政治学家亨廷顿对工业化过程中世界各国政治秩序的演化进行了归纳，虽然没有明确讲，实际上运用了子系统相互矛盾、相互作用的动态分析方法。亨廷顿考察经济子系统中的工业化如何产生新的社会群体——主要是中产阶级[1]和工人阶级，社会结构和力量对比发生变化，新的社会群体推动政治子系统的改革，大众参与成为潮流，传统的贵族寡头政治向精英政治和民主政治过渡。亨廷顿注意到，工业化的速度越快，政治变革越为激烈，在极端的情况下，社会无法承受而发生断裂。亨廷顿进一步问道，为了保持社会的稳定，有无可能放缓工业化的步伐？

同样聚焦经济和政治的相互作用，巴林顿·摩尔写了《专制与民主社会的起源》，试图回答现代化的道路是如何决定的，为什么世界各国的现代化展现出相当大的路径差异？摩尔认为前现代的农业社会结构决定了现代化的三条道路，以英、法、美为例，这三个国家前工业化时代的农业商品化程度都比较高，城乡中产（资产）阶级力量强大，能够通过资产阶级革命建立宪治民主制。现代化的第二条道路以德国和日本为典型代表，两国的中产阶级相对弱小，国家政策走向取决于农村各阶层的力量对比，于是出现了传统精英与中产阶级合作的情况。德国的传统精英是容克贵族、军人和职业官僚，日本则是封建大名和武士，由于缺乏社会基层的支持和制约，

---

1. 国际文献中的"中产阶级"包括了资产阶级，而国内的习惯用法则不包括。在这篇文章中，我们采用国际上中产阶级的标准定义。

统治精英自上而下推动的现代化最终走向了军国主义和法西斯主义。第三个类型的现代化是以皇权－官僚专制下的农业社会为起始点，像俄国和中国，工商阶层同样虚弱，与德、日的区别在于专制政权的现代化努力加重了农民的负担和苦难，遭到占人口大多数的农民的抵制和反对，结果由共产主义政党领导的工农革命推翻改革不力的专制皇权，以斯大林主义方式进行工业化。

摩尔展现的前现代社会结构对现代化道路的重大影响具有启发性意义，但他似乎给予农民和地主的关系过大的权重，决定现代化道路的除了农村的经济和社会结构，还有前现代的政治结构。有意思的是，摩尔在书中评论到，现代化成功与否不能只看经济和经济增长，德国和日本在打破封建制、形成统一市场之后，经历了令人惊讶的经济增长，增长速度超过当时已经工业化的法国、英国和美国。摩尔警告说，只关注经济成功的现代化有可能给人类自由带来巨大灾难，这是摩尔的一个独到和深刻的见解。

加拿大社会学家司考切波弥补了摩尔在政治分析方面的不足，她的著作《国家与社会革命》对比法国、俄国和中国，研究长期的政治和社会转型。这三个国家都经历了大规模的群众运动和暴力革命，才打破传统的社会结构而进入现代社会。德国、日本现代化的启动相对比较平和，国内没有发生暴力革命，尽管这两个国家后来的对外战争不断。

研究和归纳现代化转型的历史，目的不在于揭示某种必然规律。制度的演化有没有规律可言？现在还说不清。自然界有规律，自然科学的目的是发现规律，现代语境中的"科学"就是自然科学，我们习惯性地讲"社会科学"，其实很难用自然科学的方法研究社会。我更愿意讲"社会学科"，包括经济学在内，而不是"社会科学"。凡以人为研究对象，经济学、政治学、社会学等等都无法完全科学化，无法完全以客观规律作为标准，因为人除了理性的计算，还有感性的、心理的活动。人是理性和感性并存的动物，自然科学方法可以用于分析人的理性决策，对于感性的那一面则无能为力。人文学者需慎言"必然的客观规律"，把人组成的社会系统当作物理系统研究，是人文学者经常犯的错误。

找不到必然的规律，就不可能先知般地预言现代化转型的未来道路。为了避免陷入哈耶克所说的"致命的自负"，我们设定了非常有限的目标，通过事后的分析和归纳表达一个观点：现代化转型要求子系统的相互协调。仅此而已。如果做不到大致协调的话，子系统之间的张力要么颠覆现代化推动者自身，要么驱使整个系统走向他们始料未及并且往往是灾难性的结局。

我们提出评价制度体系的两个标准：效率和稳定性。传统社会之所以要现代化，就是因为它的经济效率和社会治理效率太低，无法应对先行工业化国家的挑战。大清帝国在鸦片战争中输给英国，不是自然资源和人口不够多，而是因为制度落后，不能充分汲取和调动资源，不能开发出先进的科技和军事装备。现代化成为当今世界的主流，各个民族无论自己声称走什么道路，信奉什么主义，现代化的取向都一样，在很大程度上是由国际竞争决定的，没有效率，就会在竞争中被无情地淘汰。关于稳定性，我们知道系统越是包容和富有弹性，越是能够适应内外部冲击，稳定性就越高。效率和稳定性决定制度体系的生存能力，决定制度体系演化的成败。

现代制度体系结构

沿袭金观涛和刘青松两位的方法，我们把现代制度体系按照功能分为观念、政治和经济三个子系统。这样的子系统分解不可避免地带有主观任意性，它既不是唯一的，更不是唯一正确的。由于我们设定的目标有限——为制度演化提供一个解释性的框架，而非揭示某种必然规律或者预言现代化转型的道路，子系统如何划分对研究的结果没有实质性的影响。

现代社会的三个子系统分别为：以平等的个人权利与自由为核心的观念子系统；宪治、民主与法治的政治子系统；以及自由市场为基础的经济子系统。三个子系统之间形成了目的性和工具性的双向耦合，"耦合"是金观涛、刘青松的用语，也可以叫作双向兼容，其含义可参考图一。观念、政治和经济三个子系统由一根皮带连接转动，三个轮子的转速需要协调一致，虽然允许一定的快慢差异，但不能相差太大，太大则轮子和皮带摩擦剧烈，产生张力。在极端的情况下，一个轮子转得飞快，另一、两个轮子不动，皮带有可能断裂，整个系统停摆，对应社会的失序和瘫痪。制度体系的弹性和包容性越大，适应性越好，子系统之间可容许的速度差越大。反之，僵硬和刚性化则容易断裂解体。图一并不表示社会是一个机械的物理综合体，这张图仅说明子系统相互兼容的概念。

现代制度体系从诞生至今，已有几百年的历史，尽管问题很多，目前还没有看到衰落的迹象，也没有发生大规模动荡而瓦解基本结构的危险，原因就在于子系统之间高度的双向耦合或者双向兼容，保证了制度体系的效率和稳定性。

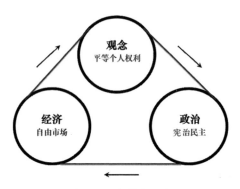

图一：现代制度体系

　　我们从观念入手，说明子系统是如何构成双向兼容的。现代社会的核心观念是平等的个人权利与自由，平等的个人不能接受非自愿的支配性权力，这就要求政治子系统采用现代民主制。任何一个社会都要在某种秩序中运转，秩序的建立和维护离不开强制力。在现代社会中，强制力的授权和使用只能来自于全体而不是部分人或者大多数人的同意。"全体同意"说的当然不是每件事都要投票并且一致通过，而是根据一致同意的立法程序和立法规则制定关于经济、政治和社会秩序的具体法律，比如《物权法》得到三分之二国民的赞同，另外三分之一的人尽管有不同意见也必须服从。服从的基础并非大多数人代表真理，而是因为这三分之一的少数事先也同意了三分之二多数的立法规则。就像下棋，输棋的一方必须接受令人不悦的失败结果，因为游戏规则是在开局前双方一致同意的。政治子系统中的"一致同意"原则赋予每个人否决权，体现了平等的权利，政治子系统与观念子系统达成目的性兼容。反过来讲，只有民主法治才能保护平等的个人权利，我们称之为工具性的兼容。自由平等要求民主法治，民主法治保障平等权利，这就是观念子系统和政治子系统的双向耦合。

相类似地，平等的个人权利包含了经济机会的平等，这意味着实行自由市场制度而拒绝强制性的计划指令，因为行政指令限制了人们的选择机会，被认为是对个人权利的侵犯。自由市场经济中可以有政府的监管和干预，但必须经过所有人的一致同意，也就是必须在法治的基础上进行。从工具性的角度讲，只有在自由市场中，个人才能获得经济上的独立和财务自由，而财务自由是个人思想、社会活动等其他方面自由的前提条件。正像民主之于现代社会的观念，自由市场经济既体现了平等权利，又是平等权利的保障，同时满足目的性和工具性双向兼容的要求。

至于政治子系统和经济子系统，除了通过观念子系统间接关联，两者还存在直接的耦合。市场经济的最基本活动是自愿交易，如果没有私人产权的清晰界定和有效保护，如果没有严格的市场规则，经济秩序就无法维护，市场交易就无法顺利进行，而民主和法治在市场经济中的作用正是保护产权和降低交易成本。私人产权的另一功能——其重要性丝毫不亚于实现交易——在于激励创新，从蒸汽机到互联网的技术创新以及从手工工场到跨国公司的组织创新构成现代社会的财富源泉。产权制度为企业家建立了关于未来的稳定预期，鼓励他们进行长期的研发活动；产权特别是知识产权也保证了创新成功后的回报，为企业家提供了强大的物质激励。

创新不仅需要物质激励，也需要自由的思想环境。突破了中世纪教会的束缚和禁锢之后，哥白尼、伽利略等人才能开展他们的科学研究，继而引出彻底改变人类思维方式和生产方式的科学革命，科学的进步为工业化时代的一系列技术创新奠定了基础。持续的和系统的科学研究以及研究成果的广泛商业应用是现代社会所特有的，只有在现代的、自由的观念子系统中，理性才得以充分发挥。

子系统高度耦合的现代制度体系带来经济和社会治理的高效率，不仅使现代国家在国际竞争中占有优势，而且维持了国内社会的长期稳定。一方面，技术创新使社会财富的蛋糕不断做大，收入分配因此有可能实现"有人受益而无人受损"的帕累托改进，绝对收入的提高弱化了相对收入下降引发的怨愤，有助于缓和社会矛盾。另一方面，现代制度体系的具体安排减少了冲突，且在冲突发生时能够提供相对公正的法治化解决方案，避免社会的剧烈动荡。

传统社会中破坏稳定的因素通常有精英和草根阶层的斗争，以及统治精英内部不同集团的斗争。精英与草根的对立在现代社会依然存在，但已被大大缓解。现代民主法治保障的平等权利给予草根阶层参与政治的机会，精英阶层无法通过掌握国家机器和修改博弈规则（法律）取得利益分配的优势地位。草根阶层或许对博弈的结果不满，但不会用非常手段，例如革命强行改变或推翻博弈规则，因为现行规则是经过程序意义上的全体讨论和一致同意的。现代社会的流动性为上下层之斗进一步釜底抽薪，平等权利打开了社会上下层对流的通道，出身贫寒的少数族裔可以当选总统，一文不名的小字辈可以奋斗而成名流巨富，与其上街游行闹事，不如在现有体制中寻找通往上层的途径。

现代社会也少有上层的政变或内战，而威胁传统社会稳定的，经常是统治阶层内部不同利益集团之间的权力斗争。由于现代的产权保护制度增加了当权者剥夺民众的困难，政治权力的"含金量"或者寻租收益大幅下降，当官未必能发财，从政的回报和官场的风险不再匹配，社会精英分子对政治权力的争夺弱化，一些人转而创业经商，同样达到扬名立万的人生目标。现代制度在改变社会精英激励机制的同时，也减少了"权贵资本主义"和腐败，有助于缓和社会上层与底层的矛盾。

稳定性和效率并非现代制度体系的两个彼此独立的性质，而是相互关联的。在稳定的社会环境中，企业和企业家才能建立对未来收益的稳定预期，才可能做出长期的投资计划。在研发上的长期投资和长期的技术积累是市场经济效率的根本保障，如同前面讲过的，经济效率的提高反过来有助于达成帕累托改进的收入分配，从而有助于维护社会稳定。

对现代制度体系稳定性的批评集中在收入分配和公平上，尤其在2008年国际金融危机之后。法国经济学家皮凯蒂以一本《21世纪资本论》红遍半个世界，他在书中主张征收资本税以改善收入分配。类似这样的劫富济贫体现了社会公平吗？未必。现代公平观讲的是机会平等、权利平等，而不是收入或财富的均等，皮凯蒂搞错了基本概念。乔布斯是亿万富翁，苹果的软件工程师每年也就二三十万美元收入，不公平吗？收入差距反映了对财富创造的贡献不同。没有乔布斯，苹果的500个工程师也做不出智能手机；有了乔布斯，在市场上招聘500个工程师就做出来了，这500个人可以是张三、李四、王五……也可以是约翰、彼得、保罗……乔布斯却只有一个，不可替代。皮凯蒂要征收资本税，劫富济贫的结果是弱化创新激励，抑制创新，公众于是要在两种方案之间做出选择：宁可让乔布斯成为亿万富翁，世界上有智能手机可用；还是宁可没有智能手机，也要收入平均分配？既要智能手机又要收入平均分配是不可能的，逻辑上和现实中都不可能。中国人说鱼和熊掌不可兼得，理性的选择当然是有乔布斯的世界更好一些。现代社会的公平需要民众的理性，实现社会公平的办法不是资本税，而是坚持机会的平等，让具有乔布斯那样潜质的人都能够成就乔布斯那样的事业。

小结一下，现代制度体系的特点一是高效，二是稳定。

形成现代社会的前提条件是什么？民众会想到明君清官，学者则偏重教育和启蒙。从历史上看，形成现代社会的首要条件是多元利益，而且多元利益中没有一方具有支配性的力量，不可能"通吃"。这时各种不同的利益之间就要寻求妥协，商量和制定游戏规则，按照一致同意的规则进行合作。合作中又有竞争，竞争再激烈也不会破坏合作的大局面，不会搞暴力革命打倒哪一方或哪几方，因为合作的收益大于竞争造成的损失。这种状态在经济学中被称为纳什均衡，一种自我实现的稳态，不需要超然暴力的震慑和干预，均衡中的各方没有一家愿意偏离或打破目前的状态，因为任何偏离都会导致自己利益的减少。多元各方商定的、达到并维持纳什均衡的规则就是法律，或许还有约束力较弱的道德规范。现代社会只能出现在纳什均衡中，非支配性的多元利益是均衡的前提。

法律的实质是什么？美国日裔经济学家青木昌彦认为，法律、制度并不是白纸黑字写的条文，条文必须转化为社会成员的"共有信念"才成为制度。所谓共有信念就是一致的预期，而预期在我们每个人的头脑中。以《交通法》为例，法律条文写得很清楚，为什么大街上还是到处看到违反交通规则的人，法律为什么不管用？根据青木昌彦的观点，在没有转化成共有信念之前，纸面上的条文不起作用，因为违反规则可以获得超额收益。《交通法》规定车辆、行人在红灯前要停下来，但有人就是要闯红灯，你们都停下，他正好借机冲过去，用最短的时间通过十字路口，这在博弈论中叫作"流氓的优势"，靠违反规则在博弈中获得超额收益。如果闯红灯的人多了，你也不想停车，谁老实谁吃亏，小人多到一定程度，君子也变成小人，大家都闯红灯，《交通法》就成了一张废纸。你什么时候守法呢？预期别人都守法时，你才守法，每个人都有同样的预期，纸面上的条文才成为有约束力的制度。

现代社会承认和尊重每一个人的权利和自由，人多手杂，人多心杂，怎么能形成一致预期呢？这就需要理性，更准确地讲，需要奥尔森在《集体行动的逻辑》中所说的，将个人理性上升到集体理性。闯红灯是个人追求利益最大化的理性行为，但如果大家都闯红灯，十字路口堵死了，包括违规者在内的所有人在道路上花费的时间将更多。最终，个人理性引导每个人认识到，"流氓的优势"会变成对自己不利的劣势，从长远看，守规守法其实符合自己的利益。当人们把认识落实在行动上，守法的人越来越多，关于守法的一致预期逐渐形成，《交通法》就真正变成规范人们行为的制度。从这个例子

学理：常识与洞见

可以看出，规则、法律、制度的实质就是一致预期，现代化制度转型的困难在于所有社会成员预期的同步转换，用博弈论的话讲叫作"囚徒困境"。

由传统社会进入现代社会，难在预期的同步转换，具体而言，存在两方面的困难。第一，从旧的潜规则预期转到新的法治预期，有可能谁先转变谁吃亏，比如在不遵守交通规则的混乱环境中，你要率先守法不是犯傻吗？按照陈规旧习行事的反而占便宜，还是前面讲的违法有超额收益，以及协调预期时碰到的"囚徒困境"。只有经过多期的重复博弈，人们认识到旧规则的低效和对自己的伤害，才愿意尝试建立新的规则，开始漫长而代价巨大的转型过程。

第二，传统社会也是一个纳什均衡，均衡的规则已在传统社会的长期存续中内化为绝对价值，或者叫伦理道德。人们连改变它的念头都没有，认为这样的道德是天然合理的和永恒不变的。例如"孝"是中国传统社会的核心价值，"孝"并不是天赋或生而有之的，这个概念由儒家倡导，被历代统治者定为正宗。为什么要行孝呢？儒家说父母养你这么大，你当然要回报。有人不买账，西晋竹林七贤之一的嵇康说：父母养了我，不过是他们情欲的偶然结果而已，我为什么要背上这个道德的负担呢？我不欠他们什么债。所以"孝"的观念是历史的，父慈子孝，经过几千年的社会实践，保持家庭和谐稳定的外在规则内化成心中的道德，似乎具有了天然的合理性，是绝对不可更改的。现代社会没有"孝"的概念，美国父母对儿女的责任就到18岁，18岁以后赶出家门，自谋生路。儿女大学毕业后找到工作，挣钱自己花，从来不给家里，父不慈，子不孝。中国传统社会，"孝"成为观念子系统中的核心价值，推衍到政治子系统里就是"忠"，君父同阶，孝顺父母和忠于君王是一个逻辑。现代社会虽然不一定排斥"孝"，孝作为私人美德可以保留下来，但需要注意，它和平等权利的现代观念是不兼容的，现代社会也不可能像传统社会那样，由孝到忠，比照家庭关系建立政治秩序。

到这里为止，我们介绍了有关现代制度体系的文献、概念和理论分析框架，下面讲一下世界各国的现代化转型，与上面的理论部分相呼应。

以封建制为起点的现代化

在案例研究部分，我们侧重"赶超"国家的现代化转型，而不是"自然演化"进入现代社会的英国和美国。英、美的现代化主要由国内力量驱动，例如英格兰经历了长期的制度变迁，缓慢而渐进地实现了现代化，有些学者视1688年的"光荣革命"为现代的滥觞，英国的麦克法兰教授则上溯到14世纪。赶超型的德意志、日本、俄罗斯与中国在先行现代化国家的压力下，仓促启动本国的现代化，救亡图存，力争跟上世界的脚步，这些民族是我们的研究重点。我们将后发的赶超型现代化再分为两类，分类方法和摩尔有重合，但着眼点不同，摩尔以前现代传统社会的农村状态为主轴，我们则强调传统社会政治结构对现代化路径的影响。第一类赶超型现代化有德意志和日本，以封建社会为起始点；第二类是俄罗斯与中国，从皇权－官僚专制的传统政治体制出发。

赶超型国家被迫离开原有的社会演化轨迹，有意识、有计划地进行社会改造，原因在于现代制度体系以战争的方式展现了它的效率，借着大英帝国的坚船利炮和廉价工业品，令人信服地证明了它的优越性。仍处于传统社会的民族无可奈何，战败之后痛定思痛，起而师法征服者，走上现代化的道路。1806年，号称欧洲最精锐的普鲁士陆军遭到拿破仑法军的毁灭性打击，普鲁士险些亡国，触发1807年首相施泰因领导的普鲁士现代化改革。1853年，美国海军佩里舰闯入东京湾，用大炮轰开了日本的国门，西方列强接踵而至，强迫德川幕府签订一系列的不平等条约。面对外部危机，西南诸藩的武士和大名于1860年代初期发动"尊王攘夷"运动，很快演变为1866年正式登台的明治维新。1853年到1856年，俄罗斯在克里米亚战争中惨败于英、法，1857年沙皇亚历山大二世筹备农奴制等各项改革，1861年正式下诏推行。1905年俄国在远东被日本击败，同年沙皇尼古拉二世同意召开第一届国家杜马（议会），次年授权首相斯托雷平主持土地改革。中国近代史我们比较熟悉，1898年戊戌变法的直接起因是1894年甲午中日战争的失败。

对外战争的失败清晰地暴露了国内体制的问题，精英统治集团不得不改革以保住自己的地位。德意志前现代的统治精英包括王室、土地贵族领主、高级行政和军事长官；日本还要加上颇具特点的武士阶层。德意志现代化的早期推动者如施泰因、俾斯麦大多出身贵族，日本明治维新的骨干为西南四藩的武士和大名（统治藩的封建领主）以及皇室公卿。统治阶层面临的紧迫任务是通过国家治理和经济的现代化实现军事的现代化，富国强兵，驱逐外部势力，维护民族独立。民族主义自然成为现代化的思想旗帜，政治上取消地方封建分治，建立统一的中央集权民族国家，创设官僚制的全国税收和行政管理系统，提高国家汲取和动员资源的能力。

对照图一可以看出，赶超型国家的制度体系和先行现代化国家有两个明显的差别：其思想观念是族群认同为基础的民族主义，政治体制在现代的外衣下保留了精英统治的实质（图二）。这并不令人感到意外，现代化运动本来就是由社会精英发动和领导的，目的是挽救他们岌岌可危的统治地位，精英集团以超越各个阶层的民族事业为号召，以便得到尽可能多的社会支持。

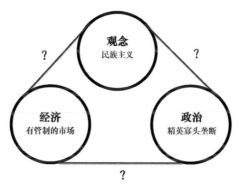

图二：半现代制度体系

民族国家起源于世界上首先现代化的英格兰，那里的人们以个人权利为核心价值形成民族认同；法兰西现代民族国家的观念是人们熟知的自由、平等和博爱。在拿破仑占领了大半个德意志之后，沦为他人附庸的屈辱刺激德意志民族主义兴起，时势和文化传统造就了不同版本和不同内涵的民族主义。个人自由在争取民族独立的斗争中从未得到发育的机会，个人权利被宏大的民族利益所淹没，欧洲也曾上演过"救亡压倒启蒙"历史剧。君王成为民族和国家利益的天然代表，行使国家主权，君权不仅压倒了传统社会的神权，也压倒了作为现代社会基石的人权。抽掉个人权利的民族主义抑制和阻碍了现代民主制的发展，在理论上和精神上助推德国和日本的海外扩张，并最终走向极端的种族主义。

深知富国强兵离不开经济的现代化，日本的政治精英们在建立中央集权政府的同时，利用军事力量、天皇的精神权威和民族统一大义对封建领主（大名）形成多重压力，促使他们放弃传统的封建税收、司法、军事等特权，即所谓的"版籍奉还"，解除农民的土地、人身依附，通过赎买将领地农民转变为自耕农，将自给自足的领地自然经济转变为市场化的农业生产。普鲁士农村土地制度改革早在1807年施泰因任首相时就开始了，持续几十年，到第二帝国1871年成立时已基本完成。诚然，中央政府进行农村和农业改革的原始冲动是从封建贵族手中取得征税权和征兵权，改革确实提高了农业的经营规模和生产效率，增加了土地和人力资源的流动性，使农村有可能提供日后工业化所必需的农业剩余和农业剩余劳动力，富裕农户也具备一定的购买力以吸纳工业制成品。德日两国采取了有利于工业发展的政策，取消国内关税，建设全国统一的市场。日本的明治政府发起"殖产兴业"运动，国家财政投资举办新型工商产业和金融业，再以很低的价格转让给民间经营。德国推行"有组织的资本主义"，鼓励卡特尔、辛迪加等形式的垄断经营，政府运用进出口关税政策积极地干预市场，企业照抄照搬国际上的现成技术，利用所谓"后发优势"实现经济的高速增长。

迅速的工业化以同样的速度破坏了原有的社会结构和社会秩序，大量的农业人口进入城市而成为工业无产者，留在原地的封建依附性农民转变为自耕农或者挣取工资的农业无产者。城镇中产阶级随着资本主义生产方式的扩张而壮大，工商业主、金融资本家、商业化的农庄主构成中产的上层，这些人和传统贵族阶层以及高级军政官员有着密切的联系，因此拥有程度不同的对国家政策的影响力。职业中产包括律师、会计师、企业管理者和职员、中下级职业军官和公务员，他们的利益诉求较为复杂，很难归类为某个阶级的一致立场。特别值得注意的是职业军官和行政官僚这一群体的角色，大约以第一次世界大战为界，一战之前，策动国家现代化的贵族精英和元老们仍在发挥支配性的作用，一战凸显了官僚体系对于民族国家的重要性，职业军政人员因此获得了和他们人口比例极不相称的政治权力，逐渐取代贵族精英成为国家命运的主宰。现代化产生新的社会阶层，或者更准确地讲重新划分了社会阶层，每个社会阶层内又存在不同的利益群体，每一利益群体内还有不同的利益集团。例如同属无产阶级，农村无产者（连同地主）希望政府征收农产品关税，抬高国内粮食价格；而城镇无产者（连同企业主）竭力主张取消关税，鼓励进口以降低国内食品价格。统治阶层也不是铁板一块，议会、内阁派系林立，军队和民事行政部门争权夺利，同属国家武装力量的陆、海军内斗不止。

转型国家出现这样的局面并不奇怪，利益多元化本来就是现代社会的题中应有之义，承认和尊重个人的权利是现代社会的核心价值，然而德国和日本的现代化既不可能以个人的权利和自由为目标，也不可能构建多元利益公平竞争的制度框架。经济现代化打开一个无法再关上的潘多拉盒子，释放出无法回收的巨大能量，各个阶层为争取平等的经济权利必然要求平等的政治参与，保守的统治精英却顽固地拒绝分享政治权力。

虽然德、日两国都制定了宪法，设立了议会，导入了选举制，甚至政党政治也有了一定的发展，例如在德意志第二帝国和日本的大正时期，但政治体制仍然是以君主为中心的单极结构，议会更像咨询与审议机构而没有实际的立法权。在创建民族国家的初期，统治精英优待传统封建贵族，安排他们进入议会上院，付给不菲的年金，以换取他们对中央政府的支持。贵族议员也没有辜负政府的期望，在几乎所有的重大问题上都站在政府一边。下院虽有平民代表，权力受到宪法的限制，宪法当然是由统治精英制定的。皇帝和他身边的高级军事、行政官僚决定内外大政方针，军队直接隶属皇帝而与议会无关，甚至内阁都无权过问。高官和近臣努力在政府中培植和扩大自己的派系，争夺政策主导权，上层政治逐渐演变为寡头垄断格局。寡头精英们彼此倾轧，无论哪一派掌权，排斥大众政治参与的立场却是一致的。为了平息新兴阶级的不满以保住自己的特权地位，统治精英利诱和拉拢中产（资产）阶级，对工人阶级虽也采取了收买政策，更多的则是威胁和镇压。

缺乏广泛代表性的半现代政治体制无法协调处理多元利益的冲突，面对一波又一波的危机，统治精英强化中央集权和社会控制，不断进行海外的军事冒险，树立政府作为超阶级的民族利益代表的形象，提高在国内民众中的凝聚力和支持度。在这个过程中，军队逐步膨胀成为一支破坏均衡的支配性力量。

赶超型国家的崛起适逢帝国主义时代，尽管战争是那个时代的普遍现象，特殊的政治结构使德国和日本较其他强国更为好战。统治精英需要赢得战争的胜利以证明他们的统治能力与统治合法性，连续不断的战争贯穿这两个国家的现代史。日本在明治时期即开始对外扩张，吞并琉球群岛，派军侵略我国台湾；1894年出兵朝鲜，继而侵入辽东和山东，在甲午中日战争中打败清王朝。1906年日本与俄国在远东开战，迫使俄国和列强承认它的亚洲霸主地位。德意志第二帝国由三场战争催生，特别是在1871年的普法战争获胜后，俾斯麦和威廉一世在法国凡尔赛宣告帝国的成立。第二帝国于1914年对俄国宣战，拉开第一次世界大战的帷幕。1939年纳粹德国进攻波兰，第二次世界大战爆发。在此之前，日本制造了1937年的卢沟桥事变，挑起全面的侵华战争；日本帝国海军1941年偷袭美国珍珠港，发动太平洋战争。特别值得注意的是，这些战争早已超出了争取和维护民族独立的范畴，也不能完全解释为从海外殖民地攫取经济收益，国内政治是理解这两个国家战争倾向的一个不可或缺的维度。

1860年普鲁士国王威廉一世授意国防部提出新的军事法案，触发"宪法冲突"。国王力图延续王室和贵族掌管军队的传统，议会的中产阶级代表则抵制国王扩充常备军的计划和预算，双方对峙形成僵局，国王的情绪低落到极点，甚至准备退位下台。1861年俾斯麦临危受命，出任普鲁士首相，他敏锐地察觉到，只有一场战争的胜利才能打破僵局，于是利用国际形势变化带来的契机，在1864年发动并赢得对丹麦的战争，兼并了丹麦的两个德意志人聚集的州。挟

293

战胜之威，俾斯麦迫使议会"事后批准"了军事预算，并成功地保住了国王对军队的控制。德国历史学家韦勒认为这是德意志现代化道路上的一个转折点，宪治民主制的发展经此挫折一蹶不振。俾斯麦于1866年又对奥地利开战，确立了普鲁士在德意志民族统一运动中的领导地位，也就是王权－贵族阶层在未来民族国家中的统治地位。1912年社会民主党在德国选举中获得大胜，保守的大工业、大地主、上层官僚和皇室感到统治危机迫近，他们结成爱国主义阵线，在过去军事冒险屡获成功的诱惑下，军方渐成主导，加快战争准备的步伐。

1930年代初，日本受到世界性经济萧条的冲击，出口下降，工商、农业产出萎缩，底层民众生活困苦，他们在军中服役的子弟怨愤满腔。陆海军中下级军官和士兵痛恨政客只顾结党营私，应对危机软弱无力，急于寻求解决方案而接受了法西斯主义思想，相信强有力的专制集权和对外扩张是国家摆脱困境的最有效途径。为了"唤起民众"，迫使政府采取行动，少壮派军人刺杀政客和工商富豪，发动军事政变，在国外特别是中国东北和华北蓄意挑衅，制造事端。1931年9月18日日本关东军炸毁沈阳附近的南满铁路，栽赃中方，借机占领东北全境。1932年5月15日海军激进分子刺杀首相犬养毅，5月26日斋藤实海军大将出任首相，结束了1918年以来实行的政党政治，开军人组阁之先河。1936年2月26日，陆海军青年军官在东京发动叛乱，袭击和占领了包括首相官邸在内的军政要害机关，杀死多名内阁大臣和天皇宫廷高官，要求进行极权主义的"昭和维新"，采取果断行动以摆脱内外困境。军队的高级将领包庇和利用下级军官的造反，要挟议会和文官政府，借助天皇的精神权威和极端民族主义的思潮成为国家的主宰。1937年日军制造"七七事变"，入侵中国的腹心地带，不可避免地损害了英国和美国的在华利益，导致美英对日的封锁和禁运。1941年10月，日本使团在华盛顿的谈判破裂，天皇主持御前会议，决定帝国海军东向攻击美国太平洋舰队的基地珍珠港，陆军南下侵占东南亚。

今天回顾历史，人们感到不可思议。太平洋战争爆发时，日本的钢铁产量不到美国的十分之一，发动机产量仅为美国的五十分之一，飞机产量为美国的五分之一[1]，国内只有少量的煤矿，没有一滴石油，资源和生产能力如此匮乏的国家竟然在亚洲同时攻击了美国、英国、荷兰和中国！好战到自我毁灭的程度不能简单地归因于东条英机等军国主义分子的疯狂，如果说疯狂的话，那是失去制约的权力的疯狂。作为对比，英美的对外战争多由经济利益驱使，战争决策权在国会手中，因而受到多方的制约。1914年，英国政府要到德国军舰驶入比利时的港口，威胁英帝国的贸易生命线时，才能说服议会对德宣战。美国的罗斯福总统也要待日本军机的炸弹落在珍珠港之后，方在国会通过了与日本进入战争状态的决议。总统军权之弱以至于一个符合逻辑的故事在民间广为流传：罗斯福事先已得到日本联合舰队将要袭击珍珠港的情报，但他扣下不发，以美国的惨重损失激起国内民愤，克服当时弥漫全国的孤立主义气氛——欧洲大战虽酣，和我们美国人有什么关系？！

---

1. *The Rise and Fall of Great Powers* 第354页，两次大战前后经济潜力和战争能力的比较第6、7章

学理：常识与洞见

赶超型现代化的性质决定了德国和日本不可能出现对权力的有效制约，精英阶层推动现代化的目的就是延续其统治，不允许任何挑战力量的存在。经济子系统中虽有多元利益，但中产的上层即资产阶级天生具有政治依附性，因为资本主义经济是在政府的扶持和保护下成长起来的，政、商结成以前者为主轴的利益共同体。日本的三井家族因在明治维新时期为天皇筹集军费而建立了和政府的特殊关系，把持了全国的金融业，1920年代的原敬－高桥内阁被人讥讽为"三井内阁"；而反对党加藤高明的政府则被称为"三菱内阁"（绪方贞子）。德国工业巨头克虏伯、蒂森与纳粹当局紧密合作，战后也和纳粹战犯一起被押上审判台。赶超型国家的政商关系和自然演化的现代化国家形成对照，英国先有商业和农业资本主义的发展，中产阶级依托国会与国王政府对抗，控制了立法、财政和军队；而德日则是先有中央集权的国家，后有市场经济的全面发展，"迟到"因而弱小的中产阶级无力制衡强大的精英统治阶层，随着工业化而队伍不断扩大的无产阶级也被传统观念解除了思想武装。

现代社会的核心价值是个人权利与自由，很早就见诸于各类文献，例如英国1225年的《大宪章》，法国大革命将自由、平等、博爱的理念传播到全世界。封建社会的正统价值以"忠诚"为核心，无论基于契约还是出于个人恩惠，臣民忠于领主，领主忠于国王。针对英法的现代价值观，德意志统治精英提出"正义、义务、秩序"的口号，用抽象的民族利益代替具体的个人权利，用社会秩序压制个人自由。封建等级制的忠诚原则不变，仅仅把效忠的对象由昔日的封建领主和国王转换为体现"绝对精神"（黑格尔）的国家，而国家的天然代表就是皇帝或者希特勒式的元首。

陈旧的观念滋生极端民族主义思潮，与政治子系统中的皇权－官僚专制相结合，很快演变为军国主义。关东军1931年策划九一八事变，占领中国东北，得到日本国内媒体和群众的热情欢呼。当国际联盟抵制日本炮制的伪满洲国时，民情汹涌，促使日本政府极不明智地退出了国联。在"515"和"226"流血事件（见上文）被平定后，日本国民同情甚至敬仰肇事的青年军官，视他们为忠君爱国的英雄，法庭在民意和军部的压力下，轻判杀人罪犯，纵容在崇高名义下的暴力滥用。1933年，纳粹党魁希特勒就任德国总理，终结魏玛共和国，建立法西斯独裁统治，众多的德国人却从中看到了民族和自己的希望，因为"那个人"能在很短的时间里消灭失业，撕毁凡尔赛协议，扩充军备，恢复德意志的世界强国地位。

历史的吊诡在于局部现代化的阶段性成功阻碍了现代化的继续深入，工业化带来的经济繁荣和对外战争的胜利似乎证明了"德意志道路"和"大日本皇国体制"的有效性，朝野上下弥漫着自满和盲目的自信，除了少数头脑清醒的学者，没有人意识到更新观念与进一步改革政治体制的必要性，狭隘民族主义、寡头精英政治和政府管制的市场经济构成彼此不兼容的制度体系，貌似"举国一致"的体制蕴藏着巨大的危机。

处于国家中枢的统治精英试图用个人的智慧和政治技巧应付制度无法解决的问题，其中最为棘手的是多元利益之间的冲突。杰出的政治家俾斯麦为此使出浑身解数，收买、调和、镇压或战争，保持国内外的脆弱平衡。第二帝国政府实行贸易关税保护政策，讨好

学理：常识与洞见

工业资本家和容克地主；另一方面，为安抚劳工，给予他们选举权和组织工会的权利，为他们提供养老金等社会保障。当工人阶级顽强抗争时，俾斯麦挥舞大棒，颁布反社会主义运动的法律予以打击。在这些看似相互矛盾的政策背后，目标始终是清晰的：政府是超阶级的国家主宰，不允许任何阶层或组织挑战政府的权威。若国内政策受到限制，俾斯麦不惜发动对外战争。在赢得普奥战争后，这位"铁血宰相"立即宣布普鲁士对现状"十分满意"，暗示没有进一步的领土预期，以缓和与欧洲大国的紧张关系。普法战争获胜后，为避免过分刺激法国，俾斯麦坚持不要求法国割让土地。没有俾斯麦这样精明老道的政治家，严重依赖人治的半现代体制便无法稳定运行。1890年，志大才疏的威廉二世解除了俾斯麦的职务，君权和相权的制衡也消失了，权力很快向军方、皇帝及其近臣集中，在一系列愚蠢的外交政策错误之后，这五六个人的小集团在全民的战争狂热中将国家拖入了第一次世界大战。

德、日两国看上去利用"后发优势"实现了赶超，满足我们评价制度体系的效率标准，但是半现代化的系统缺乏弹性和稳定性，在内外部的冲击下极易产生激进化倾向，造成系统的剧烈震荡乃至灾难性的瓦解。中国学者杨小凯认为，赶超型国家实际上处于"后发劣势"，从长程的系统稳定性角度看问题，这一观点应该说是深刻的。作为对比，英、美两国同样经历了1930年代的经济大萧条，国内也出现了法西斯主义分子，但并未形成具有影响的势力，多元利益的相互制衡防止了极端主义，在失业率高达25%的情况下，民众对于宪治民主制的信心也没有动摇。选民更换政府，改变政策方向，丘吉尔替代了张伯伦，罗斯福击败胡佛，运用宪法赋予的权力应对和度过了内、外部危机。

现代化能否赶超？"跨越式发展"有无可能？英格兰经历了几百年的自然演化进入现代社会，虽然也发生了内部动荡和外部战争，转型的代价明显低于德、日两国。这或许是因为观念、政治和经济子系统之间有足够的时间和空间相互协调与适应，渐进式的小幅变革不至引起现有社会结构无法承担的张力，保证了转型过程中社会的基本稳定。古人云，"欲速则不达"，诚哉斯言。

皇权专制下的现代化

第二类赶超型国家的初始状态是皇权－官僚专制，例如沙皇俄国和满清皇朝。沙俄的两次改革均以失败告终，沙皇亚历山大二世1857年开始的改革以解放农奴为中心，先后推出一系列改革措施，开放县议会选举，建立不受行政干扰的司法体系，普及基础教育，实行征兵制，取消贵族子弟免除服役的特权等等。亚历山大二世的改革遭到贵族地主和官僚阶层的反对，也激起了民间对进一步现代化的热切期望。当民间的预期落空时，激进的民粹主义分子于1881年刺杀了沙皇，应验了一个流行的悖论："改革是找死，不改革是等死。"亚历山大二世死后，改革终止，俄罗斯的下一次机会要等到1905年日俄战争失败，尼古拉二世和他的首相斯托雷平不仅进行了更为彻底的土地制度改革，而且开设了国家议会（杜马），政党政治也具备了雏形，但他们的努力为时已晚，无法挽救罗曼诺夫王朝崩溃的命运。1914年俄国卷入第一次世界大战，前线的失利充分暴露了沙皇体制的腐朽无能，1917年革命爆发，亚历山大二世和斯托雷平的未竟事业由布尔什维克接了过去。

俄罗斯早期现代化是陈旧、落后的沙皇政府在内外部压力下被迫展开的，极端保守的皇权－贵族－官僚体系不可能构建德国和日本那样的新型中央政府，因为新生政治力量必然侵蚀现有体制的权力基础。沙俄旧式政府的改革深度和力度远不及德、日两国，在农奴经济的汪洋大海中工业化进展缓慢，非但不能富国强兵，延续沙皇的统治，反而以一连串的内政外交失败让社会的各个阶层相信这个政权的无可救药。中国晚清的现代化之路与沙俄颇有相似之处，经过自上而下的洋务运动、戊戌变法、慈禧新政，满清皇朝在辛亥革命的烽火中黯然退出历史舞台。日本的维新志士也许是幸运的，他们可以联合西南强藩颠覆已日薄西山的德川幕府，成立中央集权的明治新政府，甩开旧体制的掣肘和阻碍，全力推进各方面的现代化改革。西南诸藩之所以具备这样的实力，是因为前现代的日本实行封建制，大名（领主）在自己的领地上拥有独立的财权和军权。沙皇政府的悲剧在于它太强大，强大到足以扑灭任何取而代之的企图；另一方面，它又太虚弱，虚弱到无法证明自己领导现代化的能力。

俄国在1917年革命之后建立了全新的制度体系，它的三个子系统分别为斯大林主义的观念、苏共的一党专政和中央计划经济（图三）。就富国强兵的目标而论，这个制度体系是有效的，它可以快速地进行工业化。这个体系也是子系统兼容的，因而在一定时期内具有稳定性。政府通过强制性经济计划控制收入增长幅度和消费品供应，压抑居民消费，人为提高储蓄率，加快资本积累，汲取资源投入工业化和军队现代化的建设。为了平息生活水平低下带来的不满，政府提倡集体主义的思想观念，号召民众为国家和民族牺牲个人利益，树立集体主义价值观为正统意识形态，为单极化的政治子系统提供合法性支持。在工业化初步完成、民族独立基本得到保障之后，人们的观念发生变化，斯大林主义制度体系的弊端便逐渐显露出来。

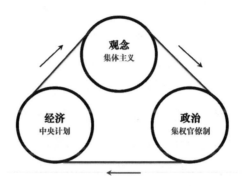

图三：斯大林主义的制度体系

在相对和平的环境中，集体主义的意识形态不再具有战争时代的感召力，民众为某个共同目标而牺牲个体利益的意愿下降，要求改善生活条件和拓展个人自由发展空间的呼声越来越高。然而低效的计划经济无法满足人们的消费需求，保守、僵化的官僚体系无所不在，支配着经济、政治、社会的各个方面，阻塞个人的发展之路，窒息民众的创造力，社会的各个角落弥漫着停滞、沉闷和冷漠，新观念和政治、经济子系统不兼容的问题日趋突出。由于个人创造性和市场的缺失，低效的计划经济不能长期承受"冷战"中军备竞赛的重负，1980年代中期之后，苏共高层形成削减军费的共识，缓和

学理：常识与洞见

与西方的关系，结束阿富汗战争，否则国内的经济形势和民怨将发展到难以应对的地步。但谁也没有料到，对东欧卫星国和国内非俄罗斯地区控制的松动竟导致了整个帝国的解体，俄罗斯的现代化再次发生剧烈的转向。

到这里为止，我们介绍了一个理解后发国家现代化转型的分析框架，从子系统的冲突与协调入手，给出了转型成功的一组必要条件，即平等的个人权利与自由（L）、现代民主制（C）和自由市场经济（F）。请注意L、C、F是现代社会（M）的必要条件，即M必须具备这三个相互兼容的子系统，缺失一个或两个，就不成其为现代社会。L、C、F仅为M的一组必要条件，而非唯一的一组。L、C、F也不是现代社会M的充分条件，因此不能用于预测M将在什么情况下出现。从这个框架更不能推出世界各民族必然走上M道路的结论，亚马逊森林中的土著可以按照千百年来的传统方式生活下去，如果他们永远不和外部现代社会交往的话。

只能理解过去而不能预知未来，这也许令人感到沮丧。毕竟人类的认知能力有限，谦卑之心虽然有可能障碍我们攀登新的高峰，却可以阻止我们落入难以想象的灾难深渊——如同历史一再证明的那样。

· 回应 ·

谢谢各位的评论以及推荐的文献，都非常有帮助。对于各位的批评，限于时间不能一一回应，选一些意见比较集中的问题讲讲自己的想法。大家的批评集中在比较静态分析上，认为没有足够的演化和动态过程分析。自我辩解一下，今天确实没有时间在这里讲演化了，其实从一开始做这个研究，关注点就是从初始状态如何一步步演化过来，强调演化路径对初始状态的依赖。我把德、日的现代化归类为一组，中、俄放在另一组，还有今天没提到的韩国和中国台湾是第三组，每一组的两个国家地区初始状态类同，演化路径相似。

第二个比较集中的批评是对外部环境和内部的相互作用论述不够，这个批评很中肯，的确如此。我只给定一个初始条件，然后外部有一个冲击，看系统怎么反应，如何演化，假定系统演化一旦开始就和外部的后续冲击无关了。这并不是说外部的偶然因素对演化过程不重要，因为无法预见偶发性事件，就没有花太多的精力进行分析。这样的分析仅在系统具有鲁棒性（Robustness）时才有意义，鲁棒性的概念和稳定性有点类似但又不尽相同，指的是在内、外部扰动下，系统不会发生太大的波动以至于永久离开现有的均衡。我们知道，大多数社会系统不具有鲁棒性，一个小小的扰动可以改变系统的演化路径，比如说亚历山大二世遇刺，第一颗炸弹仅让他受了点轻伤，沙皇若马上离开则无生命危险，可以继续他的统治和改革。亚历山大二世偏偏好奇心强，想看看刺客是谁，回到事发地点，碰上刺客同党扔出第二颗炸弹，不仅终结了沙皇的生命与事业，而且改变了俄罗斯国家的发展轨迹。这就是通常所说的"蝴蝶效应"吧？偶然因素的不可预测性决定了下一阶段系统演化路径的不可预测性，没法预测就不是科学，所以说只有社会学科，而不存在社会科学。

不能预测，社会学科的研究有什么意义呢？通过研究了解系统的性质，局部现代化的制度体系不是一个稳定的系统，互不兼容的子系统之间产生张力，打破当前的均衡，朝下一个均衡移动。至于下一个均衡在哪里，很难说，取决于诸多因素包括偶然性力量。演化的方向也许和统治精英有关，和人的思想意识有关，和技术例如互联网有关，我们只知道会发生变化，但不知道如何变以及变成什么样子。

1868年日本明治维新、1871年德意志统一之时，谁也没想到日后打世界大战。有位朋友提到，德国和日本经过战争才能完成现代化转型，历史的确是这样的，只不过这两个国家的现代化是由盟国的占领军当局完成的。我在德国做访问学者，见了三位联邦国会议员，我问他们，如果没有"二战"后美、英的军事占领，德国能否自发地转向宪治民主制。两个议员说不可能，第三个表示说不清。他们的回答给赶超型现代化投下一个暗淡的阴影，假如没有外部的强力干预，后发国家要想现代化是极为困难甚至不可能的。我感觉有点过于悲观了吧。在互联网时代，信息和思想自由传播，或许不需要外力的作用，一个民族可以自主地、比较顺利地转型成功。希望如此，但谁知道现实会是怎样。历史上确实出现过"陷阱"，掉进去就出不来，讲得学术一点就是具有鲁棒性的纳什均衡，系统经过大震荡又回到原点。古代中国社会被称为超稳定的，两千年的王朝更替，没有突破性的制度创新，如果不是清末西方的冲击，还可以继续循环下去，因为子系统是高度兼容的。中世纪的西欧经济也落入马尔萨斯陷阱，农业生产效率停滞不前，形成人口数量的循环。

斯大林主义的体制是不是一个"陷阱"？前面讲过，集体主义的观念、集权的政治和集中决策的计划经济是子系统兼容的，因而具有稳定性。但这个体制在与西方的冷战对抗中败下阵来，因为它的经济效率太低，对内无法满足民众不断增长的生活需求，对外不能承受长期军备竞赛的重负。假如没有冷战，在完全封闭的环境中，斯大林主义的体制会像中国的皇朝那样是个超稳定结构吗？历史没法做实验，纯粹想象一下，感觉不大可能。虽然三个子系统是相互协调的，但是观念子系统本身却有一道裂痕，官员们嘴上提倡勤奋劳动、克己奉公，他们自己却享受特殊待遇，公费的车子、房子、度假，可以低价买到西方消费品的特供商店等等。虚伪的官方道德说教对公众没有吸引力，宗教信仰被打压，精神和思想上的自由探索受到严格限制，民众和知识分子在高压之下由苦闷转向对社会的冷漠，抛弃了正统意识形态。虽未出现替代物，集体主义的观念子系统已处于虚置和自我空转的状态，事实上与政治和经济子系统脱节，不能发挥耦合与连接的作用，整个系统的运转效率下降，最终免不了瘫痪和停摆。前苏联的历史表明，思想观念不仅是工具性的——支持政治和经济子系统的运行，而且本身也是目的性的——满足民众精神的和文化的需求。以儒学为中心的中国古代的观念子系统兼顾了两者，所以它的制度体系呈现出超稳定性；斯大林主义的观念子系统则不具备这样的性质。

（本文为作者2016年4月20日在某研究所的发言）

附录

中国需要推进观念现代化

《财经国家周刊》记者 万磊

一直以来，舆论似乎更加关注有形的政策、制度层面的改革，对于无形的精神、观念上的变革的关注，相对而言没有那么多。中国应该如何推进观念上的变革，如何理性看待种种纷繁芜杂的观念争议，带着这些问题，《财经国家周刊》专访了中欧国际工商学院经济学和金融学教授许小年。

《财经国家周刊》：随着经济学的普及，商学院对于企业家思维的训练，微博等社交平台对于观点的传播作用等等，您怎么看待十年前和现在，政府官员、企业家、民众的思维观念变化？

许小年：观念的变化是在改革开放以后，中国很明确地要搞市场经济。不管给市场经济打什么标签，有中国特色的市场经济也罢，社会主义市场经济也罢，市场经济本身有它自己的要求：第一要私有产权，第二要求法治，要求规则。这一点我觉得社会的各个阶层都没有非常清楚地认识到。所以我的工作就是，希望能够向大家解释，市场经济离开了私有产权不可能有效运转，离开了法制社会不可能有效运转。把市场经济当做一个工具来使用，而不是当做一个完整的体系来尊重，这样的想法在实践中会碰壁。

企业家赞同私有产权是出于自身利益，他们深切地感觉到私有产权如果得不到保护，不知道今天投下去的这些成本将来能不能够得到足够的回报。如果对未来感到犹豫，未来不确定性太高，企业家的行为就趋向于短期化，做一些短平快的项目。这造成经济转型局面下企业家就会碰到问题。

政府官员对私有产权的认识是基本上没有什么提高，民众对私有产权的认识甚至在退化。过去十年前的国进民退，现在所谓理直气壮地发展国民经济，政府似乎没有意识到市场经济中的国有企业是对市场规则的破坏。如果要想市场充分发挥它的作用，就要尽可能地缩小国有经济的范围。

国有经济和民营经济的一个根本区别是，民企追求利润最大化，国企的目标是规模最大化。国企为了追求规模可以不计成本，这给市场机制造成了很大的伤害。比如，房地产行业在政府一再调控的情况下，房地产价格不断攀升，说明市场风险越来越高。但是为什么在市场风险越来越高的情况下还连续不断地拍出"地王"，国企是很重要的因素。因为国企追求规模，不关心风险，或者说对风险的意识没有民企强。一个国有房地产商出了问题，有人给他兜底，而民企是没有人给他兜底的，促使他能够控制风险。国企拍出了"地王"，把地块抢了，别人就没法做，像这样的案例很多。国企可以不计成本地生产，利润非常薄也要生产，那么就可以把价格压得很低，这样其他计较利润的企业就没法做了。

总之，国企在目标和约束条件上都与民企有本质的不同，对资源不能够有效地使用，因为不做利润，没有追求成本最小化，所以提供给社会的产品成本一定比民企提供给社会的产品成本要高，造成资源的浪费。

《财经国家周刊》：您和一些经济学家这么多年一直呼吁政府放权、保护产权、健全司法、对媒体受众进行观念普及。您如何评估这类呼吁在体制内外受众中的效果？民众的观点与相关部门的实际决策在多大程度上反馈了这类呼吁？

许小年：没有什么非常明显的效果。在知识界、企业界有比较强的共鸣。除此之外，政府几乎是没有反映，没意识到为什么搞市场经济，为什么中国经济的转型要保护私人产权。而民众似乎认为对私人产权的抑制有助于收入分配的改善，甚至支持侵犯私人产权。比如把企业家抓起来，财产充公没收，这是明显侵犯私人产权的活动，有不少民众为此叫好。

《财经国家周刊》：有学者认为中国需要再一次启蒙，是否能够通过新的启蒙在很大程度上解决舆论中的种种混乱和争议？

许小年：启蒙这个词用得不太好。启蒙在我们现在的语境中好像就是一群知识分子去教育大众，其实知识分子有知识分子的作用。现在更需要的是思想解放和市场自由，如果启蒙是知识分子对大众进行教育，恐怕公众接受起来很困难。我们经历了"文革"对公共知识分子的丑化以后，再说启蒙，公众可能不接受，但是有一个很艰巨的任务是需要完成的,那就是任何国家想迈入现代社会,都必须使国民的观念现代化,我更愿意提思想解放。不能观念是传统的,制度是传统的,而经济是现代的。任何学者,包括马克思在内的社会学学者都赞同,思想观念、制度体系和经济要相互适应。

所以,中国在1978年就必须接受这样一个事实:经济现代化,必然要求制度的现代化和观念的现代化,这个问题是回避不了的。传统意义上所理解的启蒙也是观念现代化的一部分。推进观念现代化,首先要允许讨论。

《财经国家周刊》:您提到改革不能靠顶层设计,要靠边缘设计。是否觉得当前体制下,体制内内生的改革力量已经不足以推进观念性改革,而体制外力量更容易在社会博弈中处于受损地位,所以更有可能迸发改革的智慧和动力?

许小年:现在的改革都是政府机构在设计,我不相信政府机构能够真设计出改革方案来。只有当牵扯到国家整个治理体系的时候,比如20世纪90年代中期,财税改革、汇率改革,这是需要一些顶层设计的,我并不是完全否定顶层设计。除此之外的制度创新都来自于市场,来自于实践,来自于基层。中国的农业改革不是邓小平顶层设计的,是小岗村农民干出来的。包产到户怎么弄,这个不需要顶层设计,顶层也设计不出来,农民自己知道怎么弄。经济改革最重要的就是民企的发展。民企该怎么弄,顶层也设计不出来,这是民营企业家干出来的。顶层就是不要设置障碍,不要设置禁区,放开就行了。

在改革的问题上要学习邓小平,通过总结民间的制度创新,用政策的方式把它推广，这就是顶层的作用。

《财经国家周刊》：经济学界还有一些观点，比较注重改革时机这一概念。

许小年：社会的制度变迁一定要有危机才能推动，没有危机的话不可能发生社会变迁。经济学家诺斯写了一本书叫《理解社会变迁》，非常好。社会变迁在什么情况下发生的，为什么古埃及的历史上三四千年这个社会没有任何改变？因为没有外部冲击，没有内部危机。

《财经国家周刊》：许多经济政策后面，处于科学决策的需要，都有学者的推动。您觉得当前部分经济学家倡导干预经济的根源在哪里？

许小年：我觉得中国人有一种思想倾向，认为人类的认知能力好像是无限的，不仅可以认识到社会发展的规律，而且还可以按照这个规律进行设计进而改造社会，这种观念在中国人脑子里根深蒂固。我们有没有想到，这个世界很多部分，特别是它的总体根本就是不可认识，而且也是不可改造的。

我们只能够在改革的过程中，或者说在制度的变迁中更加谦卑地尊重底层的创造，更加谦卑地观察和倾听市场的呼声，就像当年邓小平很仔细地倾听安徽省委报告，小岗村农民是怎么办的，少一些设计的思路，少一些救世主的情怀，包括你们媒体在内。

社会的演进，不是由一群聪明的大脑规划出宏伟的蓝图就能实现的，所有社会顶层的强势到最后都是压制基层的创造。所以我建议在讨论这个问题的时候，多看一点社会制度变迁的历史，历史上各类国家是怎么从传统社会过渡到现代社会，英法的现代化怎么实现的，设计的思路在法国和德国导致了什么样的后果，都需要总结分析。

如果媒体总是想采访顶层设计方案，总是想采访到一些有识之士的惊世骇俗之言，总是以为只要把这些美好的蓝图灌输到民众的脑子里，一切就都会好起来，这种思路本身就是错的，于是媒体也给自己背负了不可承受之重。媒体把新闻如实做好，把采访如实写出来就行，我就是好好做独立研究，好好跟民众沟通交流就行了。

《财经国家周刊》：一些政策出来之后，部分经济学家开始为政府干预辩护。

许小年：一些为国企辩护的学者，没有研究清楚国有制和私有制的本质区别。有些人拥护政府干预，是因为他没有对政府干预产生的后果有比较透彻的理解。那些赞成政府干预的人，有一个共同的思想倾向，即政府不干预会造成市场混乱。

但他们没想到，政府不干预的市场比政府干预的市场更有秩序。这个秩序之所以形成，就是稳定的预期。制度不是写在纸上的字，制度是人们的预期。他们没有研究到这一步的深度，以为制度一定是政府的文字。实际上，制度就是行为的规范，只要有了预期，对行为就能产生规范。而政府的干预打乱了市场上的稳定预期，进而打乱了市场秩序。这使得市场上的企业感到混乱。然后这些人又呼吁，政府用更多的干预来解决干预所制造的混乱。

《财经国家周刊》：从经济学角度来分析，经济学家本身也是一种理性人，您觉得有没有可能，经济学家出于自己的利益取向，迎合某一利益集团的需要，抛出与自己学术信仰背道而驰的观点，去换取实际利益？

许小年：有，尤其在中国，政府对学术强烈的干预，使得有一些研究人员丧失了自己的独立性。一般来说，迎合某个利益集团的学者，已经没有心思去建立自己的学术信仰，因为他只要迎合就能够获得他所需要的。他们把时间和精力都放在了迎合上。

《财经国家周刊》：您怎么定位学者，尤其经济学家在推动观念变革中的角色？

许小年：学者的首要任务是把问题搞明白，然后要把自己的理解和公众进行沟通，要和政府进行沟通和交流，其他没什么。我对我自己的定位不高，我也没有要求其他的学者承担多大的社会责任，我们能把问题搞清楚，能够和民众、政府保持交流就可以了。

《财经国家周刊》：一些经济学家，用一本书把自己的整个思想体系结构非常完善地描述出来，您也出了一些书，主要是媒体发表文章的合集，有没有想过把背后的思想体系梳理出来？

许小年：正在写，速度很慢，进展很慢。推荐读一下亚当·史密、哈耶克和熊彼得，我几乎从他们那里抄袭过来的，没什么创建。

我碰巧生在这片土地上，碰巧对这片土地的历史和文化了解得比别的国家多，可能对这片土地的兴趣比别的国家要高，仅此而已。我的观点的发表、文章的写作只对我自己的良心负责，只对自己的研究负责。我认为这是正确的，我才能说，我认为错误的就要批。除此之外没有什么其他的。

"刀锋"许小年

《南方人物周刊》记者 徐琳玲

桌上的餐盘一个一个地撤了下去。

小餐厅包间里,最终只剩下记者和许小年。有一瞬间,我有如坐针毡的感觉。

他比印象中瘦得多,总是眉头紧锁,拧成一个深深的"川"字,眼神言辞锋利得像一把刀,不由得让人联想到了某个人——虽然,把一个具有批判精神的人比喻成鲁迅,很落俗套。

说他像刀,锋芒毕露,出手精准,直刺要害,其学界友人陈志武笑称之为:"不留余地,被他批的人,在地上都找不到一个可以躲的洞。"

他对媒体是出了名的要求苛刻。曾在一个场合,他把十几个围着他的记者一个一个地"训"过来:"不专业,不认真,事先不好好做功课,盲目追逐热点。"一位做经济报道的女记者至今不能释怀:"他是我所见过的经济学家中,最傲慢、最没有礼貌的。"

许小年自嘲说:"我把记者们全都得罪了。"

他对同行亦不留一点情面。见京城某位"入仕"经济学者近年来频频为中央经济政策背书的言论,他直接批之:"斯文扫地,学界悲哀。归去来兮，自由之思想，归去来兮，独立之精神。"

最狠且准的，是他对政府政策和体制之弊的批判，刀锋直指某些身居高位的"尸位素餐"者，让听者既觉痛快淋漓，又隐隐生出不安。他的学生、一位在中欧国际工商学院上 EMBA 班的企业家疑惑地问记者："许教授说的这些话，你们媒体真能写出来么？"

他非常不买账，非常无所谓，有时非常酷，有时非常悲悯，和悲悯之下"明知不可为而为之"的绝望。

锋利，是个性使然，也是一种启蒙策略，许小年曾说：人们的惯性思维像是一层硬壳，顽固地包裹着旧观念，愚昧地拒绝新思想，"我试图用事实和逻辑产生冲击，敲碎这层硬壳。"

知识分子的独立、士子的家国思想和某种红色正统教育烙下的情感，在这位思想者的身上纠结。置身于这个大社会变革时代，他一样也是新旧世界交替的产物。

青春幻灭——告别革命

在母亲七十多岁的时候，许小年和老人家有过一次对话——"您年轻时在学校参加地下党，干的都是反政府的事，然后建立了一个您所认同和拥护的政府。现在我天天批评这个政府，您能接受吗？"

"她想了一会儿，给了我一个富有哲理的回答：'每一代人都有他们自己的追求。'"

"我特别感谢母亲。她从来不干涉我的研究，只为我取得的成绩而骄傲，不管结论和她毕生事业的方向相左还是一致。"

他也曾是"根正苗红"的革命接班人。许小年的父母原籍宁波，是20世纪40年代上海滩的进步大学生，在读书期间双双加入中共地下党。他们的上级是乔石，时任中共地下党上海学委的负责人。

当国民党当局觉察到这一批青年地下党员，要对他们实施抓捕之时，打入国民党内部的地下党截获了这一情报。在组织的秘密安排下，黑名单上的七十多个青年学生从上海转移到皖南新四军解放区。许小年的父母先在金寨一带的根据地工作，待到淮海战役结束，进入合肥，许小年就出生在那里。

他的名字"年"，取自当时父母的工作单位——青年团安徽省委。他后来曾问父亲为什么会参加地下党，父亲告诉他：一是因为国民党太腐败，二是"不知道他从哪里得到的印象，说国民党不打日本人"。

建国初期，中央政府组建机械工业部，从全国各地抽掉了一批有文化的党员干部。1957年到1958年间，许小年的父母奉命调到北京，从那以后，两人在机械工业部兢兢业业地工作了近大半个世纪。退休时，父母都是局级干部。

成长于这样的红色干部家庭，许小年从小浸润于最正统的思想中——"爱党，爱国家，爱人民，对社会负责任，对人民负责任"。无论今天他的批判看似多么无情、充满嘲讽，但字里行间总能读到一种"自上而下"的情怀与立场。他也承认，自己心底里"对这个党、对共和国，还是有一份感情在的"。

1966年8月5日，最高领袖毛泽东在中南海大院里贴出一张大字报——《炮打司令部——我的一张大字报》，矛头直指时任国家主席刘少奇和中共中央总书记邓小平。长达十年的"文革"由此全面启动。

十来岁的"革命小将"投身于红色革命之中。"真是全身心地投入，毛主席号召红卫兵小将砸烂旧世界，我们就去砸，破'四旧'，批斗地富反坏右，抄过他们的家，打过人，这些事情我都干过。"

从1966年8月起，毛泽东在天安门多次接见红卫兵。许小年没有赶上第一次，他参加了第二次——1966年8月31日，那个日子清晰地留在他的记忆中。"远远看到毛主席的身影，在天安门城楼上向我们挥手，我们声嘶力竭地喊着万岁，在广场上跳啊、蹦啊，幸福激动的心情难以言表，真的有人流下了眼泪。我也暗自发誓，一定要继承老一辈革命家的传统，把他们开创的事业进行到底。非常非常单纯。"

不久，单纯的"革命接班人"随两万知青下放到延安。眼前的贫穷，让许小年惊呆了：用"食不果腹，衣不遮体"形容，一点都不过分，老乡们破衣烂衫，一条一条的棉絮露在外面。手伸出来乌黑乌黑的，他没敢去握，一看就是很长时间没洗过。

"这就是我们想象中的革命圣地，我们从小听的歌儿，唱的是老百姓丰衣足食，安居乐业，三五九旅从上世纪30年代起就在南泥湾开荒，开出了'陕北的好江南'，为什么三十多年过去了，老区的农民仍然这么穷？"

很快，他自己就知道什么叫作营养不良和饥饿了。每天吃的是小米、玉米面，夏天能吃到一点儿新鲜蔬菜，从入秋到冬天就只有"老三样"：腌萝卜、腌白菜和土豆。饭菜里没有一点油腥，一年吃两回肉：春节，吃回猪肉；农村六月六，"龙抬头"，吃回羊肉。

每天干的是撑不住的重体力活。夏收时节，有一次他背着一二百斤的麦捆到麦场脱粒，爬坡时两眼冒金星，腿肚子打转抽筋，怎么也迈不动步子。一低头，额头上的汗水滴滴答答，一条线落下，干裂的土面上泛起水波般的细浪，转眼间消失得无影无踪。儿时读的"汗滴禾下土"的场景全然再现。

生产队长路过，看到后大声呵斥他：不会分两次背吗？！两次意味着要跑两趟，到麦场的路程遥远。等他再次回到麦场，天黑了，别人已经收工。十来岁的少年孤零零地站在那里，山下炊烟升起，许小年开始思念远方的母亲。

每天日出而作，日落而息。夏季白昼长，一干就是十几个小时，秋天抢收农田作物还要披星戴月。霜冻之后，知青们到地里收大豆，风干了的豆荚像刀片一样锋利，双手去拔，掌中和腕上满是伤口和鲜血。

怀疑很自然地开始滋长。"为什么会那么穷？为什么一年辛苦下来饭都吃不饱？说我们制度好，解放后人民当家作主，生活幸福，可是为什么连解放前都不如呢？"——当地农民告诉这些城里来的知青，过去粮食多得多，日子也好过得多，他们都愣住了。

另一部分疑问则和他的个人遭际有关："为什么我不能去上学？为什么我会被送到农村？难道我就这样干一辈子农活儿吗？"

他把这些困惑写进了给父母的家信中，父母此时已下放到"五七干校"。然而，每一次回信都是严厉的训斥，母亲尤其不能容忍儿子的"落后思想"，她告诫他要认真学习毛主席著作，虚心接受农民的再教育。"我嫌烦，干脆后来不和他们讲了，自己闷头思考。"

盲目的激情渐渐退去。许小年开始思念北京，最强烈的是读书的念头。他没有读过中学，刚进中学校门"文革"就开始了。他向一起插队的同学借来数学、几何、语文课本，他的中学是在窑洞中自学完成的。

"白天干活，晚上在窑洞里的油灯下看书。油灯冒的烟吸到鼻子里，早上起来，知青们看到我就笑了，说你鼻孔下的这两道黑，活像希特勒的小胡子。"

觉是永远不够睡。晚上看书到半夜，第二天起不来，生产队长早上来砸门，吼着催他们上工，这让知青们想起课本里的"周扒皮"，还有那半夜鸡叫的故事。

1971年10月，一则惊天骇人的消息从北京传来。一夜之间，写进党章的接班人、毛主席的最亲密战友、"永远健康"的林副主席成了叛逃的反革命分子。神圣的幕布被撕裂了一角，无数人从梦中惊醒。随着官方组织的"批林"运动，一股怀疑与反思的思潮在民间迅速扩散。

许小年用"傻掉了"来形容自己当时的反应。"刚到农村的时候，你只是怀疑政策，甚至怀疑这个体制，但有一点毫不动摇：毛主席永远是正确的，错在下边的人没把事情办好。从林彪事件开始，许小年的想法变化了。

1976年，"四人帮"的被捕和审判，把他最后的一点信仰扫除得干干净净。

"我们这一代是读着张春桥、姚文元的文章长大的，现在看到这些理论连他们自己都不信，感觉受骗上当了。

官方灌输的东西土崩瓦解。"非常痛苦。你们很难理解林彪、'四人帮'事件对我们这一代人的冲击。在事实面前，我们必须承认自己错了，过去奉为真理的信仰是错的。内心深处痛苦不堪，很不情愿放弃。"

许小年后来的相识、下放到内蒙古的秦晓在给同学的信里引用了《约翰·克利斯朵夫》的一段话："一个人从出生到他成熟前，是被灌满了各种谎言，他（她）成熟的第一步，就是呕吐，把这些谎言都吐出来。"

当对于未来理想社会的类宗教式信仰消退，许小年开始寻找、构筑一个可替代的精神世界。

在农村，他如饥似渴地读着能够找到的书籍，俄国的托尔斯泰、陀思妥耶夫斯基、契诃夫，法国的福楼拜、莫泊桑、巴尔扎克，从塞万提斯的《堂·吉诃德》、马克·吐温的短篇，到文艺复兴时期的《十日谈》，也有联共（布）党史和苏共版的政治经济学。

"都是'文革'中劫后余生的一点书，谁家里藏了几本，大家就互相借，传着看，读的人多了，页角翻卷起来，破旧发黑。每次有人回北京探亲，大家都嘱咐带几本书、带几块肉回来。"

记忆中最深刻的，是俄罗斯和法国的批判现实主义文学，托尔斯泰、陀思妥耶夫斯基和巴尔扎克的作品，"感染力和穿透力太强了。"在这些作家笔下，对现实的批判，对人的关怀，特别是对"被侮辱与被损害"的底层小人物的同情，成为那个时代开明贵族的灵魂和贵族情怀的标志。这对许小年影响至深，"批判的目的是改良，驱动改良的是悲天悯人，是爱心。

侥幸没有被烧掉的中国传统经典《红楼梦》《三国演义》、唐诗宋词也出现在知青们的炕头和桌上。到眼熟手痒之时，他学着写古体诗。

"读李清照的词，觉得很美，但不愿公开承认，柳永就更甭提了。非要装出一副气宇轩昂的样子，喜欢辛弃疾、岳飞，壮怀激烈，革命者的气魄，不能喜欢李清照，缠绵婉约，小资产阶级情调，与革命精神格格不入。"

对文学的爱好，许小年保持到今天。他隔一段时间就会摸一摸《红楼梦》。出差随身带着 iPad，存了电子版的《楚辞》，夜深人静之时，拿来读上两句，细细品味。他还保留着即兴填词作赋的习惯。

得益于古人和古文，许小年练就了出色的口才和洗练的文笔。中国企业家论坛主编傅小永评价说："他是大陆经济学家中综合表达能力最好的一个。"

同村的知青都喜欢看书学习，形成了一个互相影响的小气候，高考恢复后出了几个大学生。一二十里以外，隔了几个山峁，知青点风气就不一样。"文革"结束后，知青陆续回城，如今大多已退休或下岗。最近一次聚会是两年前，除了彼此的白发，他竟不知和当年的伙伴再聊些什么。

有人总结说，延安知青中出了4个人物：习近平、王岐山、任志强，还有一个就是许小年。

"太少了。大多数人被埋没了，比我聪明的人有的是，就是没有机会。两万多陕北知青，挣扎到现在，没有被时代淘汰的寥寥无几，看上去还在忧国忧民的就更少了。"

3年后，许小年作为工农兵学员，进入西安交通大学的电机工程系。已告别革命的许小年潜心读书，对付完专业课，他用大把时间来读各类杂书。他的兴趣很广泛，读完了《资治通鉴》和《史记》，并一度热衷于理论物理和相对论，对时间和空间产生了浓厚兴趣。

大学毕业后，许小年到吉林省松花江边一个工厂当工人，然后是技术员。这给了他亲身体验和观察中国工业和城市经济的机会。在代表着共和国重工业最高水平的东北基地，工厂生产的是苏联设计的陈旧产品，工人干活吊儿郎当，没有责任心，粗制滥造。

这使得他再次思考那个老问题——社会主义的优越性到底在哪里？工人阶级和贫下中农的先进性到底体现在什么地方？

3年后，他把自己的思考写在了研究生入学考试的小文章——论述工厂为什么不应该"大而全""小而全"，而应该搞专业化的问题，博得了老师的赞赏。

1978年，许小年摘掉了"工农兵学员"这顶此时已不甚光彩的帽子，进入中国人民大学工业经济系，成为"文革"后第一批硕士研究生。

"海归派"的荣与辱

1998年底，许小年加盟成立不到4年的中国国际金融有限公司（下称中金），出任董事总经理兼研究部负责人。

中金由中国建设银行、摩根士丹利和其他几家外国金融机构共同投资组建，这是中国境内的第一家投资银行，从中方高管的名单可见浓厚的官方色彩：第一任董事长是王岐山，第二任是周小川。

从美林到中金，许小年称"主要是因为盛情邀请，无法再推托"。"如果说还有一点理想的话，就是希望中国有一个自己的投资银行，当时我们只有商业银行，不知道投资银行业务怎么做。"

进入这家带有浓厚本土特色、各方面还不规范的机构，克服了最初的不适应，许小年几乎从零开始，组建研究团队，确定研究方法。"说起来难，其实也不难，照搬照抄人家成功的模式就行了。"他引入了国际投行的一套标准化的系统分析方法，强调基本面的重要性，讲究逻辑的严谨和数据的翔实，用数据和事实说话，把国内流行的画曲线、看趋势、讲概念式的所谓"技术派"研究"送还给算命先生"。

"如果说我们对中国的资本市场还有一点贡献的话，那就是建立了新的行业规范和行业标准。"他对此颇感自豪。

短短数年间，中金研究部名声鹊起。2003年，一家本土媒体将他所领导的中金研究部评为年度"最具影响力研究机构"，许小年本人及4位下属亦被评为"个人最佳"。

他个人的声望也从这个时候开始。从20世纪90年代中后期开始，抢滩中国的国际投行中，涌现出一批被媒体追逐的"明星经济学家"，其中风头最劲的，除许小年外，还有高盛的胡祖六、摩根士丹利的谢国忠。

在中国企业家论坛主编傅小永看来，在投行经济学家之中，许小年是对宏观把握得最好的一个。"这可能还是和许的早年经历有关，他的视野更宽阔，与一般商业金融机构研究者的出发点和角度都不太一样。"

不无讽刺的是，让更多的普通中国人知道这个名字的，却是一场巨大的股灾。

2001年1月，年过古稀的吴敬琏接受央视采访，抨击中国股市成了投机者的天堂，甚至连赌场都不如。吴是许小年敬佩的学界长者。

8个月后，许小年执笔写了一篇名为《终场拉开序幕——调整中的 A 股市场》的内部研究报告，称目前的市场调整是不可避免的，也是健康的。当指数跌到基本面可支撑的程度——比如说1000点，可考虑引入做空等机制。

这个观点随即被一家财经媒体披露，并冠之以"推倒重来"这样具有煽情主义色彩的标题。因许小年的名声和中金的背景，"千点论"一出，便在市场上掀起轩然大波，遭到公众、业界和学界的"口诛笔伐"。

无视上亿股民的利益，身为中金代言人的许小年欲"腰斩"股市，居心何在？谩骂、威胁和阴谋论滚滚而来，塞满了他的电邮信箱。那一段时间，家人为他的人身安全担忧，母亲叮嘱他："孩子，你要学会保护好自己。"

对他大肆声讨的，还有一批本土学者。在他们看来，作为"海归派"代表人物的许小年脱离中国资本市场发展的实际，将美国资本市场的发展路径作为"普世标准"，企图推倒重来。

按马克思主义"实践是检验真理的唯一标准"来看，历史是站在了吴敬琏和许小年这一边。在经历了长达4年的阴跌之后，2005年6月，上证指数击穿1000点。预言成为惨痛现实。

对于社会流传千点论成功预言的逻辑，许小年称之为"狗屁不通"。他不满于媒体对这段往事长久不衰的兴趣，并对本刊记者说："'千点论'确实在我那篇很潦草的报告中提到了，'推倒重来'则纯粹是媒体的捏造。"

南美蝴蝶哪一瞬间的翅翼颤动引起了龙卷风——答案已无关紧

要。重要的是这场由"赌场论"和"千点论"引发的大争论，已被定性为中国证券市场20年历史上的"真理标准大讨论"。

中国证监会前主席刘鸿儒对此有过总结。他认为，这场大讨论是在中国证券市场发展过程中遇到困难的背景下发生的。当时，中国证券市场经过近十年的发展，从计划经济向市场经济转轨过程中和国有企业股份制改革过程中，特殊问题越来越多地暴露出来，阻碍了证券市场的进一步发展。在举步维艰的情况下，社会上产生了诸多质疑、批评和责难。

证券界和学界存在着两种针锋相对的观点：一派以"海归"人士为主，主张效法"西方规范的资本市场"；另一派强调"中国特色的发展道路"，其拥护者基本为本土研究人员。在很多人眼里，观点鲜明、言辞尖锐的许小年主张"全盘西化"，是"海归派"的标杆人物。

若放在一个更广阔的背景下来看，这场关于中国资本市场的大讨论，是"自由市场派"和"中国模式派"两种思潮较量的战场之一。无论是事关资本与金融市场，还是更为宏观的经济政策，乃至今天关于社会制度和文化之争，许小年都是参与其中的干将。

十年前的往事，依然搅动他的情绪。自信坚守逻辑和常识的许小年，对"土鳖"们的观点嗤之以鼻。"对个人的伤害是有的。让我感到震惊的是：一旦涉及到利益，民众就不肯听真话。我只是一个研究人员，我只是说出我的研究结果，为什么要遭到这样的讨伐？人们宁愿听假话而不许你讲真话，这是怎样一种扭曲的心理？"

他想起了恩格斯的一句名言——如果涉及利益，几何定理也要被修改。"我对这句话的体会特别深。"

这是"知识精英"许小年与普通大众之间第一次正面的激烈冲突。他从中学到了什么?

这或许使得许小年成为一个更坚定的改良主义者。无论对政府的批评有多么尖刻,无论对当下社会矛盾的化解有多么强的紧迫感,在各种场合中,他总是不遗余力地宣讲"温和的、理性的、学会妥协的渐进式道路"。

拥有220万粉丝的微博,是许小年用来观察中国当下社会面目的一个窗口。"从我的微博上面天天可以看到,在那里破口大骂的,盼着社会大动荡的民粹主义者盼着打土豪、分田地、清算别人的那一天。"

"文革"时期打人、抄家的"恶",依然刺痛着他。"历史教训太惨痛。历史上农民革命的残忍是没有底线的,其程度不亚于专制皇权的暴力。"

江湖之远,庙堂之高

2004年2月,一条流传许久的消息成为现实——许小年离开中金。

其后,他加入了中欧国际工商学院,出任经济学和金融学教授至今。

一般来说,投行出身的经济学家离职后的典型"出路"有两种:一是依靠积累的广阔人脉转做投行业务,如龚方雄、王庆、哈继铭等;二是由"卖方转为买方",创办投资公司,譬如胡祖六和谢国忠。

每每被人问及事业选择，"随机行走"是许小年经典的口头禅。然而，一位他曾经的部下却说："许是有理论偏好的人，投行未必是最合适他的，也不是他最终的志趣。和胡祖六他们这些标准的金融系统技术经济学家不同，他还是有传统士大夫情结的，身上知识分子气很重。"

对于7年投行生涯，许小年认为自己是有收获的，帮助他第二次认识中国——认识了转型中的中国，对半政府半市场的经济体系有了深入的了解，成为日后学术研究工作的一手资料。唯一遗憾是"待的时间长了一些"。

京城的经济学圈子里，不定期地流传着许小年"入仕"的消息。一位出入高层金融圈的人士向本刊记者透露：2010年，某中央金融机构曾想邀许小年加入，经由过渡性工作，出任一个关键职位。传闻在半年后没有了下文。

"以他的资历，要进入体制内做一个技术官僚是不难的事。不过，我觉得，他的个性不太合适在体制内，做一个独立的学者，贡献会大得多。"

自2003年起，一股"国进民退"的浪潮在中国社会的各个领域全面展开。随着美国金融危机在2007年爆发，中国政府借宏观调控和经济刺激政策，对经济的管制日益严格。对于市场经济和改革的后退之势，包括吴敬琏、茅于轼、张维迎、陈志武、周其仁等一批经济学家开始在各种公共平台提出反对意见。

许小年一直是其中最尖锐的批评者之一。从2003年底起，他多次从制度经济学的角度谈国有股减持、国有企业改革以及商业银行改革，批评"国进民退"、宏观调控和凯恩斯主义的抬头。2010年，他指出：推动改革之难正在于触及了政府的利益，经过30年改革，政府已经成为市场经济中最大的利益集团。

和多数学者不同的是，近几年，许小年的思考已逐渐超越经济学领域，从政治、文化、历史、社会观念的角度来寻找中国社会转型中更深层次的障碍。他将中国的改革困境，归结为"现代性"和中国式"现代化"的冲突。

独立学者柳红评价说，在20世纪80年代充当过改革智囊的那一代经济学人中，许小年是"一直比较活跃、比较有社会关怀的"。

对于他的思考和批判，网站"乌有之乡"上的一位笔名为"刘泰特"的人士在其对许小年的系列批驳文章中也由衷称赞，称他"透析了中国市场经济内在的深刻矛盾"，触及到本质，而"众多经济学家却一直在头痛医头，脚痛医脚"。

中国企业家论坛高级研究员岑科对这几位国内知名的经济学者都有过接触和观察。他认为，这是一个自然的趋势，"随着研究的深入，学者们发现原先单纯地从利益或者制度层面来看社会转型，有很多解释不了、求解不了的问题。他们通过比较、思考，逐渐在寻找制度背后的东西。"

这种转变，在张维迎、陈志武的思想脉络里也有体现。但是，许小年的探索显得更深入、更自觉，表达也更鲜明。

说到许小年的"冲"，陈志武在越洋电话那头轻声笑了："这两年，小年是越来越超脱了。你们说是独立，我想，一个更合适的词是'超脱'。"

同为自由市场派的陈志武宛如许小年的另一极——温润宽厚，总是面带微笑。他们2003年在一个高尔夫球场上相识，在学术上有很多认同感，虽不频繁见面，却一直彼此关注着对方的学术成果。

身为"局外人"的陈志武并不认为，他们这些在体制外的对政府影响力更微弱，"正因为我们独立于中央机构，独立于部门利益，或许对决策层的影响力更大一些。"

2007年，招商局集团董事长秦晓从职位上退下来，在香港筹建博源基金会，"着眼于研究中国社会转型的中长期问题"。许小年是其学术委员会的成员。

博源成员都是当今政界、学界和商界的翘楚，他们和体制都有着千丝万缕的联系，包括中国人民银行前副行长吴晓灵、中投公司总经理高西庆、中金董事长李剑阁等人。

他们和许小年同属一代人，曾被红色理想所燃烧，下过乡插过队，在共和国的后30年中以各自的方式参与和推动了中国的改革，并有幸在海外学习，受到现代思想的熏陶和训练。历史曾给他们留下痛苦的记忆。对中国问题认识上的某种"志同道合"，使得他们聚在了一起。

博源总干事何迪曾对外解释说："在走向现代性国家的过程中怎么尽可能地减少社会动乱、避免民族灾难、实现平稳的转型，这就是我们的诉求。"

许小年说，他们常常在一起研究和讨论问题，但强调从来没有"奉旨"行事，仅在和政府的共同兴趣点上出现交叉与重叠，"如果是奉旨研究，那就失去了它的意义。"

我问许小年，这是不是一种"处江湖之远，则忧其君"的心境。

他以一种嘲讽的口吻回答，要与中国传统知识分子的"修身，齐家，治国，平天下"划清界限。"我遵从的是自己的良心，一种现代的、非常个人的良心。"

"我的良心在哪里？不在皇上，不在圣人，不在民众，也不在儒家的教诲。良心与外在的规定无关，不是从外在走入内心，而是发自内心，从内心走向外部世界。这是和中国传统士大夫的区别，尽管两者看上去很相似。"

因写下《中国向何处去》一文而在"文革"中获罪十年的已故杰出经济学家杨小凯曾自嘲过这种无法摆脱的中国知识分子的"致命缺陷"：过分强烈的使命感，关心国家的命运，多愁善感，"不在其位，却谋其政"。出国之后，"症状"有所缓解，但每到国内有重大社会变动，"感情澎湃""悲从中来"。

我又问许小年：如果要付出某种个人自由的代价，去做一个体制内的改革者，你愿意么？

"我愿意。"他几乎脱口而出，停顿了片刻后，再次斩钉截铁说："如果可以换取对制度改革的更大影响力的话，我愿意！"

寻找社会价值认同的启蒙者

我问许小年，在这样一个时代，你给自己怎样定位？你一个在野的书生这么忧心忡忡，你想做什么？是要为庙堂献计献策么，是要启蒙大众么？

他随手抓了一张餐巾纸，给记者上了一堂节奏紧张的历史与思想史的课。跨越千年、纵横欧亚的社会大变革，在他的叙述下，脉络清晰而透彻。

在许小年看来，中国正处于历史上第二个社会大转型期：从清末开始，经民国对共和制、民主的短暂探索，直至今天，艰难地寻找"儒表法里"制度的替代物。第一次大转型发生在春秋战国时期，在秦统一中国之际，基本完成了从周代封建制向皇权专制制度的过渡，汉武帝"废黜百家，独尊儒术"，标志着这个专制体系的臻于完善。

"为什么自改革开放以来，我们从未有过像现在这样的危机感？从未见过今天这样的道德沦丧，价值和信仰缺失，唯利是图，世风日下？因为社会由经济、制度和观念3个子系统组成，三者彼此相互协调、相互支持，社会才能平稳运行。经过30年的改革开放，经济子系统发生了重大的变化，而制度和观念基本上仍是旧的。"

"就像器官移植产生排异反应，新的经济和旧的制度、观念之间天天发生冲突，矛盾和摩擦不断：制度体系（主要是法制）不能支持市场经济，思想观念也不能支持市场经济。市场经济是什么？是个人之间的自由交易，为了使交易顺利进行，需要法律保护个人的权利，国民需要有个人权利的观念"。

"我们现在很尴尬，若不往前走，3个子系统天天打架；往前走，有人很痛苦，因为改革损害他的既得利益。老百姓改变观念也很难，他们还是期盼'明君清官'。市场经济的观念绝对不是'明君清官'，是个人的自由与权利。"

"我在做什么？"他的笔端越过"经济"，越过"制度"，最后重重地落在"观念"二字上："启发民智，宣扬个人权利与自由的观念。"

他所主张的"市场经济中的个人不必克己"，遭到了一些人的猛烈抨击。有人称：这是在鼓吹腐朽的资本主义价值观，是灌注"人为财死，鸟为食亡"的腐朽观念，"这种思想，对个人是很不健康的，推导至社会和国家更是有害。"

对此，许小年回应说："个人主义不是为所欲为，在外部受到法律的制约，在内心则服从理性，他们没有搞清楚什么是理性个人主义。"

对当下中国"礼崩乐坏"的焦虑，普遍地存在于中国思想界。拒绝西方"普世价值"的学者们也在试图构建他们理想中的"核心价值观"。甘阳提出了"儒家社会主义共和国"：文化上的儒家思想、经济上的现代市场和毛泽东时代的社会主义政治制度。

对此，许小年认为，"儒家、市场、毛泽东时代的政治制度，三者互不相容"。

他认为，现代社会的价值观是共通的，德国人在现代转型中曾想走自己的道路，最后又不得不回到"普世价值"。"法国启蒙运动和大革命的口号是'自由、平等、博爱'，德国知识分子认为：这些都不适合德意志，我们要有德国的特色，不能简单地接过英国或法国的旗帜，他们提出'正义、义务、秩序'。"当个人被抽象化，变成了完美无缺的"人民"，而"人民"又由国家和政府来代表，从这里就走向国家主义和民族主义，希特勒上台之后，最终走向种族主义。

"凡是否认个人权利的民族，都会经历大的动荡，付出沉重的代价，最终又回到个人权利上。"

他写书、著文、演讲，呼唤在中国进行一场关于个人权利和自由的启蒙运动，并对国人讳莫如深的"个人主义"给予慷慨礼赞：

崇尚个人权利不会形成隔绝、分散的"个人孤岛"，市场经济消除了个人之间的冷漠；在为他人生产的市场经济中，利己必先利他；市场假借人的利己之心为社会服务，这是亚当·斯密的伟大发现……

可是，在一片没有宗教信仰约束的土壤上，移植一种"理性的个人主义"，是否会是"淮南为橘，淮北为枳"呢？这和无神论者信仰有一个完美的"市场"一样，是否也是一种观念的冒险呢？或许，这不仅仅事关知识分子"脆弱"的民族自尊心。

西方的"个人主义"源自宗教，是一种有神的"个人主义"：人是神按照自己的形象所造，所以，无论个体的生命多微小，在他都视为宝贵，他不愿一人沉沦。这和人本主义的、以自我需要为中心的"个人主义"有着本质区别。路德宗教改革之意义，在于把有神的"个人主义"从教廷的权威中释放出来。

在政教分离的今天，占主流的宗教文化依然影响着西方社会的方方面面，在制度之外，提供着精神动力和对"动物精神"的强大约束。社会学家马克斯·韦伯就曾深刻地分析了宗教信仰与资本主义精神之间的内在关联。

晚年皈依基督教的杨小凯在苦苦思索之后得出结论：制度并非来自科学，而是来自信仰，"是这种意识形态决定整个制度、人与人的关系，然后再决定一个国家的经济表现"。

眼前这位科学与理性的信徒也在自己的思想探索中：他在欧洲的思想变革中探求，也在传统的儒家学说中寻找，寻找着一种能把本土和现代精神结合起来的产物。

"信谁呢？信儒家？中国现在只有民族主义和民粹主义，但这'二民主义'不是价值体系，不能指导社会关系的调整和制度的建设。"

对"二民主义"，他始终抱着高度的警惕，"我们现在出现一个信仰真空，我指的是价值和社会伦理道德的信仰真空。那些看上去有道理、能够获得大众感情拥护的东西，很容易被确立为新的价值观。现在，总有人扔出这些东西来填补人们的信仰真空。这非常危险。"

从五四时期起，鲁迅、胡适、陈独秀这样的启蒙知识分子的挫败感时常像潮水一般地涌过他的心胸。"人，我说的是你、我这样的个体，你、我这样的凡夫俗子，乃世间的万物之灵，抬起你的头来，重拾你的信心"。在他的新书《从来没有救世主》的序言中，许小年如诗人般感叹。

他常常会想起两千多年前那次社会大变革中的那位思想者。"我忽然发现自己很理解孔子，觉得他太了不起了。以前还瞧不上这老头儿呢。"

颇有意味的是，在记者的另一次采访中，与他境遇相似的经济学家张维迎也谈起了这位生前"惶惶然如丧家之犬"的儒家开创者，也一样心有戚戚。张称孔子为"制度经济学家"，并相信——"思想的竞争不在当下"。

"绝对不在当下，也不在胜负，不在于社会接受与否，不在于执政者欣赏与否。譬如马克思主义曾是显学，现在已经不是了，但是，没人能否认它在人类思想史上的位置。"

"所以，柏拉图说：这个世界最真实的存在是什么？是精神。"许小年一把抓起写满思考的餐巾纸，紧紧地揉进掌心。

图书在版编目（CIP）数据

回荡的钟摆 ／ 许小年著. —— 北京：中国计划出版
社，2017.6
ISBN 978-7-5182-0662-9

Ⅰ．①回… Ⅱ．①许… Ⅲ．①中国经济－研究 Ⅳ.
①F12

中国版本图书馆CIP数据核字（2017）第132362号

回荡的钟摆

许小年　著

中国计划出版社出版

网址：www.jhpress.com

地址：北京市西城区木樨地北里甲11号国宏大厦Ｃ座3层

邮政编码：100038　电话：(010) 63906433（发行部）

新华书店北京发行所发行

北京中科印刷有限公司印刷

787mm×1092mm　1/16　21.5 印张　206 千字

2017年6月第 1 版　2017年8月第 1 次印刷

ISBN 978-7-5182-0662-9

定价：48.00元

质量监督电话：010-59096394

团购电话：010-59320018